中华人民共和国
反洗钱法
理解与适用

王　新◎主编

ZHONGHUA RENMIN GONGHEGUO
FANXIQIANFA
LIJIE YU SHIYONG

中国法治出版社
CHINA LEGAL PUBLISHING HOUSE

凡 例

完整名称	本书指称
《中华人民共和国反洗钱法》（2006年10月31日第十届全国人民代表大会常务委员会第二十四次会议通过，2007年1月1日起施行）	原反洗钱法
《中华人民共和国反洗钱法》（2024年11月8日第十四届全国人民代表大会常务委员会第十二次会议修订，2025年1月1日起施行）	新反洗钱法
Financial Action Task Force（FATF）	金融行动特别工作组
International Standards on Combating Money Laundering and the Financing of Terrorism&Proliferation：The FATF Recommendations（《打击洗钱、恐怖融资与扩散融资的国际标准：FATF建议》）	《建议》

前　言

　　反洗钱法是反洗钱法律制度的基本法。2006年10月31日，第十届全国人民代表大会常务委员会第二十四次会议通过《中华人民共和国反洗钱法》，共有7章37条，自2007年1月1日起施行。虽然原反洗钱法在增强反洗钱监管效能、打击洗钱及其上游犯罪、深化反洗钱国际治理与合作等方面发挥了重要作用，但在国内外复杂多变和反洗钱工作面临诸多新挑战的大背景下，也暴露出一些问题，有必要立足我国实际，结合新形势和新要求进行修改完善。

　　2024年11月8日，第十四届全国人大常委会第十二次会议通过了修订的《中华人民共和国反洗钱法》，自2025年1月1日起施行。这是我国反洗钱事业的里程碑式事件。全国人大常委会法制工作委员会相关负责人指出，修订反洗钱法是贯彻落实党的二十大、二十届三中全会加强金融法治建设、完善涉外领域立法相关要求的具体举措。对于维护金融安全，健全国家金融风险防控体系，扩大金融高水平双向开放，提高参与国际金融治理能力具有重要意义。[①] 整体而言，新修订的反洗钱法与时俱进地反映了新形势下反洗钱的需要，也为后续行政法规、部门规章制定相关实施细则奠定了法律基础。

　　从时代背景看，反洗钱法的修订处于一个深刻而复杂的国内和国际环境的新形势下，兼具落实国内顶层设计和国际合作的双重要求。在国内层面，对于洗钱的危害性，我国监管部门最初主要将其与金融机构联系在一起，认为洗钱损害银行的稳定和公众对银行的信任。后来，我国拓展对反洗钱重要性的认识，特别是随着总体国家安全观的提出和引领，鉴于反洗钱直接涉及经济安全、金融安全、社会安全等多个领域，

[①] 参见《全面提高反洗钱工作法治化水平》，载中国人大网，http://www.npc.gov.cn/npc/c2/c30834/202411/t20241111_440930.html，最后访问日期：2025年3月20日。

与经济、金融、国际政治和合作均紧密地联系在一起，我国开始从国家安全战略高度来认识反洗钱问题，并且进行顶层制度设计，我国反洗钱的机制由此发生转型升级。原中央全面深化改革领导小组将完善"反洗钱、反恐怖融资、反逃税"监管体制机制列为深化改革重点任务。[①] 2017年8月，国务院办公厅发布《关于完善反洗钱、反恐怖融资、反逃税监管体制机制的意见》，明确指出反洗钱、反恐怖融资、反逃税监管体制机制的"三个重要"性："是建设中国特色社会主义法治体系和现代金融监管体系的重要内容，是推进国家治理体系和治理能力现代化、维护经济社会安全稳定的重要保障，是参与全球治理、扩大金融业双向开放的重要手段。"由此可见，我国对于反洗钱的认识发生了"三级跳"：从最初关于维护金融机构的稳定和声誉的理解，发展到洗钱与产生经济利益的上游犯罪之间联系而延伸至维护金融安全，最后提升到维护总体国家安全的战略高度，并且将反洗钱纳入国家治理体系和治理能力现代化的系统。正是在上述顶层设计的要求下，我们需要进行立法反应，特别是对作为反洗钱制度基本法的反洗钱法做出修改。

在国际层面，反洗钱业已被提升到维护国家经济安全和国际政治稳定的战略高度，是国际合作的重点领域之一。许多重要的国际多边合作机制均将预防和打击洗钱与恐怖融资作为重要议题。特别是金融行动特别工作组作为世界上最具影响力、专门致力于国际反洗钱和反恐怖融资的一个政府间国际组织，其主要任务是制定全球反洗钱标准[②]，促进有关法律、监管、行政措施的有效实施，以打击洗钱、恐怖融资、扩散融资等危害国际金融体系完整性的活动。同时，为了确保各国有效借鉴其发布的反洗钱通行国际标准《建议》，金融行动特别工作组逐步建立对各个国家和司法管辖区进行互评估的机制。我国在2007年6月成为该组织正式成员，并于2019年7月担任轮值主席国。需要特别指出的是，

---

① 参见《〈国务院办公厅关于完善反洗钱、反恐怖融资、反逃税监管体制机制的意见〉政策解读》，载中国人民银行网站，http：//www.pbc.gov.cn/fanxiqianju/135153/135173/3391756/index.html，最后访问日期：2025年3月20日。

② 参见《金融行动特别工作组公布中国反洗钱和反恐怖融资互评估报告》，载中国政府网，https：//www.gov.cn/xinwen/2019-04/18/content_5384062.htm，最后访问日期：2025年3月20日。

按照金融行动特别工作组的互评估机制，金融行动特别工作组将在2025年至2027年期间对我国开展第五轮评估。相对于第四轮评估，第五轮评估标准更高、难度更大。面对日益复杂的反洗钱工作形势和不断升级的国际标准，世界主要国家或者地区纷纷修订法律以加强反洗钱工作。因此，面对当前更加复杂和充满挑战的国际环境，作为金融行动特别工作组的成员和在国际上负责任的大国，我国确保反洗钱立法与明确承诺执行的国际标准接轨是十分重要的。

从这次反洗钱法历时5年的修订进程看，我国立法机关和相关部门广泛听取社会各界意见，彰显了民主立法的精神实质，同时也反映出在我国反洗钱处于深刻而复杂的国内和国际环境的新形势下，立法机关所秉持的审慎立场，从而实现对以下三对重要关系的辩证统一：（1）对照国际标准与立足国内反洗钱国情；（2）反洗钱主体的义务与责任的有机结合；（3）保护个人金融信息、公众合法权益与反洗钱工作的平衡。这也体现出反洗钱法修订的核心价值取向和基本原则。

新修订的反洗钱法在体例结构上，共7章，包括总则、反洗钱监督管理、反洗钱义务、反洗钱调查、反洗钱国际合作、法律责任和附则。虽然新修订的反洗钱法基本沿袭了原法的章节框架，但条文数量达到65条，比原法增加了近一倍，在厘清法律适用的范围、加强反洗钱监督管理、打击利用虚拟资产等新技术的洗钱活动、充实反洗钱涉外法治规范、完善违法责任的威慑和激励机制等方面进行重大修订，丰富和完善了新形势下我国反洗钱的法律机制，体现出我国反洗钱监管的发展方向，有利于推进反洗钱的法治化水平。

正是在上述反洗钱法修订和颁行的新形势下，社会各业界亟须一本立足于中国反洗钱实践的理解和适用书籍。本书的编写正是基于这一现实需求，结合最新修订的反洗钱法以及配套法律规范文件，通过国际比较视野，精选近年行政执法和刑事司法的典型案例，逐条解析每项条款，厘清法律适用的背景和难点，兼顾学术严谨性与操作指引性。

本书首先由主编确定全书体例和编写要求，然后各撰写人负责分工撰写，最后由主编统一定稿。该书由跨学科和跨领域的专家团队通力合作完成，撰写者兼具学术研究功底与丰富的反洗钱实务经验。感谢他

（她）们高效率地撰写和后续修改工作。具体分工如下（以撰写的条文顺序为序）：

王新（北京大学）：负责全书框架设计和统稿

何萍（华东政法大学）：负责撰写第一条至第四条

李云飞（西南政法大学）：负责撰写第五条至第六条、第十条、第十八条至第二十条

马文博（中国人民大学）：负责撰写第七条至第八条、第二十三条

雷昌宇（北京大学）：负责撰写第九条、第十一条至第十二条

查苏娜（北京大学）：负责撰写第十三条至第十七条

王新（北京大学）：负责撰写第二十一条至第二十二条

任志毅（方达律师事务所）：负责撰写第二十四条至第二十六条

马丽（中国民生银行）：负责撰写第二十七条、第三十四条

秦莹、黄婉庄（广发银行）：负责撰写第二十八条至第二十九条

管君（中国银行）：负责撰写第三十条、第三十九条

钱锋（交通银行）：负责撰写第三十一条、第三十五条

沈磊（蚂蚁科技集团股份有限公司）：负责撰写第三十二条、第三十六条

沈可生（中国邮政储蓄银行）：负责撰写第三十三条、第三十八条

徐菁（中国平安集团）：负责撰写第三十七条、第四十二条

邓伟（中国农业银行）：负责撰写第四十条至第四十一条

王琦（中国人民银行北京市分行）：负责撰写第四十三条至第四十五条

张磊、王唯鉴（北京师范大学）：负责撰写第四十六条至第五十条

徐嘉鹏（北京大学）：负责撰写第五十一条至第五十五条

张显武（北京市人民检察院第四分院）：负责撰写第五十六条至第五十七条

时方（中国政法大学）：负责撰写第五十八条至第六十二条

安汇玉（北京大学）：负责撰写第六十三条至第六十五条

本书的出版得益于多方支持，凝结着许多好心人的关心，在此特表示衷心的谢意。同时，我也要感谢中国法治出版社的领导和编辑们，本

书的快捷出版离不开他们辛勤和专业的工作。

最后,我在为本书即将付梓而略感欣慰之际,期待本书能为金融机构合规与反洗钱部门从业人员、企业法务与风控管理人员、司法机关及金融监管机构工作人员、高校师生们提供有价值的参考,更企盼本书能得到广大专家学者和读者的指津,合力推动中国反洗钱发展。对于书中疏漏之处,恳请各界人士批评指正。

王 新

2025 年 3 月 15 日

谨识于北京大学法学院陈明楼 305 室

Email:xin.wang@pku.edu.cn

目 录
Contents

第一章 总 则

第 一 条 【立法宗旨】 …………………………………… 1
第 二 条 【反洗钱的定义】 ……………………………… 3
第 三 条 【反洗钱工作的指导原则】 …………………… 5
第 四 条 【反洗钱工作的规范要求】 …………………… 7
第 五 条 【反洗钱监督管理的分工与配合】 …………… 9
第 六 条 【反洗钱义务机构履职总体框架】 …………… 15
第 七 条 【反洗钱信息的提供与使用】 ………………… 22
第 八 条 【反洗钱工作受法律保护】 …………………… 25
第 九 条 【反洗钱宣传教育】 …………………………… 27
第 十 条 【单位和个人的反洗钱义务】 ………………… 29
第十一条 【举报与表彰奖励】 …………………………… 32
第十二条 【域外管辖】 …………………………………… 35

第二章 反洗钱监督管理

第十三条 【反洗钱行政主管部门及其派出机构的职责】 ……… 38
第十四条 【反洗钱有关金融管理部门的职责】 ………… 40
第十五条 【特定非金融机构主管部门的职责】 ………… 44
第十六条 【反洗钱监测分析机构的设立及职责】 ……… 47
第十七条 【反洗钱行政主管部门与国家有关机关的信息交流】 ……… 50

第十八条	【出入境现金、无记名支付凭证申报】	53
第十九条	【受益所有人制度】	56
第二十条	【案件移送和反馈】	65
第二十一条	【反洗钱监管履职】	67
第二十二条	【反洗钱监督检查】	69
第二十三条	【洗钱风险评估与指引】	71
第二十四条	【洗钱高风险国家或地区】	73
第二十五条	【反洗钱自律组织】	75
第二十六条	【反洗钱专业服务机构】	77

第三章 反洗钱义务

第二十七条	【反洗钱内控制度】	80
第二十八条	【客户尽职调查制度】	88
第二十九条	【开展客户尽职调查】	91
第三十条	【持续尽职调查与风险管理措施】	96
第三十一条	【代理人及受益人身份识别】	100
第三十二条	【依托第三方开展客户尽职调查】	102
第三十三条	【客户身份信息核实】	104
第三十四条	【客户身份资料和交易记录保存】	106
第三十五条	【大额交易报告和可疑交易报告】	110
第三十六条	【新技术、新产品、新业务洗钱风险评估及控制】	111
第三十七条	【反洗钱管理和信息共享】	113
第三十八条	【配合客户尽职调查的义务】	116
第三十九条	【风险管理措施的救济程序】	117
第四十条	【反洗钱特别预防措施】	118
第四十一条	【金融机构履行反洗钱特别预防措施】	121
第四十二条	【特定非金融机构的反洗钱义务】	123

第四章　反洗钱调查

第四十三条　【反洗钱调查的总体规定】…………… 126
第四十四条　【反洗钱调查的具体措施】…………… 130
第四十五条　【反洗钱调查结果的移送和临时冻结措施】……… 133

第五章　反洗钱国际合作

第四十六条　【反洗钱国际合作的依据】…………… 138
第四十七条　【反洗钱国际合作的职权部门】……… 140
第四十八条　【洗钱犯罪的司法协助】……………… 142
第四十九条　【境外金融机构的配合义务】………… 145
第 五 十 条　【境内金融机构的报告义务】………… 147

第六章　法律责任

第五十一条　【未依法履行反洗钱监管职责的责任】…………… 150
第五十二条　【未依法建立、施行反洗钱内控机制的责任】…… 152
第五十三条　【未依法履行反洗钱义务的一般情形及其责任】… 155
第五十四条　【未依法履行反洗钱义务的加重情形及其责任】… 158
第五十五条　【未依法履行反洗钱义务造成实际后果的责任】… 161
第五十六条　【金融机构管理人员的法律责任】……………… 163
第五十七条　【境内金融机构擅自采取行动和境外金融机构拒不配合的法律责任】…………… 171
第五十八条　【特定非金融机构及有关负责人的法律责任】…… 175
第五十九条　【金融机构、特定非金融机构以外的单位和个人未依法履行反洗钱特别预防措施义务的处罚】…………… 178
第 六 十 条　【备案主体违反受益所有人制度的行政处罚】…… 180
第六十一条　【制定反洗钱领域行政处罚裁量基准】…………… 183
第六十二条　【刑事责任】………………… 186

第七章　附　则

第六十三条　【金融机构反洗钱义务主体】 …………………… 191

第六十四条　【特定非金融机构反洗钱义务主体】 …………… 195

第六十五条　【施行日期】 …………………………………… 198

附录

中华人民共和国反洗钱法 ………………………………… 200
　　（2024年11月8日）

第一章 总 则

第一条 【立法宗旨】 为了预防洗钱活动，遏制洗钱以及相关犯罪，加强和规范反洗钱工作，维护金融秩序、社会公共利益和国家安全，根据宪法，制定本法。

【条文主旨】

本条明确了反洗钱法的立法宗旨。

【条文解读】

原反洗钱法第一条规定，为了预防洗钱活动，维护金融秩序，遏制洗钱犯罪及相关犯罪，制定本法。

较之于原反洗钱法，新反洗钱法作出如下修改：

（1）将原反洗钱法中的"遏制洗钱犯罪及相关犯罪"简化为"遏制洗钱以及相关犯罪"。新反洗钱法在"预防洗钱活动"后明确该法遏制对象为"洗钱以及相关犯罪"，主要出于以下两点考量：其一，该表述更加具有连贯性和逻辑性。将"维护金融秩序"放在预防、遏制之后，表明对该法益的保护是前述反洗钱工作所应共同达到的目标。其二，反洗钱法作为预防法，应当对各类洗钱活动在事前进行预防，而不应将范围局限于犯罪行为。

（2）增加"加强和规范反洗钱工作"。一方面，随着国内的洗钱犯罪活动日益猖獗，加强反洗钱工作理应在立法上有所体现；另一方面，国际社会对我国反洗钱工作提出新要求。金融行动特别工作组在2018年对我国反洗钱工作开展第四次互评估，肯定了我国反洗钱工作近年来取得的积极进展，也对特定非金融行业监管、受益所有权信息透明度等提出了相关建议。① 新反洗钱法立足我国实际情况，致力于加强反洗钱监督管理，以及完善客户尽职调查、大额交易和可疑交易报告、内控制度建设等反洗钱义务条款。在这个意义上，立法宗旨增加了"加强和规范反洗钱工作"，这既保持了新反洗钱法内部的体系性和协调性，也表现出我国反洗钱工作向纵深推进。

（3）增加"维护社会公共利益和国家安全"，周延了反洗钱法的保护法益。这不仅有助于反洗钱工作更好地践行总体国家安全观，而且为我国更好地参与国际合作奠定了规范基础。一方面，反洗钱的核心内容是涉及资金的流动，其作为连接点，可以将经济安全、金融安全、社会安全、国际合作、打击恐怖主义等许多非传统性的国家安全问题联系在一起，其中诸多内容正是总体国家安全的有机组成部分，反洗钱由此贯穿于实现总体国家安全的多个层面和进程始终，成为践行和落实总体国家安全观的重要环节和抓手。② 洗钱行为对金融秩序的破坏是其最直观的危害后果，但其更深层次的侵害对象往往是隐藏在金融秩序背后的社会公共利益和国家安全。保证金融秩序稳定、保障社会公共利益都是反洗钱工作维护国家安全的重要任务。反洗钱法将保护法益从金融秩序扩张到社会公共利益和国家安全，把反洗钱工作提升到维护国家安全的整体战略高度，是践行总体国家安全观的具体体现，表明反洗钱的工作机制发生升级。另一方面，在反洗钱的立法宗旨条文中新增维护"社会公共利益和国家安全"，也是反洗钱立法立足于我国实践、与国际社会反洗钱战略趋势保持一致的表现。在当前经济全球化、资本国际化、信息高速发展的背景下，洗钱活动与恐怖融资等有组织犯罪密切交织。洗钱与恐怖融资的紧密结合不仅会破坏金融管理秩序，而且会加重侵蚀一国的法律制度和社会秩序、威胁国家安全。我国于2021年公布《金融机构反洗钱和反恐怖融资监督管理办法》，其第一条明确提出规范反洗钱和反恐怖融资监督管理行为。因此，反洗钱立法有必要回应司法实践需求，强调反洗钱工作须承担"维护社会公共利益和国家安全"的任务。

（4）增加"根据宪法"。这一修订不仅彰显了反洗钱法的条文内容以

---

① 参见《金融行动特别工作组公布中国反洗钱和反恐怖融资互评估报告》，载中国人民银行网站，http：//www.pbc.gov.cn/goutongjiaoliu/113456/113469/3809727/index.html，最后访问日期：2024年11月11日。

② 参见王新：《洗钱罪认定：不能泛化套用事后不可罚理论》，载《检察日报》2024年1月30日。

宪法为依据，而且符合立法实践中法律语言规范化的要求。首先，宪法第十五条规定"国家加强经济立法""国家依法禁止任何组织或者个人扰乱社会经济秩序"。金融秩序隶属于经济秩序，因此，对反洗钱法的修订本身便是宪法保护金融秩序的体现。其次，新反洗钱法在后续条文中增加了贯彻宪法精神的相关规范，在立法宗旨中对此加以体现是有必要的。例如，严格限制对客户身份资料和交易信息的使用范围；增加依法使用所获取的反洗钱信息的规定，以保护国家秘密、商业秘密和个人隐私、个人信息。这是保护数据安全、贯彻宪法第三十三条第三款"国家尊重和保障人权"的具体体现。

> 第二条　【反洗钱的定义】本法所称反洗钱，是指为了预防通过各种方式掩饰、隐瞒毒品犯罪、黑社会性质的组织犯罪、恐怖活动犯罪、走私犯罪、贪污贿赂犯罪、破坏金融管理秩序犯罪、金融诈骗犯罪和其他犯罪所得及其收益的来源、性质的洗钱活动，依照本法规定采取相关措施的行为。
> 　　预防恐怖主义融资活动适用本法；其他法律另有规定的，适用其规定。

【条文主旨】

本条明确了反洗钱的法律定义。

【条文解读】

原反洗钱法第二条规定，反洗钱是为了预防通过各种方式掩饰、隐瞒毒品犯罪、黑社会性质的组织犯罪、恐怖活动犯罪、走私犯罪、贪污贿赂犯罪、破坏金融管理秩序犯罪、金融诈骗犯罪等犯罪所得及其收益的来源和性质的洗钱活动。由此可见，原反洗钱法通过列举式将洗钱罪的上游犯罪划定在七大类犯罪中，包括毒品犯罪、黑社会性质的组织犯罪、恐怖活动犯罪、走私犯罪、贪污贿赂犯罪、破坏金融管理秩序犯罪、金融诈骗犯罪七类，并无其他犯罪。

修订后的反洗钱法对反洗钱的定义采取的是广义的模式，既包括洗钱罪所涵摄的七类上游犯罪，也包括掩饰、隐瞒犯罪所得、犯罪所得收益罪所涵摄的其他上游犯罪。原反洗钱法规定的洗钱罪的上游犯罪范围与刑法一致，对掩饰、隐瞒七类上游犯罪之外的其他犯罪所得的预防和遏制有待进一步完善。例如，某些非法支付平台为网络赌博、电信诈骗等违法犯罪行为提供支付结算服务，涉案金额巨大。此类行为对金融管理秩序和司法秩序造成的破坏，并不亚于为七类上游犯罪所得予以洗钱的危害。尽管刑法未将这类行为认定为洗钱罪，但其理应成为反洗钱工作预防和遏制的对象。对此，本条从以下三个方面加以修正完善：

（1）除了保留原反洗钱法所提到的七种犯罪类型之外，增加"和其他犯罪"的表述。新反洗钱法扩大了反洗钱法律适用的范围，不再局限于列举的具体犯罪类型，使反洗钱工作更全面地覆盖可能涉及洗钱的各种犯罪活动。修订后关于洗钱行为上游犯罪的规定，可以促进我国对各类洗钱活动的预防与遏制，有助于进一步对洗钱活动予以充分打击。

（2）增加"预防恐怖主义融资活动适用本法"的适用条款。恐怖组织需要大量资金来维持其运作和实施恐怖活动，切断恐怖融资渠道是打击恐怖主义的重要手段。金融行动特别工作组在全球反洗钱和反恐怖融资领域发挥着重要的指导、协调作用。其发布的恐怖融资类型研究报告对恐怖分子筹集资金、转移资金、使用资金的方法和特征进行了分析，为各国反恐怖融资工作提供了重要参考。这些报告强调金融机构在反恐怖融资中的重要作用，要求各国加强金融情报信息共享和深度挖掘应用。我国在洗钱和恐怖融资问题的立场上历来是十分鲜明和坚定的，一贯主张坚决打击一切形式的洗钱和恐怖融资活动。《国务院办公厅关于完善反洗钱、反恐怖融资、反逃税监管体制机制的意见》提出，反洗钱、反恐怖融资、反逃税监管体制机制是推进国家治理体系和治理能力现代化、维护经济社会安全稳定的重要保障。新法增加"预防恐怖主义融资活动适用本法"表述，一方面明文将反恐怖融资纳入反洗钱法的适用范围，为打击恐怖融资提供更加明确的法律依据；另一方面也显示了我国坚决打击一切形式的恐怖融资活动的鲜明态度。

（3）增加"其他法律另有规定的，适用其规定"的表述。这一修订是为了明确反洗钱法与其他法律之间的关系。当其他法律对恐怖融资活动有更详细的规定时，应当优先适用那些规定。例如，《中华人民共和国反恐怖主义法》第三章至第六章涵盖了反恐怖主义的具体措施，这对于反恐怖主义具有更强的针对性，应予优先适用。这样的规定有助于避免法律之间的冲突，确保法律体系的完整性和协调性。

【关联规范】

《中华人民共和国刑法》第一百九十一条、第三百一十二条；《中华人民共和国反恐怖主义法》第三章至第六章。

> **第三条 【反洗钱工作的指导原则】** 反洗钱工作应当贯彻落实党和国家路线方针政策、决策部署，坚持总体国家安全观，完善监督管理体制机制，健全风险防控体系。

【条文主旨】

本条明确了反洗钱工作的指导原则。

【条文解读】

本条是关于开展反洗钱工作的方针与目标的概括性规定。原反洗钱法并无相关规定，本条为修订后的反洗钱法所增设。

本条"健全风险防控体系"中的"防控"一词所表达的含义是预防与控制，旨在说明反洗钱工作的开展需要预防与控制同时进行。预防体系的健全强调做好打击传统洗钱行为与新型洗钱行为的有效应对措施；控制体系的健全强调要切实开展反洗钱工作，对洗钱行为的打击需要处于国家可管控范围之内。控制含义的加入，使得开展反洗钱工作的目标更为完善。此外，本条也呈现出如下亮点：

（1）坚持党的领导，贯彻落实国家的各项路线方针政策、决策部署。法律、法规的制定与实施，离不开党的方针政策、决策部署。只有在党的方针政策、决策部署的指引下，反洗钱工作才能够顺利地展开。统一的决策部署，让我国的反洗钱立法与实施工作能够顺利、有效地开展，在保护国内经济顺利发展的同时，提升我国在国际反洗钱工作中的地位。

（2）坚持总体国家安全观。在早期，各国对洗钱活动的认识是通过切断毒品犯罪、有组织犯罪、腐败犯罪等严重犯罪利益，从而达到遏制犯罪的目的。但是，随着洗钱行为的日益演化，其危害性逐渐从依附上游犯罪中脱离，上升为非传统安全问题。同时，对洗钱行为造成的危害后果，联合国将其概括为对金融业、经济发展、政府和法律制度等方面的破坏，强调洗钱不仅严重侵蚀着国家的经济，而且对全球市场的稳定造成现实危险。[1] 在总体国家安全观确立后，我国从国家战略高度来认识反洗钱问题，并且进行顶层制度设计，反洗钱的机制也随之转型升级。反洗钱工作事关金融安全。鉴于金融安全直接关系到我国的总体国家安全，《中华人民共和国国家安全法》第二十条将金融安全从原先隶属于经济安全的体系下独立出来，单列为国家安全的一个要素。《国务院办公厅关于完善反洗钱、反恐怖融资、反逃税监管体制机制的意见》也明确指出："反洗钱、反恐怖融资、反逃税（以下统称'三反'）监管体制机制是建设中国特色社会主义法治体系和现代金融监管体系的重要内容，是推进国家治理体系和治理能力现代化、维护经济社会安全稳定的重要保障，是参与全球治理、扩大金融业双向开放的重要手段。"基于此，反洗钱工作的开展也要坚持总体国家安全观，并且将反洗钱纳入国家治理体系和治理能力现代化的系统。

（3）反洗钱工作应当建立完善的监管机制与风险防控体系。在巩固金融安全和防范化解重大金融风险方面，反洗钱能够发挥独特的功能，成为落实总体国家安全观的重要组成部分。具体而言，反洗钱通过要求义务主体开展有效的客户尽职调查、发现与监测大额交易和可疑交易，从资金流动中发现异常和可疑资金，增进经济金融交易的规范化和透明度。同时，反洗钱围绕风险的事先预警、事中监测和事后追踪，有利于及时发现经济犯罪的线索，在防控跨境资金流动风险方面发挥重要的作用。金融行动特别工作组发布的《建议》包括国家、主管当局以及金融机构、特定非金融行业三个层面的架构内容，其中对于金融机构、特定非金融行业的合规要求，是该建议中最主要的部分，涵盖客户尽职审查、交易记录保存、针对特定客户和活动的额外措施、依托第三方的尽职审查、可疑交易报告、内控体系等。金融行动特别工作组还发布了《风险为本监管指引》等，认为通过"风险为本"方法，监管部门将更加有效地识别和防范犯罪资金的流动，达到"防患于未然"的效果。[2] 可见，金融行动特别工作组在制定规范时，也秉持着完善监管、健全风险防控的方针。我国作为金融行动特别工作组成员，有义务完成反洗钱工作。

---

[1] 《联合国〈与犯罪收益有关的洗钱、没收和国家合作示范法〉（1999）》，载中国人民银行反洗钱中心网站，http：//www.pbc.gov.cn/fxqzhongxin/3558093/3558113/3569358/index.html，最后访问日期：2024年11月2日。

[2] 《FATF发布〈风险为本监管指引〉》，载中国人民银行网站，http：//camlmac.pbc.gov.cn/fanxiqianju/135153/135296/4230872/index.html，最后访问日期：2025年2月26日。

【关联规范】

《中华人民共和国国家安全法》第二十条。

> **第四条 【反洗钱工作的规范要求】** 反洗钱工作应当依法进行，确保反洗钱措施与洗钱风险相适应，保障正常金融服务和资金流转顺利进行，维护单位和个人的合法权益。

【条文主旨】

本条明确了反洗钱工作的规范要求。

【条文解读】

相较于原反洗钱法，本条属于新增的内容。负有反洗钱义务的主体应依法开展反洗钱工作，在此过程中，不应影响正常金融服务和资金流转顺利进行，重视维护相关单位和个人的合法权益。

原反洗钱法规定了一些对依法开展反洗钱工作的具体要求，例如，其第三条规定，在中华人民共和国境内设立的金融机构和按照规定应当履行反洗钱义务的特定非金融机构，应当依法采取预防、监控措施，建立健全客户身份识别制度、客户身份资料和交易记录保存制度、大额交易和可疑交易报告制度，履行反洗钱义务。其中，"依法"是境内金融机构和特定非金融机构采取相关预防、监控措施的前提。但是，原反洗钱法关于依法开展反洗钱工作的要求相对零散，且侧重于强调反洗钱义务主体对洗钱风险的防控，对反洗钱工作可能影响的单位和个人的合法权益保障有待进一步完善。

洗钱风险管理固然重要，但客户的合法权益也应当得到保护。随着国家对洗钱风险的防控日益重视，一些反洗钱义务主体为避免疏于义务履行，在没有明确法律依据的情况下，采取明显超越防控洗钱风险所需的反洗钱措施。实践中，部分金融机构以"洗钱风险管理""防范电信网络诈骗"为由，简单、机械地理解和执行内部规章制度，普遍性地限制客户账户使用、降低单笔网银转账限额、拒绝客户提取现金，严重损害了金融消费者权益。对此，本次修订增设了本条。

本条强调"反洗钱工作应当依法进行",同时从三个方面规定了依法开展反洗钱工作的基本内涵:

(1) 反洗钱工作应当确保反洗钱措施与洗钱风险相适应。这是反洗钱工作中的一个重要原则,意味着反洗钱的措施和策略应当根据洗钱风险的评估来进行调整和实施。该原则是比例原则在反洗钱领域的体现,反映了反洗钱工作由"规则为本"向"风险为本"的思路转变。一方面,比例原则作为依法行政的基本原则之一,要求在采取限制公民权利的相应措施时必须出于正当目的,采用能够实现该目的对公民权利侵害最小的手段。反洗钱措施往往会对所涉及的单位和个人权益予以一定限制,这一限制的正当性基础只能是客观存在的洗钱风险。如果反洗钱义务主体采取的反洗钱措施强度超出了应对洗钱风险所必要的程度,就缺乏实质性合理依据,属于对公民权益的不当侵害。因此,"确保反洗钱措施与洗钱风险相适应"是在反洗钱领域贯彻比例原则的必然要求。另一方面,洗钱风险是动态变化的,唯有以"风险为本"为基本思路,持续监控并定期更新风险评估和相应的控制措施,才能在实践中有效实现反洗钱目的。因此,为了推进反洗钱工作有序展开,反洗钱法有必要将"确保反洗钱措施与洗钱风险相适应"规定为依法开展反洗钱工作的基本内涵。

(2) 开展反洗钱工作应当保障正常金融服务和资金流转顺利进行。正常金融服务和资金流转能否顺利进行,是检验反洗钱工作中"反洗钱措施与洗钱风险相适应"是否切实贯彻的直观标准。如果正常金融服务和资金流转因反洗钱工作的开展而遭受负面影响,就说明反洗钱义务主体采用的反洗钱措施逾越了应对洗钱风险所必要的强度要求,不具有正当性。反洗钱工作的重要目标是维护金融秩序。金融活动的有序开展,既可能因为洗钱风险未得到控制而受到不利影响,也可能因为反洗钱措施的不当适用而遭到阻碍。因此,反洗钱义务主体在开展反洗钱工作时,必须兼顾客户洗钱风险管理与保障正常金融服务和资金流转顺利进行,二者不可偏废。

(3) 开展反洗钱工作应当切实维护单位和个人的合法权益。反洗钱旨在"遏制洗钱以及相关犯罪",而打击洗钱以及相关犯罪的最终目标则是保护人民合法权益。如果反洗钱工作的开展不规范,不当侵害了所涉单位和个人的合法权益,其正当性难免面临质疑。因此,反洗钱义务主体开展反洗钱工作时,除了遵循法律法规明文规定的要求外,还必须关注是否切实维护了单位和个人的合法权益。除非怀疑客户涉嫌洗钱或者违法犯罪,金融机构一般不应对没有洗钱风险的客户采取风险管理措施。所采取的措施也不同于简单冻结账户,主要为限制性措施,不影响为客户提供合法的资金交易和金融服务。为了平衡打击犯罪与保护合法权益之间的关系，修订的反洗钱法完善了多项规定以保护数据安全和公民隐私权利，规定了相关义务主体泄露反洗钱信息的法律责任，以确保信息、数据被妥善处理。另外，修订的反洗钱法专门设置了"异议处理机制"，客户对金融机构采取的洗钱风险管理措施有异议的，可以直接向金融机构提出。

【关联规范】

《非银行支付机构监督管理条例》第五条；《中国人民银行金融消费者权益保护实施办法》第二条。

第五条　【反洗钱监督管理的分工与配合】 国务院反洗钱行政主管部门负责全国的反洗钱监督管理工作。国务院有关部门在各自的职责范围内履行反洗钱监督管理职责。

国务院反洗钱行政主管部门、国务院有关部门、监察机关和司法机关在反洗钱工作中应当相互配合。

【条文主旨】

本条是关于我国反洗钱工作监管分工和反洗钱工作协调配合方面的原则性规定。

【条文解读】

本条是对原反洗钱法第四条规定的修订。

新反洗钱法在原反洗钱法第四条第二款关于反洗钱工作应当相互配合的单位中增加了"监察机关"。2018年3月20日，第十三届全国人民代表大会第一次会议通过《中华人民共和国监察法》，国家设立监察机关行使国家监察职能，对所有行使公权力的公职人员进行监察，调查职务违法和职务犯罪，开展廉政建设和反腐败工作。贪污贿赂犯罪是《中华人民共和国刑法》第一百九十一条洗钱罪的上游犯罪，打击贪腐类犯罪及与其相关的洗钱行为是反洗钱工作的重要目标。《中共中央纪律检查委员会向党的第十八次全国代表大会的工作报告》将完善反洗钱防控工作机制作为从源头上防治腐败的根本举措之一。① 反洗钱通过客户尽职调查、大额和可疑交易报告的具体工作机制，能对贪腐类犯罪产生震慑作用，防范贪腐类犯罪分子藏匿犯罪所得，追踪贪腐类犯罪分子犯罪资金流向，是反腐败工作的重要利器和抓手。反洗钱行政主管部门与监察机关的协作、配合，通过信息共享和沟通，能更有效挖掘贪腐类犯罪线索，扩展贪腐类犯罪信息范围，实现对贪腐类犯罪的及时发现、精准打击。同时，监察机关在办理贪腐类犯罪案件时，对洗钱犯罪线索和证据的收集、分享，有利于提高社会整体对洗钱犯罪的打击效率。

对该条的理解需要着重把握以下几个方面：

一、关于配合

（一）各部门和机关的合作是落实总体国家安全观的要求

对本条的理解应站在"总体国家安全观"的视角审视反洗钱在社会治理中的功能和作用。本条的重点在于强调"分工、合作"，其内在原因在于反洗钱在社会治理中的广泛作用以及洗钱行为对社会政治、经济、法律、公共秩序等各个领域的威胁，洗钱已被公认为典型的"非传统安全问题"。我们需要将反洗钱置于总体国家安全观的视角下进行检视，充分认识反洗钱在推进国家治理体系和治理能力现代化、维护经济社会安全稳定中的作用。② 总体国家安全观是以人民安全为宗旨，以政治安全为根本，以经济安全为基础，以军事、文化、社会安全为保障，以国际安全为依托的全面的、系统的、统一的新时期国家安全观念。③ 维护人民安全是反洗钱工作的宗旨，广大人民群众是反洗钱工作依靠的主体，保护人民群众的财产安全和信息安全是反洗钱工作的重要内容，通过反洗钱打击洗钱、恐怖主义犯罪以及其他相关犯罪，是保护公民基本权利的重要手段；通过反洗钱打击资助危害国家安全类犯罪、贪腐类犯罪，是维护国家主权安全和政治安全的重要途径，积极参与、主导国际反洗钱规则的制定是提升国际政治地位的重要方式；通过反洗钱打击灰色经济、国际游资、国际投机资本、非法资金和偷逃税等行为，为市场提供公平的竞争环境，是保障宏观统计数据正确、落实宏观经济政策，维护金融安全、市场安全和财政安全

---

① 参见《中共中央纪律检查委员会向党的第十八次全国代表大会的工作报告》，载中央纪委国家监委会网站，https://www.ccdi.gov.cn/xxgkn/hyzl/201307/t20130719_40508.html，最后访问日期：2024年11月15日。

② 王新：《总体国家安全观下我国反洗钱的刑事法律规制》，载《法学家》2023年第1期。

③ 参见徐明：《贯彻总体国家安全观 健全国家安全体系》，载《人民日报》2024年4月15日。

的重要手段；通过反洗钱工作打击危害国防利益类犯罪和大规模杀伤性武器扩散融资，是通过非传统手段维护传统军事安全的新要求；通过反洗钱打击侵害知识产权类犯罪，是维护文化安全的重要手段；通过确立民众的反洗钱主体地位、加强反洗钱合规宣传，是培育社会正能量的重要途径；通过反洗钱打击毒品犯罪、有组织犯罪等危害社会安全犯罪，是净化社会环境重要方式。同时，反洗钱是实现国际经济情报信息共享的平台，是打击跨国有组织犯罪的重要手段，借助反洗钱合作，可以加强国际司法互助，维护国际安全。综上所述，反洗钱是落实总体国家安全观的重要抓手，反洗钱工作上述功能和作用的实现，需要相关部门和单位分工合作，协调配合，从系统性的角度思考反洗钱在社会治理中的角色和机能。

（二）各部门和机关的合作是反洗钱机制有效发挥作用的内在要求

从国家层面看，反洗钱机制要想有效发挥作用，需要建立协调或类似机制。确保政策制定部门、金融情报中心、执法部门、监管机构和其他相关主管部门在政策制定和执行层面建立有效机制，以便各部门之间在政策的制定、实施和打击洗钱、恐怖融资和大规模杀伤性武器扩散融资的行动方面实现合作，并在适当情况下进行协调和国内信息共享。[1] 国家层面各部门的合作与协调框架应包含所有与反洗钱、反恐怖融资和反扩散融资相关的部门。按照国家机关的职能来划分，与此框架相关的部门可以包括：中央政府主管部门（如财政、贸易和商业、司法和外交）；执法部门、资产追回和检察机关；金融情报中心；安全和情报机构；海关和边境部门；监管部门和自律组织；税务机关；进出口管理部门；公司登记注册机构，以及受益所有权登记注册机构；其他相关部门。[2]

（三）发挥工作合力，优化打击犯罪效果

新反洗钱法第一条规定的立法目的具有多重目标，从预防和遏制的对象来看，既包括洗钱行为又包括相关犯罪；从维护的法益来看，既包括金融秩序，也包括社会公共利益和国家安全，这种多重目标的设定，决定了反洗钱工作职责主体的多样性，同时也要求各相关单位切实履职、积极作为、相互协调、相互配合，只有发挥合力才能有效实现上述目标。在具体工作机制上，我国建立了由中国人民银行、公安部、国家监察委员会、最高人民法院、最高人民检察院、国家安全部、海关总署、国家税务总局、

---

[1] 中国人民银行反洗钱局编译：《打击洗钱、恐怖融资与扩散融资的国际标准：FATF建议》，中国金融出版社2024年版，第29页。

[2] 参见中国人民银行反洗钱局编译：《打击洗钱、恐怖融资与扩散融资的国际标准：FATF建议》，中国金融出版社2024年版，第29~30页。

金融监管总局、证监会、国家外汇管理局等单位组成的反洗钱工作部际联席会议制度，各单位在党中央集中统一领导下，高效协同，密切配合，积极发挥反洗钱在维护金融秩序、社会公共利益和国家安全等方面的重要作用。本条是关于反洗钱合作的原则性规定，有关合作的具体规定体现在反洗钱法的相关规定中，合作包括但不限于以下几个方面：

1. 制度制定上的相互配合。制度制定上的相互配合，既是分工监管的结果，也是反洗钱系统性、统一性的要求。制度制定上的相互配合，一方面有利于保证制度的协调性，防止出现不同单位制定的反洗钱制度存在矛盾，使相关主体尤其是被监管主体无所适从；另一方面也有利于使普遍性的反洗钱规定与不同领域的具体反洗钱制度的有效融合，有利于构建普遍性与具体性、一般性与特殊性规范相结合的反洗钱法律制度体系。这在反洗钱法中有多处体现。例如，中国人民银行可以会同国务院有关金融管理部门制定金融机构反洗钱管理规定；国务院有关特定非金融机构主管部门可以会同中国人民银行制定特定非金融机构反洗钱管理规定；中国人民银行会同国务院有关部门建立法人、非法人组织受益所有人信息管理制度；①中国人民银行、国务院外汇管理部门会同海关总署规定出入境人员携带的现金、无记名支付凭证等的申报范围、金额标准以及通报机制等。

2. 信息交流上的相互配合。信息是社会治理中的核心要素，社会治理的过程就是不断解决治理中信息不对称的问题。反洗钱的系统特性，使分散的信息能够进行重构，形成相对完整的信息链条，呈现出原有局部信息所不具备的新的信息内容。为有效实现反洗钱工作的功能，要求相关单位在信息交流上应相互配合，这是反洗钱机制的核心之一。这种信息交流大体可以分为：（1）反洗钱工作情况、形势等层面的信息交流。根据反洗钱法的规定，国务院反洗钱行政主管部门应当向国家有关机关定期通报反洗钱工作情况。以2022年为例，中国人民银行全年共编发《打击治理洗钱违法犯罪三年行动专刊》9期，及时通报国际反洗钱最新研究成果以及国内工作进展，加强成员单位经验交流，推动打击治理洗钱违法犯罪三年行动取得显著成效。②（2）与履职相关的反洗钱信息交流。中国人民银行应依法向履行与反洗钱相关的监督管理、行政调查、监察调查、刑事诉讼等职责的国家有关机关提供所必需的反洗钱信息。中国人民银行为履行反洗钱职责，也可以从国家有关机关获取所必需的信息，国家有关机关应当依

---

① 例如，中国人民银行会同国家市场监督管理总局制定《受益所有人信息管理办法》。
② 《2022年中国反洗钱报告》，载中国人民银行网站，http://www.pbc.gov.cn/fanxiqianju/135153/135282/index.html，最后访问日期：2024年11月15日。

法提供。（3）案件层面的信息交流。反洗钱行政主管部门和其他依法负有反洗钱监督管理职责的部门发现涉嫌洗钱以及相关违法犯罪的交易活动，应当移送有管辖权的机关处理。接受移送的机关应当按照有关规定反馈处理结果。海关发现个人出入境携带的现金、无记名支付凭证等超过规定金额的，应当及时向反洗钱行政主管部门通报。

3. 监管履职中的配合。相关单位在反洗钱监管中应相互配合，以防止出现监管真空，有效提高反洗钱监管效率。相关金融监督管理部门在监督管理工作中发现金融机构违反反洗钱规定的，应当将线索移送反洗钱行政主管部门，并配合其进行处理；有关特定非金融机构主管部门根据需要，可以提请反洗钱行政主管部门协助其监督检查；反洗钱行政主管部门可以向金融监督管理部门和特定非金融机构主管部门提出反洗钱监督管理建议；反洗钱行政主管部门会同国务院有关部门根据洗钱风险状况确定的其他需要履行反洗钱义务的机构。

4. 风险评估方面的配合。"风险为本"是反洗钱工作的基本原则，体现在反洗钱工作的各个方面。通过对风险的持续识别、审慎评估，根据实际情况采取有针对性的控制措施，从而实现有效防范洗钱风险的目的。根据金融行动特别工作组《建议》建议1、建议2的要求，各国应当识别、评估和理解本国的洗钱与恐怖融资风险。在国家洗钱风险、行业洗钱风险、高风险国家和地区的认定、高风险组织和人员名单的确定上，需要各部门协调配合，才能有效识别风险。① 根据反洗钱法的规定，国务院反洗钱行政主管部门会同国家有关机关开展国家、行业洗钱风险评估。对存在严重洗钱风险的国家或者地区，国务院反洗钱行政主管部门可以在征求国家有关机关意见的基础上，经国务院批准，将其列为洗钱高风险国家或者地区，并采取相应措施。国务院反洗钱行政主管部门认定或者会同国家有关机关认定具有重大洗钱风险、不采取措施可能造成严重后果的组织和人员名单。

5. 反洗钱宣传教育方面的配合。宣传教育是提升社会公众对洗钱风险认知，防范洗钱活动，避免误入洗钱歧途，支持义务机构履行反洗钱义务、开展反洗钱工作的重要手段。反洗钱行政主管部门会同国家有关机关通过多种形式开展反洗钱宣传教育活动，向社会公众宣传洗钱活动的违法性、危害性及其表现形式等，有助于增强社会公众对洗钱活动的防范意识

---

① 参见中国人民银行反洗钱局编译：《打击洗钱、恐怖融资与扩散融资的国际标准：FATF建议》，中国金融出版社2024年版，第15、29页。

和识别能力。

6. 其他具体工作方面的配合。协同配合是反洗钱工作的一项基本原则，凡是需要协同配合的，各单位均应在法律的框架内加强合作，以实现反洗钱的协同社会治理目标。在具体工作上，其配合的内容多种多样。例如，发挥部门优势联合对相关案件开展监测分析，对洗钱及相关犯罪形势联合开展专项调研，对洗钱案件开展统计工作，配合完善相关法律、法规、司法解释修订等都离不开各单位的协同配合。

二、关于分工

明确监管分工，有利于提高反洗钱监管效率。根据《中华人民共和国中国人民银行法》第四条的规定，中国人民银行指导、部署金融业反洗钱工作，负责反洗钱的资金监测。反洗钱法中的"国务院反洗钱行政主管部门"即指中国人民银行。由央行作为反洗钱行政主管部门负责全国的反洗钱监督管理工作，是国际上较为通行的做法。但反洗钱工作是一项系统性工程，各部门应当在各自的职责范围内承担相应的反洗钱监管职责，这在金融行动特别工作组的《建议》中也有充分的反映。其建议 26 要求主管部门或金融监管部门应当采取必要的法律或监管措施对金融机构进行监管。建议 28 要求监管机构或行业自律组织对特定非金融行业和职业进行监管，确保其有效实施必要的反洗钱与反恐怖融资措施。[1]《国务院办公厅关于完善反洗钱、反恐怖融资、反逃税监管体制机制的意见》指出相关监管部门应"在行业监管规则中嵌入反洗钱监管要求，构建涵盖事前、事中、事后的完整监管链条"。各部门在各自的职责范围内承担反洗钱监管职责责无旁贷，对监管分工的明确规定，有利于反洗钱行政主管部门和各行业主管部门各司其职、协同配合，进一步提升监管效率。[2] 本条是关于监管分工的原则性规定，有关监管分工的具体规定主要体现在本法第二章"反洗钱监督管理"的相关条文之中，分工包括但不限于以下几个方面：

一是反洗钱制度制定方面的分工。中国人民银行负责制定或者会同国务院有关金融管理部门制定金融机构反洗钱管理规定；有关金融管理部门参与制定所监督管理的金融机构反洗钱管理规定；有关特定非金融机构主管部门应在各自的领域内制定特定非金融机构反洗钱管理规定。

---

[1] 参见中国人民银行反洗钱局编译：《打击洗钱、恐怖融资与扩散融资的国际标准：FATF 建议》，中国金融出版社 2024 年版，第 193、199 页。

[2] 包明友：《完善新时代反洗钱制度体系的重要举措》，载《中国金融》2024 年第 11 期。

二是具体监管履职方面的分工。中国人民银行负责组织、协调全国的反洗钱工作，负责反洗钱的资金监测，监督检查金融机构履行反洗钱义务的情况，在职责范围内调查可疑交易活动；有关金融管理部门应当在金融机构市场准入中落实反洗钱审查要求；有关特定非金融机构主管部门监督检查特定非金融机构履行反洗钱义务的情况。

三是国际合作方面的分工。中国人民银行根据国务院授权，负责组织、协调反洗钱国际合作，代表中国政府参与有关国际组织活动，依法与境外相关机构开展反洗钱合作，交换反洗钱信息。外国国家、组织要求境内金融机构提供相关材料、信息、配合开展相关工作的，金融机构应向相关金融监督管理部门报告。其他国家有关机关依法在职责范围内开展反洗钱国际合作。

【关联规范】

《中华人民共和国中国人民银行法》第四条；《中华人民共和国反恐怖主义法》第八条、第二十四条；《中华人民共和国反有组织犯罪法》第十七条、第四十二条；《中华人民共和国禁毒法》第二十九条。

> **第六条** 【反洗钱义务机构履职总体框架】在中华人民共和国境内（以下简称境内）设立的金融机构和依照本法规定应当履行反洗钱义务的特定非金融机构，应当依法采取预防、监控措施，建立健全反洗钱内部控制制度，履行客户尽职调查、客户身份资料和交易记录保存、大额交易和可疑交易报告、反洗钱特别预防措施等反洗钱义务。

【条文主旨】

本条是关于我国境内反洗钱义务机构应当开展反洗钱工作总体框架的规定。

【条文解读】

本条是对原反洗钱法第三条规定的修正。① 对本条的修正，主要表现为：

（一）立法技术上的修正

一是增加了"以下简称境内"的表述。因原反洗钱法中仅在第三条出现过一次"中华人民共和国境内"的表述，也未出现过其他"境内"的表述，因而无须有"以下简称境内"的简化式表述。但是，新反洗钱法多次出现"境内"的表述，在法律文本第一次出现"中华人民共和国境内"这一表述时，在其后附以"以下简称境内"可以保证立法语言的简洁性、准确性和统一性。

二是将"按照规定应当履行反洗钱义务的特定非金融机构"修改为"依照本法规定应当履行反洗钱义务的特定非金融机构"。将"按照"改为"依照"，是因为特定非金融机构履职的法律层级发生变化所导致的。2006年制定反洗钱法时，我国反洗钱工作处于起步阶段，对于哪些机构属于特定非金融机构以及特定非金融机构应当履行哪些反洗钱义务，尚需要进一步研究，也需要根据反洗钱实践的发展进一步确定。出于立法谨慎性的考虑，在原反洗钱法第三十五条中作出了授权性规定，应当履行反洗钱义务的特定非金融机构的范围、其履行反洗钱义务和对其监督管理的具体办法，由国务院反洗钱行政主管部门会同国务院有关部门制定。因此，在新反洗钱法实施之前，我国特定非金融机构履行反洗钱义务的主要依据是中国人民银行会同国务院有关部门制定的"规定"。根据有关立法技术规范的要求，以规定作为履职依据的一般使用"按照"。随着我国反洗钱工作的不断发展和对特定非金融机构的范围、特定非金融机构的履职内容研究的不断深入，新反洗钱法明确了特定非金融机构的范围和履职内容，履职的依据由原来的规定上升为法律。根据有关立法技术规范的要求，规定以法律法规作为依据的，一般用"依照"。

（二）条文体系性的调整

将原反洗钱法第十五条第一款前半段的规定，即"金融机构应当依照本法规定建立健全反洗钱内部控制制度"移到本条中。本条是对新反洗钱

---

① 原反洗钱法第三条规定："在中华人民共和国境内设立的金融机构和按照规定应当履行反洗钱义务的特定非金融机构，应当依法采取预防、监控措施，建立健全客户身份识别制度、客户身份资料和交易记录保存制度、大额交易和可疑交易报告制度，履行反洗钱义务。"

法第三章内容的高度概括。从第三章的内容来看，主要涵盖了两个方面：一是对义务机构反洗钱制度建设的要求；二是对义务机构具体履职的要求。不以规矩不成方圆，建立、健全、完善内控制度是义务机构履行反洗钱义务的首要职责，是义务机构反洗钱工作功败垂成的关键所在。在总则中提出义务机构应建立健全反洗钱内部控制制度，符合反洗钱工作的体系性特征，也凸显了有效的内控制度建设在反洗钱履职中的重要性。传统上，客户尽职调查、客户身份资料和交易记录保存、大额交易和可疑交易报告工作被认为是反洗钱工作的四大支柱，是整个反洗钱工作的核心。2006年制定反洗钱法时，凸显了上述四大支柱制度建设的重要性，强调了"建立健全客户身份识别制度、客户身份资料和交易记录保存制度、大额交易和可疑交易报告制度"。目前，我国绝大多数义务机构均已建立了上述四个方面的反洗钱制度，并不断健全、完善。相关制度在实践中如何有效执行、有效防范洗钱风险、遏制洗钱和相关犯罪，是现阶段关注的主要问题，也是实践中存在的痛点和难点。在总则中强调"履行客户尽职调查、客户身份资料和交易记录保存、大额交易和可疑交易报告"，是对反洗钱工作现实情况的反映。

（三）与国际用语接轨

2007年中国人民银行、原银监会、证监会、原保监会联合发布《金融机构客户身份识别和客户身份资料及交易记录保存管理办法》，其第三条第一款中明确要求金融机构应当勤勉尽责，建立健全和执行客户身份识别制度，遵循"了解你的客户"的原则，针对具有不同洗钱或者恐怖融资风险特征的客户、业务关系或者交易，采取相应的措施，了解客户及其交易目的和交易性质，了解实际控制客户的自然人和交易的实际受益人。此后，中国人民银行又出台了多项关于客户身份识别的规范性文件，不断丰富客户身份识别概念的内涵和外延，使我国语境下的客户身份识别制度基本与《建议》中关于客户尽职调查的内容相契合。但是，英语语境下的客户身份识别与客户尽职调查是两个不同概念，客户身份识别是客户尽职调查的下位概念，其内容仅包括识别客户身份，并使用可靠且来源独立的文件、数据或信息核实客户身份。将"客户身份识别"修改为"客户尽职调查"有利于我国反洗钱用语与国际接轨，避免在国际交流中产生误解，也有利于防止在反洗钱实际工作中将客户尽职调查停留在识别和核实客户身份阶段。

（四）增加反洗钱特别预防措施的规定

本条中新增加了反洗钱特别预防措施的规定。金融行动特别工作组

《建议》建议6规定了与恐怖主义及恐怖融资相关的定向金融制裁，要求各国应实施定向金融制裁制度，以遵守联合国安理会关于防范和制止恐怖主义及恐怖融资的决议。这些决议要求各国毫不延迟地冻结被列名个人或实体的资金或其他资产，并确保没有任何资金或其他资产被直接或间接地提供给列名个人或实体，或使其受益。这些个人或实体指：（i）根据《联合国宪章》第七章，由联合国安理会列名，或者由其授权列名的个人或实体，包括根据第1267（1999）号决议及其后续决议作出的指定；（ii）根据第1373（2001）号决议，由该国列名的个人或实体。① 特别预防制度的规定也与我国近年来打击电信诈骗、网络诈骗等各种新型犯罪有关，对维护国家安全和主权具有重要的意义。新反洗钱法将近年来的经验探索以法律形式固定下来，为今后有关工作提供坚实的法律基础。②

此外，对该条的理解需要着重把握以下几个方面：

1. 特定非金融机构应全面履行反洗钱义务

随着各国金融行业反洗钱监管制度的不断完善，反洗钱监管薄弱、种类繁多的特定非金融行业逐渐为洗钱犯罪分子所青睐。特定非金融领域反洗钱已成为评价一国反洗钱工作成效不可或缺的关键因素。③ 基于特定非金融行业在反洗钱领域中的脆弱性，金融行动特别工作组在2012年第四次修订《建议》时，将对特定非金融行业的建议从金融业建议中剥离出来单独列示。建议22规定了特定非金融行业和职业的客户尽职调查要求，建议23规定建议18至21规定的要求适用于特定非金融行业和职业。④

顺应国际趋势，我国在原反洗钱法中对特定非金融机构履行反洗钱义务作了原则性的规定。2017年《国务院办公厅关于完善反洗钱、反恐怖融资、反逃税监管体制机制的意见》明确提出要加强特定非金融机构风险监测，探索建立特定非金融机构反洗钱和反恐怖融资监管制度。对于反洗钱国际标准明确提出要求的房地产中介、贵金属和珠宝玉石销售、公司服务

---

① 参见中国人民银行反洗钱局编译：《打击洗钱、恐怖融资与扩散融资的国际标准：FATF建议》，中国金融出版社2024年版，第49页。

② 参见包明友：《我国反洗钱法律制度的创新与发展》，载《清华金融评论》2021年第10期。

③ 参见罗强、武名扬：《特定非金融行业反洗钱监管》，载《中国金融》2020年第16期。

④ 建议18是关于内部控制、境外分支机构和附属机构的规定；建议19是关于高风险国家的规定，建议20是关于可疑交易报告的规定，建议21是关于泄密与保密的规定。参见中国人民银行反洗钱局编译：《打击洗钱、恐怖融资与扩散融资的国际标准：FATF建议》，中国金融出版社2024年版，第151、155、159、161、163、165页。

等行业及其他存在较高风险的特定非金融行业，逐步建立反洗钱和反恐怖融资监管制度。按照"一业一策"原则，由反洗钱行政主管部门会同特定非金融行业主管部门发布特定行业的反洗钱和反恐怖融资监管制度，根据行业监管现状、被监管机构经营特点等确定行业反洗钱和反恐怖融资监管模式。此后，财政部在 2018 年发布的《关于加强注册会计师行业监管有关事项的通知》要求会计师事务所履行反洗钱和反恐怖融资义务，建立健全反洗钱内部控制和管理措施，开展客户尽职调查，保存客户身份资料和业务记录，向中国反洗钱监测分析中心报告发现的可疑交易。中国人民银行发布了《关于加强贵金属交易场所反洗钱和反恐怖融资工作的通知》，要求交易场所、交易商应当积极履行反洗钱和反恐怖融资义务。此后，中国人民银行办公厅发布了《关于加强特定非金融机构反洗钱监管工作的通知》，进一步明确了应当履行反洗钱和反恐怖融资义务的特定非金融机构范围、应当履行的义务内容和违规责任。

经过多年的实践探索，新反洗钱法在法律层面对特定非金融机构的反洗钱义务作出规定：一是在附则第六十四条中界定了特定非金融行业的范围；二是在第四十二条中明确了特定非金融机构履行反洗钱义务的内容，即特定非金融机构在从事规定的特定业务时，参照金融机构履行反洗钱义务的相关规定，根据行业特点、经营规模、洗钱风险状况履行反洗钱义务；三是在第四十三条明确规定特定非金融机构应当配合反洗钱调查，在规定时限内如实提供有关文件、资料；四是在第五十八条中明确特定非金融机构违反反洗钱法义务的相关责任，即特定非金融机构违反反洗钱法规定的，由有关特定非金融机构主管部门责令限期改正；情节较重的，给予警告或者处五万元以下罚款；情节严重或者逾期未改正的，处五万元以上五十万元以下罚款；对有关负责人，可以给予警告或者处五万元以下罚款。

2. 义务机构应构建预防、监控并重的反洗钱履职体系

预防洗钱风险是反洗钱法开宗明义提出的立法目的，是反洗钱工作要实现的直接目标。建立科学、合理的洗钱风险管理体系是预防洗钱风险的重要手段，是义务机构全面风险管理的重要内容。反洗钱法第二十七条第二款要求金融机构应当定期评估洗钱风险状况并制定相应的风险管理制度和流程。金融机构采取洗钱风险管理措施大体可以分为两类：一是基于法

律的强制性规定，不得与无法达到基本的身份识别条件的客户建立业务关系。① 反洗钱法第二十八条规定了金融机构应建立客户尽职调查制度，不得为身份不明的客户提供服务或者与其进行交易，不得为客户开立匿名账户或者假名账户，不得为冒用他人身份的客户开立账户。二是根据金融机构自身的洗钱风险管理政策，对识别为高风险的业务或客户自主采取一定限制措施，直至中止业务或拒绝客户。② 例如，反洗钱法第二十九条规定，客户涉及较高洗钱风险的，应当了解相关资金来源和用途；第三十条规定，对存在洗钱高风险情形的，必要时可以采取限制交易方式、金额或者频次，限制业务类型，拒绝办理业务，终止业务关系等洗钱风险管理措施；第三十八条规定，单位和个人拒不配合金融机构依照反洗钱法采取的合理的客户尽职调查措施的，金融机构按照规定的程序，可以采取限制或者拒绝办理业务、终止业务关系等洗钱风险管理措施，并根据情况提交可疑交易报告。

监控是反洗钱工作的重要手段和内容。义务机构应当建立识别、评估、监测、管理、降低洗钱和恐怖融资风险的程序。本条中的监控可以理解为监测和管理性措施，具体体现在客户尽职调查、大额和可疑交易报告、客户身份资料和交易记录保存等多项具体工作中。例如，反洗钱法第三十条规定了对客户风险状况的持续监测和管理；第三十五条规定了大额和可疑交易报告制度；第三十六条规定了对新技术、新产品、新业务等带来的洗钱风险的监测和管理。

3. 应加强客户尽职调查工作

本条将"客户身份识别"修改为"客户尽职调查"，一方面是为了在法律语言的表述上与国际接轨，另一方面则是为了强调反洗钱工作的有效性，强调客户尽职调查在反洗钱工作体系中的基础性、核心性作用。我国的客户身份识别制度最早起源于 2000 年国务院公布的《个人存款账户实名制规定》，虽然《个人存款账户实名制规定》并未使用"客户身份识别"的字眼，但其本质上与客户身份识别的要求具有异曲同工之处，提出了账户真实性审核要求，并禁止开立假名、匿名账户。《个人存款账户实名制规定》第七条规定，在金融机构开立个人存款账户的，金融机构应当要求其出示本人身份证件，进行核对，并登记其身份证件上的姓名和号

---

① 参见拓扬、王珞、潘善宝：《强化金融机构洗钱风险管理》，载《中国金融》2020 年第 16 期。

② 参见拓扬、王珞、潘善宝：《强化金融机构洗钱风险管理》，载《中国金融》2020 年第 16 期。

码。2006年我国通过了原反洗钱法，在法律层面正式使用了"客户身份识别"这一概念。此后中国人民银行、原银监会、证监会、原保监会在2007年联合发布了《金融机构客户身份识别和客户身份资料及交易记录保存管理办法》，对客户身份识别制度进一步细化。此后，中国人民银行单独或会同相关部门又出台了多项与客户尽职调查相关的配套性制度，如《金融机构洗钱和恐怖融资风险评估及客户分类管理指引》《关于进一步做好受益所有人身份识别工作有关问题的通知》《互联网金融从业机构反洗钱和反恐怖融资管理办法（试行）》等多个规范性文件。进一步明确了客户尽职调查要求，增加受益所有人识别、客户风险评估和分类管理、高风险领域客户尽职调查等内容。从总体上看，我国的客户身份识别制度体系基本能够涵盖FATF客户尽职调查的要求，因此两者在语义上具有相通性。新反洗钱法在客户尽职调查的规定上体现了以下几个特征：

一是全面规定了客户尽职调查的相关内容。例如，第二十九条规定了金融机构应开展客户尽职调查的情形，明确了客户尽职调查包括识别并采取合理措施核实客户及其受益所有人身份，了解客户建立业务关系和交易的目的，涉及较高洗钱风险的，还应当了解相关资金来源和用途；第三十条强调了在业务关系存续期间，金融机构应当持续关注并评估客户整体状况及交易情况，了解客户的洗钱风险；第三十二条规定了金融机构委托第三方开展客户尽职调查的具体要求和法律责任；第三十八条规定了单位和个人拒不配合金融机构开展客户尽职调查措施的，金融机构可以采取的具体措施。

二是全面贯彻"风险为本"的反洗钱工作理念。义务机构根据"风险为本"的要求开展客户尽职调查，是反洗钱工作的一项基本要求。金融机构应当建立客户尽职调查制度，明确客户接纳政策，根据客户的风险状况为客户提供与其风险相适应的金融服务。按照新反洗钱法第二十九条的规定，对不同风险等级的客户，义务机构应采取不同的尽调措施，对于涉及较低洗钱风险的，应当根据情况简化客户尽职调查；对涉及较高洗钱风险的客户，采取强化的客户尽职调查措施，了解相关资金来源和用途。按照新反洗钱法第三十条的规定，义务机构应当对客户进行全生命周期管理，开展持续的尽职调查工作，了解客户的洗钱风险，确保交易与其掌握的客户资料、客户业务、风险状况等信息吻合。

【关联规范】

《中华人民共和国反洗钱法》第六条、第三章；《金融机构大额交易和可疑交易报告管理办法》。

> **第七条　【反洗钱信息的提供与使用】** 对依法履行反洗钱职责或者义务获得的客户身份资料和交易信息、反洗钱调查信息等反洗钱信息，应当予以保密；非依法律规定，不得向任何单位和个人提供。
>
> 反洗钱行政主管部门和其他依法负有反洗钱监督管理职责的部门履行反洗钱职责获得的客户身份资料和交易信息，只能用于反洗钱监督管理和行政调查工作。
>
> 司法机关依照本法获得的客户身份资料和交易信息，只能用于反洗钱相关刑事诉讼。
>
> 国家有关机关使用反洗钱信息应当依法保护国家秘密、商业秘密和个人隐私、个人信息。

【条文主旨】

本条是关于反洗钱信息的提供和使用方面的规定。

【条文解读】

原反洗钱法第五条规定，依法履行反洗钱职责或者义务获得的客户身份资料和交易信息应当予以保密，除法律规定外不得向任何单位和个人提供；同时按使用主体对上述客户身份资料和交易信息明确区分权限和用途。鉴于当时尚无关于个人信息保护的专门法律规定，原反洗钱法强调反洗钱履职过程中严格保护个人信息的做法具有前瞻性和合理性。

伴随反洗钱工作所处理的个人信息规模日益庞大、来源越发多样以及流动更加迅速，以履行反洗钱职责或者义务为目的使用个人信息，既是防治系统性金融风险和完善反洗钱监管体制机制的现实需要，也是扩大金融经济双向开放、深度参与全球治理的必然要求。为实现前述目标，新反洗钱法强调对特定主体使用反洗钱信息的权限提示，严格恪守授权规范的法律位阶，既有出于社会公众对严格保护信息安全的关切之考量，也有基于充分保护反洗钱信息的有序提供与利用的原反洗钱法规范立场之贯彻。并且考虑到法律的行为规范属性，为避免过于精简的条文表达难以有效塑造规范接收者的行为预期，新反洗钱法选择了更易于规范沟通的条文表达承载上述规范立场。

具体而言，新反洗钱法第七条从以下四个方面做出修订：

（1）将反洗钱信息的对象范围从"客户身份资料和交易信息"拓展至"客户身份资料和交易信息、反洗钱调查信息等反洗钱信息"。由于反洗钱监管措施与个人金融信息处理活动密切相关，而个人金融信息不仅包括个人的金融交易信息和向金融机构提供的身份资料，也包括与个人洗钱和恐怖融资等风险评估相关的反洗钱调查信息。后者只要能够识别特定自然人，根据《中华人民共和国民法典》和《中华人民共和国个人信息保护法》的相关规定即属于"个人信息"中的"敏感个人信息"。这些信息一旦泄露或被不当使用，极易造成自然人的人格尊严乃至人身、财产安全受到威胁与侵害。根据《中华人民共和国个人信息保护法》第二十八条的规定，只有具备特定目的和充分必要性，并且采取严格保护措施的前提下，才可以处理这类敏感个人信息。在这个意义上，该条第一款前段对保密措施的强调，既是满足信息处理合法性基础的要求，同时也根据反洗钱监管实践适当拓展保密义务的范围，有利于更加充分地保护上述敏感个人信息。

（2）将反洗钱行政主管部门和其他依法负有反洗钱监督管理职责部门合法利用反洗钱信息的权限范围，由"反洗钱行政调查"拓展至"反洗钱监督管理和行政调查工作"。理论上，反洗钱行政调查是指反洗钱行政机关具体行使法律授予的权限时，为了确认该权限行使是否符合事实要件，针对特定对象展开的事实调查或资料收集活动。从功能上说，反洗钱行政调查是反洗钱行政机关收集信息、调查事实的活动，旨在为后续行政行为查明事实。因此，虽然反洗钱行政调查是反洗钱行政过程的中间环节和必要阶段，但其规范内涵无法覆盖反洗钱行政的全部环节。新反洗钱法在增强反洗钱监督管理等方面被期待发挥重要作用[1]，而反洗钱监督管理的提质增效，既包括事前的风险识别监测，也包括事中的监督管理，还包括事后的惩处追责，对反洗钱信息的有序高效利用显然贯穿始终。同时，鉴于新反洗钱法继续秉持严格信息保护、区分主体权限的具体立法技术，因此将反洗钱行政主管部门和其他依法负有反洗钱监督管理职责部门的反洗钱

---

[1] 参见潘功胜：《关于〈中华人民共和国反洗钱法（修订草案）〉的说明——2024年4月23日在第十四届全国人民代表大会常务委员会第九次会议上》，载中国人大网，http://www.npc.gov.cn/c2/c30834/202411/t20241108_440871.html，最后访问日期：2025年2月27日。

信息利用权限作适当扩充，为提升反洗钱监管全流程信息利用能力与效率奠定了规范基础。

（3）将司法机关根据反洗钱法使用特定反洗钱信息的应用场景，由"反洗钱刑事诉讼"调整为"反洗钱相关刑事诉讼"。理论上认为洗钱犯罪属于行政犯，其刑事不法与行政不法之间存在紧密联系，这不仅反映在两者在犯罪实体认定上的定量分流，更突出表现为两者程序衔接的双向贯通。如前所述，新反洗钱法在本条的结构上延续了原反洗钱法的主体区分构造，然而根据反洗钱信息使用主体的性质不同，区分反洗钱信息使用的权限用途，恰恰容易忽略行政与刑事程序双向互动中衔接部分的反洗钱信息使用授权，使得"预防-威慑"二元目标下反洗钱治理的体系实践被机械割裂，无法最大化反洗钱信息全流程贯通之于反洗钱治理的积极功效。为此，新反洗钱法在文本表述上增加"相关"，让司法机关根据反洗钱法获得的客户身份资料和交易信息能够被用于反洗钱刑事诉讼的相关环节，为诸如行刑反向衔接程序中的反洗钱信息交换活动提供授权依据，充分体现新反洗钱法在反洗钱信息提供和使用过程中依法严格保护信息安全的基本立场。

（4）将"国家有关机关使用反洗钱信息应当依法保护国家秘密、商业秘密和个人隐私、个人信息"作为第四款增设。修改后的条文为反洗钱信息在不同条块之间的有效衔接互通奠定了规范基础，能够更好贯彻反洗钱治理"风险为本"的基本立场。与此同时，相较于原反洗钱法第五条第二款，本条在整体上强调反洗钱信息使用中对国家秘密、商业秘密和个人信息的依法保护，避免国家有关机关任意扩大反洗钱信息合法使用的场景，其出台的相应行政法规、规章和其他规范性文件应依法制定并已公开，并且立法目的和规则还不得与上位法律相抵触，否则将与反洗钱信息处理的合法性基础相抵触。

【关联规范】

《中华人民共和国民法典》第一千零三十五条、第一千零三十六条、第一千零三十九条；《中华人民共和国个人信息保护法》第十三条、第二十三条、第二十八条；《中华人民共和国中国人民银行法》第十五条、第五十条；《中华人民共和国反恐怖主义法》第十四条。

第八条 【反洗钱工作受法律保护】履行反洗钱义务的机构及其工作人员依法开展提交大额交易和可疑交易报告等工作，受法律保护。

【条文主旨】

本条是关于反洗钱义务机构及其工作人员依法履职受法律保护的规定。

【条文解读】

原反洗钱法第六条规定，履行反洗钱义务的机构及其工作人员依法提交大额交易和可疑交易报告，受法律保护。新反洗钱法选择在上述工作范围的基础上增添前缀"开展"与后缀"等工作"，适当拓展履行反洗钱义务的机构及其人员依法开展相应工作受法律保护的范围，从而与新反洗钱法更加完备详尽的反洗钱义务内容规定相呼应。

该条旨在从法律保障层面巩固反洗钱义务的履行。反洗钱义务主体积极依法履行反洗钱义务，是反洗钱监管得以维持运转的基础。新反洗钱法一方面着眼于优化反洗钱行政主管部门和其他依法负有反洗钱监督管理职责的部门与反洗钱义务主体之间的纵向激励机制，另一方面也未忽略反洗钱义务主体与其客户之间的横向保障机制。从基础法律关系出发，反洗钱义务主体依法履行反洗钱义务属于公法范畴，未依法履行相应反洗钱义务会产生行政违法责任，并根据具体情形和违法程度不同受到处罚。与此同时，反洗钱义务主体与其客户之间的金融活动受到私法调整，是双方意思自治的具体表现。尽管金融机构在履行反洗钱义务过程中，通常会将反洗钱相关规定嵌入相关合同、协议，但在事后查明客户未涉及洗钱却基于反洗钱义务主体事前开展的反洗钱措施而遭受损失的情况下，难免会产生侵权或违约责任的诉讼争议。这可能使得反洗钱义务主体在具体履行义务时陷入义务冲突而难以作为。反洗钱工作强调"风险为本"，因此即便事后确实查明客户未涉及洗钱，如果从事前观察确实符合大额交易和可疑交易报告的条件，履行反洗钱义务的机构及其工作人员依法开展相应工作就应当受法律保护，从而在整体上助推反洗钱监管效能的提升。

【典型案例】

某商贸公司与某银行等合同纠纷案①

2014年10月29日，原告某商贸公司与被告某银行签订《某银行网上企业银行服务协议》，其中第6.1条约定：如果甲方未按时支付有关费用、存在恶意操作、欺诈、洗钱、违反金融法规或诋毁、损害乙方声誉等行为，以及存在信息不安全等其他不适合继续办理网上企业银行业务的情形，乙方有权单方终止对甲方提供网上企业银行服务，解除本合同。某银行为某商贸公司开立账号为×××的账户。某银行称，上述账户开立后存在集中转入、转出和账户基本不留余额等情况；账户自开立以来唐某的个人账户累计转入资金14782.81万元，结合客户身份识别等核查，某商贸公司和唐某之间不存在真实交易情况；账户自开立以来交易金额为82800万元，纳税总额只有99.4万元，缴税规模和纳税规模不符，涉嫌洗钱；某银行根据《中华人民共和国反洗钱法》《中国人民银行关于加强开户管理及可疑交易报告后续控制措施的通知》《中国人民银行关于加强支付结算管理 防范电信网络新型违法犯罪有关事项的通知》《金融机构大额交易和可疑交易报告管理办法》等规定经上报后对某商贸公司的上述账户采取了停止柜面交易、出账需柜面核查等管理措施。2021年2月3日，某银行对上述账户采取暂停非柜面交易措施并告知某商贸公司。2021年2月10日，某商贸公司向某银行提交了《撤销银行结算账户申请书》，申请对前述账户予以销户，某银行同意销户，上述账户于同日销户。

某商贸公司提出因本案所涉前述账户无法使用，导致其同期待履行的购销合同多支付货款、保理合同及质押合同多支付保理费并产生相应交通费，要求被告某银行赔偿其经济损失。经查，某商贸公司前述基本账户在2021年2月3日被采取相应管控措施后，至2021年2月10日某商贸公司注销该账户期间，该账户2021年2月7日有资金汇入，2021年2月8日有资金汇入和汇出。同时，自2021年1月27日至2021年2月2日每日均有资金汇入或汇出。

法院审理认为，在中华人民共和国境内设立的金融机构和按照规定应

---

① 参见北京市海淀区人民法院（2021）京0108民初36461号民事判决书，载中国裁判文书网，https://wenshu.court.gov.cn/website/wenshu/181107ANFZ0BXSK4/index.html?docId = TUFllkup + 9exIk + 3w64qoe0VxEnRBXtSoYEsav5hTP04nVvH1TtEVfUKq3u + IEo4w4OaGAbnG 2A8A8lfcm2NXSN05NRB6QgWvb77MR4zDn4SfitN+lbm5kfYntoGJkD0，最后访问日期：2024年12月20日。

当履行反洗钱义务的特定非金融机构，应当依法采取预防、监控措施，建立健全客户身份识别制度、客户身份资料和交易记录保存制度、大额交易和可疑交易报告制度，履行反洗钱义务；履行反洗钱义务的机构及其工作人员依法提交大额交易和可疑交易报告，受法律保护。本案中，某商贸公司在某银行开立的涉诉账户存在与案外个人大额可疑交易（案外人唐某累计转入金额1.4亿余元）、账户交易金额（8.2亿余元）与纳税金额（不足100万元）显著不匹配等可疑情形，作为金融机构的某银行依据其与某商贸公司签订的服务协议、反洗钱法的上述规定及央行相关规定，经上报后对某商贸公司账户采取暂停非柜面交易等查控措施的行为，符合双方合同约定和法律规定，并无不妥。某商贸公司称某银行无故限制其账户使用的主张，与事实不符；同时，在某银行对某商贸公司前述涉诉账号采取查控措施后，该账户仍有资金汇入和汇出，故某商贸公司称某银行对其账户采取查控措施后其账户无法使用的主张，与客观事实相悖。综上所述，某银行对某商贸公司的涉诉账户采取查控措施并无不当，且某商贸公司称某银行无故限制其账户使用导致其账户无法使用的主张本院不予采信的情况下，某商贸公司在本案中要求某银行赔偿其主张的相应损失的诉讼请求，缺乏法律依据，不予支持。

【关联规范】

《金融机构大额交易和可疑交易报告管理办法》。

> 第九条　【反洗钱宣传教育】反洗钱行政主管部门会同国家有关机关通过多种形式开展反洗钱宣传教育活动，向社会公众宣传洗钱活动的违法性、危害性及其表现形式等，增强社会公众对洗钱活动的防范意识和识别能力。

【条文主旨】

本条是关于反洗钱行政主管部门会同国家有关机关向社会公众开展反洗钱宣传教育的规定。

【条文解读】

反洗钱宣传教育活动的顺利开展是我国反洗钱法律体系有效运转的必

要环节，其原因在于：一方面，洗钱活动日趋隐蔽化、复杂化及智能化，许多不法分子不断翻新作案手法，利用对洗钱活动缺乏充分认知的公众进行洗钱。因此，社会大众需要及时了解最新的反洗钱知识，从而避免自身成为洗钱犯罪分子的"工具人"。另一方面，不同于具有直观社会危害性的传统自然犯，洗钱犯罪属于无明显被害人的法定犯，这就导致社会大众在日常生活中，难以对看似距离自身较远的洗钱行为危害性产生准确认识，最终可能导致单位或个人对于履行反洗钱义务产生抵触心理。鉴于此，反洗钱宣传教育工作不应局限于在金融机构内部，而是需要拓展到全社会的公众。因此，新反洗钱法在原金融机构反洗钱培训和宣传义务的规定之外（现第二十七条），增设反洗钱行政主管部门会同国家有关机关面向社会公众开展宣传教育活动的规定。

由于洗钱活动多层次、宽领域的危害性，本条对反洗钱宣传教育主体采取了最广泛的规定，不仅限于作为反洗钱行政主管部门的中国人民银行，而且包括诸如海关、外汇、税务等各级国家机关，各部门既可以就自身职能范围内可能出现的洗钱活动进行针对性专业宣传，也可以多部门协同就交叉范围内的洗钱活动进行综合性宣传，以凝聚反洗钱宣传教育的最大合力。

反洗钱宣传教育可以通过多渠道、多场景的形式开展。一方面，可以通过线上线下相结合的方式开展反洗钱宣传教育，前者如通过电视、微博、微信等平台向公众提供互动性强、信息丰富的反洗钱内容，后者如定期在社区举办反洗钱主题宣讲，制作和发放传单、手册等反洗钱宣传材料，通过多渠道开展宣传来覆盖更广泛的受众群体。另一方面，宣传教育活动可以结合社会公众的日常生活场景进行，如公民在办理银行卡等业务时，可以提示其出借本人银行卡、通过本人银行卡为他人取现或购买理财产品等行为所隐含的洗钱风险；再如针对不法分子以金银珠宝等贵重商品为媒介，通过高买低卖方式洗白非法资金的洗钱方式，可以提醒商家谨慎接受大额网络订单和线下订单，规范收款流程，拒绝大额可疑来源货款并及时向公安机关移交洗钱线索。生活化的反洗钱教育宣传不仅使社会公众更容易理解洗钱活动的表现形式，同时也能有效地提高对于常见洗钱手法的识别和防范能力。

面向社会公众的反洗钱宣传活动带有普法教育性质，在具体内容上应侧重于洗钱活动的违法性、危害性及其表现形式等方面。首先，社会公众应对洗钱活动的基本概念具有初步认识，也即认识到我国法律体系是如何界定洗钱活动。特别是新修订的反洗钱法将洗钱行为的上游范围规定为

"列举+其他兜底"的形式，拓展了洗钱活动的定义外延。我国法律对于洗钱活动修改体现出的理念变化，应及时传达到社会公众之中。其次，社会公众不仅需要了解我国行政法及刑事法中如何规制洗钱行为，更是需要深刻认识到洗钱活动的危害性是如何发生代际演变的，也即其是怎么从诞生之初的毒品、有组织犯罪和腐败犯罪衍生物，逐渐与反恐怖融资产生密切交织联系，以及当下其危害性蔓延至经济安全、金融安全、社会安全、国际合作、打击恐怖主义等总体国家安全的方方面面。最后，社会公众需要对洗钱行为的常见表现形式以及新型作案手法保持敏锐感知。我国刑法第一百九十一条规定了提供资金账户、通过转账或者其他支付结算方式转移资金等多种洗钱行为方式，反洗钱宣传则是要通过生动通俗的类型化、案例化讲解，使社会公众充分了解日常生活中哪些行为可能与洗钱产生关联，如出借银行卡或话费"慢充"等行为所潜在的洗钱风险。除此之外，"跑分"等新型洗钱手法具有隐蔽性和利诱性，往往以"高薪兼职"的名义诱使大众帮助洗钱。因此，反洗钱宣传教育也需要与时俱进，针对性地就目前高发和最新洗钱行为的防范方法进行重点宣传。

反洗钱宣传教育是增强社会公众对于洗钱活动的全面认知，提高识别潜在洗钱活动并采取有效应对手段的必要措施。同时，宣传活动也能促进大众了解反洗钱的法律框架和相关政策，引导个人或单位自觉履行配合金融机构和特定非金融机构依法开展客户尽职调查的法律义务，最终培育出国家机关与社会公众合力打击洗钱活动的反洗钱社会氛围。

> **第十条 【单位和个人的反洗钱义务】**任何单位和个人不得从事洗钱活动或者为洗钱活动提供便利，并应当配合金融机构和特定非金融机构依法开展的客户尽职调查。

【条文主旨】

本条是关于单位和个人反洗钱义务的原则性规定。

【条文解读】

该条是新增规定，原反洗钱法无此方面的内容。

对该条的理解需要着重把握以下几个方面：

一、要求单位和个人履行反洗钱义务的主要原因

（一）保护单位和个人的资金财产安全

义务机构必须清醒地认识到，尽管新反洗钱法规定了单位和个人的反洗钱义务，但上述规定的出发点是保护公民的资金财产安全，公民通过主动配合有关反洗钱工作，避免被违法犯罪活动利用。[①] 这是理解本条要义的根本出发点。要求单位和个人履行反洗钱义务，不是为义务机构滥用客户尽职调查和滥用风险管理措施提供法律依据。单位和个人的配合限度仅限于反洗钱义务机构依法开展的客户尽职调查，其强调的重点在于依法性。对本条的理解需要结合新反洗钱第三章关于客户尽职调查的规定，单位和个人仅在义务机构依据法律规定的情形开展客户尽职调查的，单位和个人才有配合的义务。同时，义务机构开展的客户尽职调查的深度和广度必须与客户的风险状况相适应，对金融机构开展的与客户风险状况不相适应的客户尽职调查措施，单位和个人有权拒绝。如对低风险客户的低风险业务了解其资金的来源和用途就显然超出了法定的权限范围，单位和个人有权拒绝。

（二）要求单位和个人履行反洗钱义务源于反洗钱工作的系统性

反洗钱工作是一项系统性工作，金融机构和特定非金融机构有效履行反洗钱义务离不开客户的配合。尽职调查是反洗钱工作的开始、基础和核心内容，是义务机构了解客户、监测交易、甄别可疑的主要手段，尽职调查工作的有效性在一定程度上决定了反洗钱工作的有效性。金融机构私法主体的地位，决定了其对客户的了解在很大程度上取决于客户的配合。实践中存在部分客户拒不配合反洗钱工作、提供虚假信息、拒绝更新信息的情况，对反洗钱工作的有效开展造成影响。本条规定有效地解决了义务主体与单位和个人之间义务不对等的问题，为义务机构有效开展客户尽职调查提供了法律依据。

（三）原有规范法律层级较低，缺少法律层面的统一要求

原反洗钱法仅在第十六条规定了任何单位和个人在与金融机构建立业务关系或者要求金融机构为其提供一次性金融服务时，都应当提供真实有效的身份证件或者其他身份证明文件。为解决实践中存在的问题，中国人民银行和相关部门在后续出台的一些文件中明确提出禁止单位和个人出租、出借账户，要求单位和个人配合金融机构开展反洗钱客户尽职调查。

[①] 包明友：《我国反洗钱法律制度的创新与发展》，载《清华金融评论》2021年第10期。

例如,《中国人民银行关于加强支付结算管理防范电信网络新型违法犯罪有关事项的通知》建立了对买卖银行账户和支付账户、冒名开户的惩戒机制。该规定自 2017 年 1 月 1 日起,银行和支付机构对经设区的市级及以上公安机关认定的出租、出借、出售、购买银行账户或者支付账户的单位和个人及相关组织者,假冒他人身份或者虚构代理关系开立银行账户或者支付账户的单位和个人,5 年内暂停其银行账户非柜面业务、支付账户所有业务,3 年内不得为其新开立账户。中国人民银行将上述单位和个人信息移送金融信用信息基础数据库并向社会公布。《中国人民银行关于进一步加强支付结算管理防范电信网络新型违法犯罪有关事项的通知》建立了合法开立和使用账户承诺机制。要求自 2019 年 6 月 1 日起,银行和支付机构为客户开立账户时,应当在开户申请书、服务协议或开户申请信息填写界面醒目告知客户出租、出借、出售、购买账户的相关法律责任和惩戒措施。《中国人民银行关于加强支付受理终端及相关业务管理的通知》进一步加强了收款条码的管理,防止收款条码被出租、出借。对于为个人或特约商户等收款人生成的,用于付款人识读并发起支付指令的收款条码,银行、支付机构、清算机构等为收款人提供收款条码相关支付服务的机构应当制定收款条码分类管理制度,有效区分个人和特约商户使用收款条码的场景和用途,防范收款条码被出租、出借、出售或用于违法违规活动。《中国人民银行关于加强开户管理及可疑交易报告后续控制措施的通知》提出对于不配合客户身份识别的客户,各银行业金融机构和支付机构有权拒绝开户。由于在法律层面缺少对个人和单位反洗钱义务的要求,中国人民银行在出台文件时更多的是从反洗钱义务机构的角度提出要求,或者是要求义务机构与客户通过签订民事协议的方式来解决个人和单位的反洗钱义务问题。虽然这种处理方式对打击洗钱及相关违法犯罪行为提供了较好的制度保障,但个人反洗钱义务有待在法律层面的进一步规范。[1]

二、新反洗钱法系统性地规定了个人和单位的反洗钱义务

一是要求个人配合开展反洗钱尽职调查并如实披露信息。新反洗钱法第三十八条第一款规定,与金融机构存在业务关系的单位和个人应当配合金融机构的客户尽职调查,提供真实有效的身份证件或者其他身份证明文件,准确、完整填报身份信息,如实提供与交易和资金相关的资料。

二是规定了金融机构对拒不配合的客户可采取相关措施,以解决金融

---

[1] 参见刘宏华、叶庆国、吴卫锋:《我国个人反洗钱义务立法思考》,载《中国金融》2020 年第 16 期。

机构采取限制措施面临依据不足的难题。第三十八条第二款规定，单位和个人拒不配合金融机构依照本法采取的合理的客户尽职调查措施的，金融机构按照规定的程序，可以采取限制或者拒绝办理业务、终止业务关系等洗钱风险管理措施，并根据情况提交可疑交易报告。这里需要注意的问题是金融机构采取的客户尽职调查必须具有合理性，必须在法律的规范内开展客户尽职调查，否则客户有权拒绝。

三是明确规定了单位和个人权利受损的救济渠道。救济渠道包括第三十九条第一款前半段规定的申诉渠道，单位和个人对金融机构采取洗钱风险管理措施有异议的，可以向金融机构提出，金融机构应当在十五日内进行核查、处理，并将结果答复当事人；第三十九条第一款后半段规定的投诉渠道，单位和个人逾期未收到答复，或者对处理结果不满意的，可以向反洗钱行政主管部门投诉。此外，第三十九条第二款规定，单位和个人对金融机构采取洗钱风险管理措施有异议的，也可以依法直接向人民法院提起诉讼。采取诉讼救济措施的不以行为人先行提起申诉和投诉为前提。

四是明确规定了个人履行特别预防措施的义务。第四十条第一款规定，任何单位和个人应当按照国家有关机关要求对名单所列对象采取反洗钱特别预防措施。停止向名单所列对象及其代理人、受其指使的组织和人员、其直接或者间接控制的组织提供金融等服务或者资金、资产，立即限制相关资金、资产转移等。

五是规定了单位和个人违反特别预防措施义务的法律责任。例如，第五十九条规定，金融机构、特定非金融机构以外的单位和个人未依照本法第四十条规定履行反洗钱特别预防措施义务的，由国务院反洗钱行政主管部门或者其设区的市级以上派出机构责令限期改正；情节严重的，对单位给予警告或者处二十万元以下罚款，对个人给予警告或者处五万元以下罚款。

第十一条 【举报与表彰奖励】任何单位和个人发现洗钱活动，有权向反洗钱行政主管部门、公安机关或者其他有关国家机关举报。接受举报的机关应当对举报人和举报内容保密。

对在反洗钱工作中做出突出贡献的单位和个人，按照国家有关规定给予表彰和奖励。

【条文主旨】

本条是关于反洗钱举报权及表彰奖励机制的规定。

【条文解读】

由于洗钱活动逐渐呈复杂化和隐蔽化等特点,仅仅依靠国家机关难以实现全方位的识别与打击,因此,依靠和发动社会大众发现身边的涉洗钱线索并积极举报,能够为我国反洗钱事业的稳固推进提供坚实的群众基础。为了鼓励单位和个人积极参与我国的反洗钱工作,可以按照国家有关规定对其作出的突出贡献给予表彰和奖励,以榜样的力量促进社会整体的反洗钱意识。

本条第一款对单位和个人享有的反洗钱举报权及其保密措施进行了规定。

第一,反洗钱行政主管部门、公安机关或者其他有关国家机关是接收单位和个人举报洗钱线索的主体。首先,国务院反洗钱行政主管部门设立反洗钱信息中心,负责大额交易和可疑交易报告的接收、分析。如果发现涉嫌洗钱相关行为,社会公众可以向中国反洗钱监测分析中心来信举报。其次,依据我国刑事诉讼法第一百一十条,任何单位和个人发现犯罪事实或者犯罪嫌疑人,有权利也有义务向公安机关、人民检察院或者人民法院报案和举报。最后,除了反洗钱行政主管机关和公安机关,其他相关国家机关亦可能涉及处理洗钱活动,尤其洗钱行为属于毒品犯罪、黑社会性质的组织犯罪和其他犯罪活动的延伸,因此,单位和个人可选择具体对应的职能部门进行举报。例如,如果公民发现伴随着洗钱行为的走私违法活动,则可以向海关部门举报并提交相应线索;如果群众发现,上游犯罪分子将"黑钱"通过"地下钱庄"对敲到境外,以实现变相买卖外汇,则可向外汇机关进行举报;除此之外,社会大众亦可向国家金融监督管理总局、中国证券监督管理委员会、监察委员会等国家机关提交举报线索。

第二,单位和个人在举报洗钱活动时,应当提供有助于国家机关有效开展调查和处理可疑案件的必要材料和相关证据。举报材料可以包括洗钱行为发生的缘由、时间、地点、支付方式和涉及的银行或其他金融机构等;涉案人员的基本信息,如可疑活动个人或机构的身份背景等;可疑洗钱行为的具体特征,如明显异常的交易价格、不符合常理的交易方式、交易款项来源无法说明、不明收款人的跨境汇款等;除此之外,举报人还可提交交易记录、电子邮件或其他能够验证举报内容真实性的文件及证据。

第三，接收举报的机关应当充分保障举报人举报权的行使，对举报人和举报内容严格保密。这是因为，一方面，反洗钱举报机制的长效运转离不开对举报人的保护措施，必要的保密措施能够有效避免举报人遭受不法分子的打击报复，同时也能消除具有举报意愿的单位或个人的后顾之忧；另一方面，保密措施亦能确保后续反洗钱调查工作的顺利进行。保护举报人的个人隐私并防止涉案信息泄露，能够避免洗钱行为人实施逃避侦查或销毁证据等妨碍反洗钱调查的行为，进而在最大程度上保障在案证据的完整性和真实性。

本条第二款是对反洗钱工作中的表彰奖励机制作出的原则性规定。

本款为新反洗钱法所增设的规定，在反洗钱工作中做出突出贡献的单位和个人，应当按照国家有关规定受到表彰和奖励。

本款中所指的突出贡献，既包括举报人通过揭发洗钱活动助力了案件侦破，也包括反洗钱从业人员在工作履职中取得了出色成果。举报人揭发潜在洗钱活动线索的行为，难以避免具有被违法犯罪分子报复的风险，尤其是当举报信息为洗钱案件的查处提供了关键线索的情形下，这些付出有必要得到一定的表彰与奖励，从而激励更多社会公众积极识别并检举身边发生的可疑洗钱活动。

除此之外，我国各领域的反洗钱工作中涌现出众多业务能力过硬和工作成绩突出的集体和个人，对这些集体和个人的表彰和奖励，既是对其反洗钱具体成绩的肯定，又能激励其继续在反洗钱工作领域作出更多努力，提升反洗钱工作的质量与效果。反洗钱工作的表彰奖励机制不仅是对单位和个人的褒奖，更是优秀经验和典型案例的反思、总结与推广的必要环节。例如我国各级反洗钱工作联席会议办公室，每年评选出的反洗钱工作成绩突出集体和个人，就可以发挥榜样的先锋模范作用，并且优秀的做法也能够在公开表彰中得到传播，推动反洗钱工作的不断创新拓展。

举报工作是依靠群众查办洗钱活动的重要环节，也是我国反洗钱法律体系有效运转的必备组成部分。建立和完善保护洗钱活动举报人的制度安排，有利于调动和提高人民群众的社会参与积极性，这也直接关系到我国的反洗钱斗争能否向纵深方向拓展。此外，表彰奖励机制不仅能够激励更多单位和个人投身于反洗钱工作当中，同时也能切实增强反洗钱工作的执行力、透明度和有效性。

【关联规范】

《中华人民共和国监察法》第三十五条；《中华人民共和国刑事诉讼

法》第一百零九条、第一百一十条;《中华人民共和国反恐怖主义法》第十条;《中华人民共和国海关法》第十三条;《中华人民共和国证券法》第一百七十六条;《中华人民共和国外汇管理条例》第三十八条。

> **第十二条　【域外管辖】**在中华人民共和国境外（以下简称境外）的洗钱和恐怖主义融资活动，危害中华人民共和国主权和安全，侵犯中华人民共和国公民、法人和其他组织合法权益，或者扰乱境内金融秩序的，依照本法以及相关法律规定处理并追究法律责任。

【条文主旨】

本条是关于反洗钱法域外管辖原则的规定。

【条文解读】

随着全球化进程的加快以及国际金融体系日益互联互通，洗钱及恐怖主义融资活动往往跨越多个国家或地区。这不仅对国家经济秩序及金融稳定构成巨大威胁，而且严重危害社会秩序和国家安全，为应对这种跨国（区）化趋势，国家需要通过立法手段，规范境外洗钱和恐怖主义融资活动的法律管辖与惩治。此前的反洗钱法并未充分涉及域外管辖的问题，难以满足现实监管需求。基于此，本条规定了属地管辖与保护管辖相结合的管辖原则。

法律的域内适用，是包括反洗钱法在内的所有国内法律的题中应有之义。法律规范的域内效力是基于国家主权而产生的，其范围可以及于该国主权管辖的全部领域，故本法应及于中华人民共和国境内所有的洗钱和恐怖主义融资活动。至于如何判断洗钱和恐怖主义融资活动发生在本国领域内，本条采取了"遍在说"，即同时包括行为实施地与结果发生地，行为或结果有一项发生在本国领域内的，即适用本法。我国对于发生在境内的洗钱和恐怖主义融资行为当然地具有管辖权，因此本条转而突出强调，洗钱行为即使发生在境外，但在我国境内产生了危害主权或国家安全等结果时，同样能够依照本法以及相关法律规定处理并追究法律责任。本条所采取的广义属地管辖也与刑法第六条第三款的规定相协调。境外洗钱和恐怖主义融资行为在境内产生的危害后果，则可以分为实际损害和可能危险，前者是反洗钱法进行域外适用的应有之义，既能够维护我国的国家利益、公共秩序和个人权益，又能够切实打击跨国洗钱和恐怖主义融资活动；后者则是构建以"风险为本"的反洗钱法律体系的必要举措。我国既要识别、评估和了解境内的洗钱与恐怖融资风险，又要在此基础上把发生在境外并且可能对境内产生破坏的非法行为纳入监测范围，以确保防范和降低洗钱与恐怖融资风险的措施与已识别的风险相匹配。

法的域外效力，则是指法律不仅在其制定国领域内有效，而且在满足特定条件下可及于该国主权管辖的领域之外。根据本条规定，并非所有的境外洗钱和恐怖融资活动都要适用我国反洗钱法，而是要求具备一定的前提条件，即这些行为危害我国主权和安全，侵犯我国公民、法人和其他组织合法权益，或者扰乱境内金融秩序。换言之，我国反洗钱法域外效力适用的原因在于，域外洗钱和恐怖主义融资活动侵犯了本国的国家利益、社会秩序或个人权益，也即采取了保护管辖的立场。与我国刑法第八条规定相比，本条中保护管辖的对象不仅包括国家或者公民，除此之外亦将法人和其他组织囊括在内，以在最大限度内保障我国利益。

当然，反洗钱法立法着重突出域外效力，是基于对等原则，以便在必要时更好与相关国家（地区）展开司法协助，共同解决洗钱及恐怖主义融资活动的影响问题，最终实现在维护本国国家、公民和法人利益的同时，作为负责任的大国积极参与反洗钱的国际治理。

从国内的视角考察，本条规定有助于实现反洗钱法与刑法的行刑衔接。《中华人民共和国刑法修正案（十一）》在洗钱罪的第三种行为方式中增加"支付"一词，从而将通过"地下钱庄"进行洗钱的突出问题纳入打击范围，而反洗钱法则是与刑法规定相配套，为我国惩治跨境洗钱活动提供了域外效力的指引。此外，《中华人民共和国刑法修正案（十一）》将洗钱罪中列举的第四种方式"协助将资金汇往境外"，修改为"跨境转移资产"，这意味着行为人将境外获取的非法资产转移到中国境内也符合洗钱罪的行为要件，而反洗钱法则配套将行为发生在境外但结果发生在境内的洗钱活动纳入效力范围。

与此同时，本条规定也是我国作为负责任大国履行国际反洗钱义务的必然要求。依据《建议》建议40，各国应确保主管部门可以主动地或应他国要求，在洗钱、上游犯罪和恐怖融资方面迅速有效、建设性地提供最广泛的国际合作，且应具备提供合作的法律基础。① 本条对于我国属地管辖与保护管辖相结合管辖原则的规定，能够为国（区）际司法协助的有效开展提供反洗钱法的域外适用效力，有助于预防和遏制洗钱以及相关犯罪活动，维护国家安全、社会公共利益和金融秩序，是践行总体国家安全观的重要举措。

【关联规范】

《中华人民共和国刑法》第六条至第九条；《中华人民共和国反恐怖主义法》第十一条。

---

① 参见中国人民银行反洗钱局编译：《打击洗钱、恐怖融资与扩散融资的国际标准：FATF建议》，中国金融出版社2024年版，第243页。

第二章 反洗钱监督管理

> **第十三条 【反洗钱行政主管部门及其派出机构的职责】**
> 国务院反洗钱行政主管部门组织、协调全国的反洗钱工作，负责反洗钱的资金监测，制定或者会同国务院有关金融管理部门制定金融机构反洗钱管理规定，监督检查金融机构履行反洗钱义务的情况，在职责范围内调查可疑交易活动，履行法律和国务院规定的有关反洗钱的其他职责。
> 国务院反洗钱行政主管部门的派出机构在国务院反洗钱行政主管部门的授权范围内，对金融机构履行反洗钱义务的情况进行监督检查。

【条文主旨】

本条是关于国务院反洗钱行政主管部门及其派出机构主要职责的规定。

【条文解读】

2003年，国务院批准中国人民银行为反洗钱工作部际联席会议牵头单位，承担组织协调国家反洗钱的具体工作。原反洗钱法在第八条规定了国务院反洗钱行政主管部门的主要职责，包括全国性组织协调；反洗钱资金监测；制定或者会同制定反洗钱规章；监督、检查反洗钱义务履行；调查可疑交易活动；有关反洗钱的其他职责；派出机构监督、检查反洗钱义务履行。这在法律层面上正式确立了反洗钱行政主管部门（中国人民银行）在反洗钱监督管理工作中的领导地位，明确了职责分工，对全国反洗钱工作的协调和有序开展具有重要指导意义。但随着金融市场的复杂性日益加剧，反洗钱工作不仅面临犯罪手段多样化的挑战，还需要应对监管领域和执法机制的适应性问题。在这一背景下，建立更广泛的监管协作机制与更具灵活性的监管框架已成为必然要求。

因此，本条在延续原有职责体系的框架设计基础上，于以下两个职责方面，针对增强协作与提升灵活性进行了调整：

1. 制定或者会同国务院有关金融管理部门制定金融机构反洗钱管理规定

首先是协作对象的变化。本条将"会同国务院有关金融监督管理机构"修改为"会同国务院有关金融管理部门"。一方面，"金融监督管理机构"主要是指国家金融监督管理总局、证监会等传统金融监管机构，反洗钱行政主管部门会同其制定的规范也因此局限于银行、保险、证券等传统金融行业。但在许多新兴领域，如互联网金融、虚拟资产、第三方支付平台等，虽然涉及金融交易和资金流动，但并不完全受限于传统的金融监管体系。另一方面，金融交易和资金流动的复杂性使得跨部门协作成为反洗钱工作的关键环节，但传统的"金融监督管理机构"协作范围有限。2017年，《国务院办公厅关于完善反洗钱、反恐怖融资、反逃税监管体制机制的意见》第四条与第七条也要求，强化部门间"三反"（反洗钱、反恐怖融资、反逃税）工作组织协调机制，加强反洗钱行政主管部门和金融监管部门之间的协调，完善监管制度、政策和措施。基于前述考虑，本条修改为"国务院有关金融管理部门"，其概念外延更广，涵盖了国务院直属的所有具有金融管理职能的部门，保证反洗钱监管体系的覆盖范围更为广泛。这不仅能够提高所制定规范的针对性与可操作性，为应对新兴金融风险提供法律依据，还将扩大多部门协作机制，统一监管标准，增强管理规定的适用性。

其次是术语的调整。本条将"反洗钱规章"修改为"反洗钱管理规定"。一方面，原反洗钱法要求制定"反洗钱规章"，但规章作为正式的法律文件，制定和修订过程较为严格和固定，通常需要较长的时间和复杂的程序。这种规章体系在市场快速变化的金融环境中难以及时应对新兴风险。相较于"规章"，"管理规定"具备更灵活的特点，不必通过严格、复杂的程序即可对当前具体情况发布要求，便于主管部门快速响应，提高反洗钱工作的效率和时效性。另一方面，反洗钱监管强调"以风险为本"，需要对不同类型的金融机构和金融业务进行差异化管理。"管理规定"可以针对不同金融领域、主体的风险水平设定相应的管理要求，而无须一刀切地适用相同的规章制度。此外，金融行业的创新发展需要反洗钱制度与之同步，尤其在数字货币、跨境支付等新兴领域，过于严格或笼统的规章可能会限制金融创新的发展。"管理规定"可以在具体监管时更好地平衡风险与创新，支持金融创新的同时，确保反洗钱要求在新兴领域的有效落实。

2. 监督检查金融机构履行反洗钱义务的情况

从"监督、检查"分离，到新法"监督检查"的统一。反洗钱工作中"监督"与"检查"的职能，在执行中经常相互交叉。随着反洗钱工作的深入，监督检查的连续性和系统化需求更为突出。原条文中将"监督"与"检查"作为两个独立的概念分开表述，这种分离可能会导致实际操作中的职责割裂，忽视了它们在执行过程中内在的逻辑关联。因此，新法将二者统一起来，不仅简化了文字表达，而且通过语言上的连贯，体现出反洗钱行政主管部门职权的连续性和系统性。在实际执行中，反洗钱行政主管部门可以更加灵活地根据需要进行监督检查，无须在监督和检查的程序上进行烦琐的分割。在一些复杂的反洗钱案件中，这种一体化表述尤其重要，因为许多洗钱行为需要通过连续的监督和随时的检查来发现和确认。有鉴于此，反洗钱部门可以更高效、灵活地发现和处理洗钱活动。

【关联规范】

《中华人民共和国中国人民银行法》第四条、第十三条、第三十二条；《中华人民共和国反恐怖主义法》第二十四条；《金融机构反洗钱和反恐怖融资监督管理办法》第三条、第十九条；《金融机构大额交易和可疑交易报告管理办法》第三条。

第十四条　【反洗钱有关金融管理部门的职责】 国务院有关金融管理部门参与制定所监督管理的金融机构反洗钱管理规定，履行法律和国务院规定的有关反洗钱的其他职责。

有关金融管理部门应当在金融机构市场准入中落实反洗钱审查要求，在监督管理工作中发现金融机构违反反洗钱规定的，应当将线索移送反洗钱行政主管部门，并配合其进行处理。

【条文主旨】

本条是关于国务院金融管理部门在反洗钱工作中主要职责的规定。

【条文解读】

原反洗钱法第九条规定，国务院有关金融监督管理机构在反洗钱工作中的职责主要包括三个方面：一是参与制定所监督管理的金融机构反洗钱规章；二是对所监督管理的金融机构提出按照规定建立健全反洗钱内部控制制度的要求；三是履行法律和国务院规定的有关反洗钱的其他职责。原反洗钱法着重强调受监管的金融机构建立健全反洗钱内部控制制度。这反映了当时的金融监管旨在要求金融机构具备反洗钱的基本合规能力，从而为反洗钱工作提供基础性的管理框架和制度基础。

但是经过多年的发展与实践，反洗钱内部控制制度已经成为各类金融机构的基础性合规要求。在规范上，本法第三章对此进行了具体规定，其他多项部门规章中也有相应的详细要求。如中国人民银行在2021年发布的《金融机构反洗钱和反恐怖融资监督管理办法》，其中第四条明确强调金融机构要建立健全反洗钱和反恐怖融资的内部控制制度，并在后文具体条款中规定了金融机构的合规义务。实践中，在监管部门的长期推动下，金融机构建立了较为成熟的反洗钱内部控制制度，包括客户尽职调查、可疑交易报告、交易记录保存等关键环节。既然金融机构反洗钱内部控制制度的法律依据充足且已实际落地，原反洗钱法提出此类要求的必要性也就大大降低了。

进一步而言，随着反洗钱工作的不断深入与金融环境的复杂化，当前监管的重点已经不再是督促金融机构合规，而是转向了更高层次的系统性监督和跨部门协作。一方面，金融业务的跨行业、跨国界性使得洗钱行为更加隐蔽，若在市场准入后再进行监督往往难以全面、及时地识别并遏制潜在风险。因此原反洗钱法在第十四条中就已经要求，在审批金融机构设立和增设分支机构时进行反洗钱内部控制机制方案的审查。但是，原法条的内容侧重于确保新设立的金融机构或分支机构具备反洗钱内部控制制度，难以满足日益复杂的金融市场需求。而且侧重于方案的表面性审查，缺乏对实际执行能力等更进一步的评估，容易导致部分机构获得准入后难以有效履行反洗钱义务，特别是在一些高风险业务或金融创新领域。2019年，《银行业金融机构反洗钱和反恐怖融资管理办法》第三十一条明确规定，国务院银行业监督管理机构要在市场准入工作中落实反洗钱和反恐怖融资审查要求。可见，在规范层面上，反洗钱工作逐渐向事前管理、系统性监督转向。另一方面，洗钱行为往往涉及多个行业和部门，仅依赖一个或几个部门的力量难以有效打击现实中复杂的洗钱活动，跨部门的信息共享与协作已成为必然。在原反洗钱法的框架下，金融管理部门与反洗钱行政主管部门之间缺乏明确的线索移送和协作要求。《国务院办公厅关于完善反洗钱、反恐怖融资、反逃税监管体制机制的意见》也明确指出协调合作机制仍不顺畅、跨部门信息共享程度不高等当前"三反"监管体制机制相关领域突出的矛盾和问题，并在第七条重申，要加强监管协调，健全监管合作机制，加强反洗钱行政主管部门与金融管理部门之间的协调。

基于上述背景与原因，本条从如下方面加以修正与补充：

1. 呼应本法第十三条的修改

本条将监管主体由国务院有关"金融监督管理机构"扩展至"金融管理部门"，并将"反洗钱规章"修改为"反洗钱管理规定"。该变动与本法第十三条保持一致，呼应了国务院反洗钱行政主管部门会同国务院有关金融管理部门制定金融机构反洗钱管理规定的职责。这一方面有助于减少监管盲区，使反洗钱工作覆盖更多领域、各类主体，进一步增强反洗钱监管的全面性。并且通过降低调整制定门槛，提高了监管的响应速度和反洗钱政策的灵活性，保持与最新风险动态的适应性。

2. 删除"建立健全反洗钱内部控制制度"要求

本条在第一款中删去了金融管理部门"对所监督管理的金融机构提出按照规定建立健全反洗钱内部控制制度的要求"。新法将该要求从金融管理部门的职责中删除，而将内控制度的建立健全义务明确归为金融机构自身的责任，不仅适应了当前形势的变化，而且明确了监管方与被监管方的分工。通过这种责任分离，金融管理部门可以将资源集中于更具针对性的监管和合规检查，而不是重复性地推动基础性制度的建设。在法律安排上，这样的优化结构也有助于精简法律条款，避免重复，突出重点，提高了法律的逻辑性和体系性。同时，国际反洗钱标准如《建议》建议18也强调金融机构作为主体，应主动承担反洗钱义务，而不是依赖外部监管机构的推动。[1] 通过这种责任划分，我国的反洗钱工作能与国际标准更好地接轨，也增强了金融机构的独立合规意识。

---

[1] 参见中国人民银行反洗钱局编译：《打击洗钱、恐怖融资与扩散融资的国际标准：FATF建议》，中国金融出版社2024年版，第151页。

3. 新增第二款

本条对金融管理部门的反洗钱职责作出进一步规定。本次修订删去了原反洗钱法第十四条，将其内容进行析出与调整，在第二款中规定了金融管理部门"应当在金融机构市场准入中落实反洗钱审查要求"，确保每个进入金融市场的主体在初始阶段就符合反洗钱的合规标准。例如，在具体实施中，市场准入审查范围包括但不限于严格审核发起人、股东、实际控制人等核心人员的背景，审查资金来源和渠道，防止不法分子通过创设机构进行洗钱、恐怖融资活动。这种前置审查有利于从源头上减少潜在的洗钱风险，建构涵盖事前、事中、事后的完整监管链条，从而有效防止高风险机构带着隐患进入市场。根据《建议》建议26的内容，各国至少应当对提供核心金融服务的金融机构实施审批许可或登记注册，使其受到有效监测，以确保符合国家反洗钱与反恐怖融资要求。[①] 以此来看，本条新增的内容不仅是将过往关于市场准入的行政性监管规则加以法律化，而且有助于我国反洗钱工作的国际对接。

与此同时，第二款中还明确了金融管理部门对违规线索的移送和协同处理要求，即在监管工作中，若发现金融机构存在违规行为，"应当将线索移送反洗钱行政主管部门，并配合其进行处理"。这一规定不仅强化了金融管理部门在反洗钱工作中的发现、报告和协作责任，还为部门间建立了高效的联动机制，有助于打破信息流通不畅的壁垒，避免因"信息孤岛"现象而影响反洗钱工作的整体效果。该条款通过明确移送与配合的法律责任，督促金融管理部门在日常监管中不仅要具备发现和识别问题的能力，还需主动、高效地完成信息移交和协作处理工作，从而在机构间形成监管合力，提高反洗钱工作的整体效率与执行力。

整体而言，第二款通过法律手段，将市场准入阶段的反洗钱审查要求与违规线索移送机制有机结合，不仅从源头确保金融主体的合规性，还强化了部门间的信息共享与协作。通过提升线索传递和处理效率，构建了覆盖事前审查、事中监管、事后处理的高效、系统化反洗钱监管网络。

【关联规范】

《中华人民共和国中国人民银行法》第三十五条；《中华人民共和国证券法》第七条、第一百六十九条；《中华人民共和国保险法》第九条、第

---

① 参见中国人民银行反洗钱局编译：《打击洗钱、恐怖融资与扩散融资的国际标准：FATF建议》，中国金融出版社2024年版，第193页。

一百三十三条、第一百三十四条、第一百五十七条；《中华人民共和国银行业监督管理法》第二条、第六条、第十五条；《银行业金融机构反洗钱和反恐怖融资管理办法》第三十一条、第三十二条。

> **第十五条　【特定非金融机构主管部门的职责】**国务院有关特定非金融机构主管部门制定或者国务院反洗钱行政主管部门会同其制定特定非金融机构反洗钱管理规定。
>
> 有关特定非金融机构主管部门监督检查特定非金融机构履行反洗钱义务的情况，处理反洗钱行政主管部门提出的反洗钱监督管理建议，履行法律和国务院规定的有关反洗钱的其他职责。有关特定非金融机构主管部门根据需要，可以请求反洗钱行政主管部门协助其监督检查。

【条文主旨】

本条是关于国务院有关特定非金融机构主管部门反洗钱主要职责的规定。

【条文解读】

在传统意义上，洗钱活动主要集中于银行、证券和保险等金融领域。但是，随着金融监管的不断加强，房地产、宝石、贵金属交易、会计和法律服务等特定非金融行业逐渐成为犯罪分子实施洗钱活动的新渠道。为了应对这些领域日益增长的洗钱风险，越来越多的国家将其纳入监管体系中。金融行动特别工作组在其《建议》建议 28 中明确提出，各国应当对特定非金融领域实施有效监管，以符合国家反洗钱和反恐怖融资要求。[①] 这一建议基于特定非金融行业洗钱风险上升的全球态势，为各成员完善相关监管制度提供了方向。

具体到我国的法律实践，原反洗钱法在立法上首次将特定非金融机构纳入了反洗钱监管体系，为此类行业的监管提供了初步法律依据。然而，该立法内容更多是原则性表述，并未明确监管主体、监管职责和具体监管办法。2017 年，国务院为推进"反洗钱、反恐怖融资、反逃税"监管体制

---

① 参见中国人民银行反洗钱局编译：《打击洗钱、恐怖融资与扩散融资的国际标准：FATF 建议》，中国金融出版社 2024 年版，第 199 页。

机制建设，明确了金融领域全覆盖、特定非金融行业高风险领域重点监管的目标。随后，有关主管部门先后单独或联合出台了针对贵金属交易、房地产行业以及注册会计师事务所等加强反洗钱工作的规范性文件。2022年《中国反洗钱报告》中指出，我国关于特定非金融行业的反洗钱工作正在以行业自律为主要监管方式、从培训引导入手逐步推进，形成贵金属和宝石行业、公证行业反洗钱制度草案。[①] 在全球反洗钱力度不断加大的背景下，中国作为重要经济体和负责任的大国，需进一步完善相关法律法规，尤其是加强对特定非金融机构的反洗钱监管，以符合国际标准并体现中国在反洗钱工作中的积极成效。

基于以上考量，反洗钱法新增了国务院有关特定非金融机构主管部门在反洗钱工作中的主要职责，具体如下：

1. 制定或会同制定反洗钱管理规定

特定非金融机构主管部门应当负责制定本行业的反洗钱管理规定，或者会同国务院反洗钱行政主管部门共同制定。首先，根据修订后反洗钱法第六十四条的规定，特定非金融机构的范围十分广泛，包括但不限于房地产行业、会计、法律服务行业、贵金属、宝石交易行业等领域。每个行业的主管部门都较为熟悉其所管理领域的业务模式与风险特点，并且在履行管理职责的过程中积累了大量经验，可以据此量身定制管理规定，确保反洗钱义务的可操作性和有效性。《国务院办公厅关于完善反洗钱、反恐怖融资、反逃税监管体制机制的意见》第十二条也规定，对于这些反洗钱国际标准明确提出要求的存在较高风险的特定非金融行业，要按照"一业一策"的原则，根据行业监管现状、被监管机构经营特点等确定反洗钱和反恐怖融资监管模式。其次，根据新反洗钱法第四十二条，"特定非金融机构"在从事特定业务时，应当按照金融机构的标准，来履行其反洗钱法定义务。这反过来也表明特定非金融机构主管部门在规范具体制定中，可以比照金融机构反洗钱的相关管理规定，涉及客户尽职调查规定、可疑交易报告制度、交易记录保存制度、大额交易报告制度等内容。总体看来，该项职责的设立弥补了过去的监管漏洞，健全了反洗钱监管制度，为后续行政法规、部门规章的实施细则提供了法律依据，进而切实促进特定非金融行业建立起符合自身实际情况的反洗钱制度。这也与本次反洗钱法修订"以风险为本"的立法精神相一致。

---

① 参见《2022年中国反洗钱报告》，载中国人民银行网站，http://www.pbc.gov.cn/fanxiqianju/resource/cms/2024/07/20240701154929 24117.hpdf，最后访问日期：2025年2月26日。

2. 监督检查特定非金融机构反洗钱义务的履行情况

特定非金融机构主管部门负责对所监管行业的反洗钱义务履行情况进行监督和检查。一方面，主管部门可以将其作为日常监管工作，定期或者不定期地对各特定非金融机构进行反洗钱合规检查。通过这种实际的监督和检查，确保反洗钱规定能够落到实处，得到有效执行，而不是仅停留在文件层面的形式化合规。另一方面，在具体实施中，主管部门可以基于特定非金融机构的实际情况进行风险分级，对高风险机构加强检查频率和力度，对低风险机构适当减少检查压力，做到资源优化配置。如果在检查中发现存在违反反洗钱义务的情况，可要求其限期整改，并跟进整改效果。可以说，制定反洗钱管理规定只是反洗钱工作的第一步，真正的防控效果需要依赖于实际执行。主管部门的监督检查职责能够显著提升行业的合规意识，促使机构在日常运营中加强反洗钱内部控制，减少被利用为洗钱渠道的风险。进一步而言，也有效推进了特定非金融行业成为监管的关键一环，形成覆盖金融和非金融领域的全面反洗钱体系。

3. 处理反洗钱行政主管部门的监督管理建议

特定非金融主管部门需处理反洗钱行政主管部门提出的反洗钱监督管理建议，进行响应并采取必要的行动。该项职责是推动反洗钱工作的协调与落实的重要环节。反洗钱行政主管部门往往掌握更全面的风险信息和行业数据，能够从全局出发提出针对性的监管建议，而行业主管部门则对行业特点和内部运作更为了解。通过这种信息共享和建议处理的机制，能够实现信息的双向流通并确保监管建议得到有效落实，形成监管协同效应。在具体适用上，当反洗钱行政主管部门通过大数据分析或风险监控等发现某一特定非金融行业存在明显的风险隐患或合规问题时，可以向该行业的主管部门提出针对性的整改建议。同时，当某一特定非金融机构因洗钱活动被调查，反洗钱行政主管部门也可以提出加强监管或采取措施的建议。此外，与本条第一项职责呼应，如果反洗钱行政主管部门根据新形势对管理规定提出修改建议，本行业主管部门需及时响应和处理。综合来看，这一职责使得反洗钱行政主管部门和行业主管部门能够更紧密地合作，动态应对洗钱新风险，从而提升整个行业的反洗钱监管效果。

4. 法律和国务院规定的有关反洗钱的其他职责

这是一项"兜底性"条款，包括现有但不宜在此列出的，以及随着国家经济、金融形势的发展今后可能要求的职责。首先，新反洗钱法第四十三条第二款规定，反洗钱行政主管部门开展反洗钱调查，涉及特定非金融机构的，必要时可以请求有关特定非金融机构主管部门予以协助。其后的

第五十八条也规定，特定非金融机构违反本法规定的，由有关特定非金融机构主管部门责令限期改正。其次，现实中反洗钱的具体情况复杂多变，洗钱手段也随技术的发展而不断演变，对于特定非金融机构主管部门的职责要求不应仅限于当前已知的方面，而是通过一定的弹性规定面向和应对未来新形势。因此，"其他职责"条款的设定，确保了法律的适应性，也赋予了特定非金融机构主管部门在反洗钱工作中的灵活性和拓展性。

5. 需要时请求反洗钱行政主管部门协助监督检查

特定非金融机构主管部门在监督检查过程中，可以根据需要请求反洗钱行政主管部门的协助。反洗钱行政主管部门通常在技术、信息、经验、风险管理等方面具有显著优势，可以弥补特定非金融机构主管部门在反洗钱工作上的不足，为其提供专业支持和资源保障。具体而言，当特定非金融机构主管部门在检查过程中遇到复杂的洗钱案例或高度专业的反洗钱需求时，以及在虚拟货币、虚拟资产等新兴业务中，可以请求反洗钱行政主管部门协助进行检查、风险评估和技术支持。基于同样的立法精神指引，该项职责也强调跨部门协作机制，反洗钱是一个多层次、多领域的系统工作，单一部门难以覆盖和应对全面风险，通过反洗钱行政主管部门的协助，可以有效增强查处洗钱活动的能力，提升监管工作效率。

> **第十六条 【反洗钱监测分析机构的设立及职责】** 国务院反洗钱行政主管部门设立反洗钱监测分析机构。反洗钱监测分析机构开展反洗钱资金监测，负责接收、分析大额交易和可疑交易报告，移送分析结果，并按照规定向国务院反洗钱行政主管部门报告工作情况，履行国务院反洗钱行政主管部门规定的其他职责。
>
> 反洗钱监测分析机构根据依法履行职责的需要，可以要求履行反洗钱义务的机构提供与大额交易和可疑交易相关的补充信息。
>
> 反洗钱监测分析机构应当健全监测分析体系，根据洗钱风险状况有针对性地开展监测分析工作，按照规定向履行反洗钱义务的机构反馈可疑交易报告使用情况，不断提高监测分析水平。

【条文主旨】

本条是关于反洗钱监测分析机构设立及其职责的规定。

【条文解读】

2004年4月7日,为履行《中华人民共和国中国人民银行法》规定的反洗钱资金监测职责,中国人民银行设立了中国反洗钱监测分析中心。这是在立足于中国国情的基础上,结合联合国有关公约的原则而建立的行政性国家金融情报分析机构,负责接收、分析和移送金融情报。[①] 原反洗钱法第十条确立了反洗钱信息中心的法律职责,包括负责大额交易和可疑交易报告的接收、分析,按照规定向国务院反洗钱行政主管部门报告分析结果,以及国务院反洗钱行政主管部门规定的其他职责。反洗钱中心由此成为中国反洗钱框架中的一个重要法律实体,在反洗钱方面发挥了重要作用,为执法机关打击洗钱及相关犯罪提供了有力金融情报支持。

原反洗钱法对反洗钱信息中心基本职责的规定,符合我国反洗钱工作的阶段性需求。但是,随着国内反洗钱工作的推进和反洗钱要求的提高,原反洗钱法开始逐渐显现出未能完全反映现代化反洗钱工作技术需求的问题。

修订后的反洗钱法在以下几方面进行了显著修改和增补:

1. 机构名称修改

将"反洗钱信息中心"修改为"反洗钱监测分析机构",强调其"监测"和"分析"职能。原名称"信息中心"较为局限,将重点放在了数据收集和处理上,使人忽视该机构在情报生成和风险预警中的重要作用。修改后的名称突出了动态监测、风险评估和数据深度分析等在反洗钱工作中的核心地位,体现了机构职能的升级与拓展。

2. 强化联动机制

一是监测机构与反洗钱行政主管部门之间的联动,将过去仅报告"分析结果"更新为"工作情况"。监测机构与行政主管部门之间的信息交互范围得到扩大,除报告分析结果外,还要求动态汇报风险变化、监测成果

[①] 参见《联合国反腐败公约》,载联合国网站,https://www.un.org/zh/issues/anti-corruption/uncac_text.shtml,最后访问日期:2024年12月28日;《联合国打击跨国有组织犯罪公约》,载联合国网站,https://www.un.org/zh/documents/treaty/A-RES-55-25,最后访问日期:2024年12月28日。

及补充信息等工作情况。这将整体提升监测工作的透明度，使得行政主管部门可以全面了解监测机构的工作进展与最新问题，更快地调整政策和部署行动。

二是监测机构与履行反洗钱义务机构的联动。本条新增了第二款，反洗钱监测机构可以根据职责需要，"要求履行反洗钱义务的机构提供与大额交易和可疑交易相关的补充信息"。本条规定可以说是对过往金融监管领域一些实施细则的升华与提炼，例如《金融机构大额交易和可疑交易报告管理办法》第二十八条就明确规定，中国反洗钱监测分析中心发现金融机构报送的报告内容要素不全或者存在错误的，可以向该金融机构发出补正通知。通过这种信息补充的要求，可以使监测分析机构在数据处理与风险分析中，动态地与义务机构保持联系，实现双向互动。这一方面增强了数据链条的完整性，有助于反洗钱监测分析机构更全面地识别和分析洗钱行为，提升分析深度和精准性。另一方面也对履行反洗钱义务的机构提出了更高的要求，促使其在日常运营中加强数据管理和风险控制，间接推动了义务机构优化其反洗钱报告制度和内部能力建设。从国际标准来看，金融行动特别工作组《建议》建议 29 明确要求，金融情报中心不仅要接收和分析信息，还应根据需要从报告机构获取补充信息。[①] 可见，信息补充要求也契合了《建议》要求，与国际先进反洗钱实践保持一致，这将有助于改善我国在互评估中的表现，使我国在全球反洗钱网络中发挥更重要的作用。

3. 健全以风险为本的监测分析体系，提升监测水平

本条新增了第三款。首先，要求反洗钱监测分析机构健全监测分析体系，并根据洗钱风险状态有针对性地开展监测分析工作。具体而言，需要引入现代化技术手段，不断拓宽反洗钱监测分析工作数据信息来源，通过推动相关单位间的数据信息双向流动，促进跨行业、跨领域的数据整合与信息共享，全面提升监测分析的深度与广度。坚持以风险为指引，针对重点领域、地区与人群开展精准监测。通过构建分级监测体系，实现监测资源的合理配置，提升监测工作的针对性与效率。

其次，反洗钱监测分析机构应当向履行反洗钱义务的机构反馈可疑报告使用情况。这一项内容其实是对监测机构与义务机构之间联动机制的回应与补充，在单向由义务机构向监测机构提交报告的要求上，增加了反向

---

① 参见中国人民银行反洗钱局编译：《打击洗钱、恐怖融资与扩散融资的国际标准：FATF 建议》，中国金融出版社 2024 年版，第 203 页。

由监测机构向义务机构反馈可疑交易报告使用情况的渠道。通过反馈指出义务机构所提交报告的具体问题，有助于提升其履行反洗钱义务的质量和效果。对于监测分析机构而言，也能逐步减少误报、漏报或低质量报告的比例，改进监测数据质量，提升分析效率，同时作为反洗钱行政主管部门、反洗钱义务机构可以交易报告评价工作的重要依据。

最后，在整体上"不断提高监测分析水平"。这一要求体现了我国反洗钱监测分析机构在监测能力建设上的长期目标和发展方向，以适应日益复杂的洗钱手段和新型风险。要做到这一点，一方面，监测分析机构需持续引入现代化技术与科学化方法，进一步提升监测的精准性与高效性，逐步构建智能化、动态化的风险监测体系；另一方面，也应持续健全以风险为本的监测体系，加强跨部门、跨行业的信息流通与反馈，动态调整监测重点和分析策略，有效推动反洗钱监测工作的全面进步。

鉴于近年来洗钱风险的多样化与技术复杂性，第三款这一调整不仅回应了国际反洗钱合作的标准，更反映了我国反洗钱监测体系向现代化迈进的战略目标。

【关联规范】

《中华人民共和国反电信网络诈骗法》第十八条；《金融机构大额交易和可疑交易报告管理办法》第二十八条。

第十七条　【反洗钱行政主管部门与国家有关机关的信息交流】 国务院反洗钱行政主管部门为履行反洗钱职责，可以从国家有关机关获取所必需的信息，国家有关机关应当依法提供。

国务院反洗钱行政主管部门应当向国家有关机关定期通报反洗钱工作情况，依法向履行与反洗钱相关的监督管理、行政调查、监察调查、刑事诉讼等职责的国家有关机关提供所必需的反洗钱信息。

【条文主旨】

本条是关于国务院反洗钱行政主管部门与国家有关机关反洗钱信息交

流的规定。

【条文解读】

原反洗钱法第十一条规定，国务院反洗钱行政主管部门为履行反洗钱资金监测职责，可以从国务院有关部门、机构获取所必需的信息，前述部门应当依法提供；并且需要定期向国务院有关部门、机构通报反洗钱情况。通过信息获取和通报机制，明确了反洗钱行政主管部门与国务院有关部门、机构在信息共享中的权责分工。这一设计适应了反洗钱工作和制度建设初期的需求，具有合理性和针对性。

然而，随着洗钱行为日趋复杂化，其涉及的领域更广、隐蔽性更强，对反洗钱工作提出了更高的要求。在新形势下，反洗钱工作需要突破单一部门的信息壁垒，信息共享与协同的重要性日益凸显。原反洗钱法仅规定"国务院有关部门、机构"为信息提供方，未覆盖公安、检察、海关、税务、市场监管等其他国家机关。同时，明确国务院有关部门、机构提供相关信息的前提是为了履行反洗钱资金监测的职责，这在反洗钱工作逐渐上升到国家安全乃至国家治理体系现代化高度的今天，已无法满足现实需求。原条文在信息流动方面呈"单向传输"特征，仅赋予反洗钱行政主管部门向其他部门获取信息的权力，而未给予其他部门从反洗钱行政主管部门获取信息的对等地位。金融行动特别工作组《建议》建议31规定，在对洗钱、相关上游犯罪和恐怖融资调查的过程中，执法和调查部门有权利获取与调查、起诉和相关行动有关的必要文件和信息。[①] 由此可见，反洗钱工作的核心在于信息共享与协同，如果必要的信息无法实现反向流动，其他部门将无法充分利用反洗钱行政主管部门提供的情报成果，从而削弱了跨部门协作的效能，特别是在应对复杂且新型的违法犯罪时，难以形成精准高效的打击合力。

出于上述考量，本条做了如下修订与补充：

1. 扩大信息获取范围

首先，将国务院行政主管部门获取信息的前提由"履行反洗钱资金监测职责"，扩大为"履行反洗钱职责"。反洗钱资金监测只是反洗钱行政主管部门职责中的一环，如果仅针对资金监测的需求，可能导致其他与反洗钱职责相关的重要信息无法合法获取。该调整意味着反洗钱行政主管部门

---

① 参见中国人民银行反洗钱局编译：《打击洗钱、恐怖融资与扩散融资的国际标准：FATF建议》，中国金融出版社2024年版，第215页。

不必拘泥于以往的单一面向，而是可以从履行反洗钱全职能的视角出发，更灵活地获取信息，从而提高应对复杂犯罪的适应性与系统性。与此同时，也要注意信息安全与隐私保护的问题，将信息共享的范围严格限定为履行职责"所必需"的信息，确保在此过程中对个人隐私和商业秘密等的保护，寻求新一轮的平衡。

其次，明确将信息提供主体扩大为"国家有关机关"，包括但不限于税务机关、监察机关、侦查机关、行政执法机关、司法机关等部门。原反洗钱法与"履行反洗钱资金监测职责"对应，将信息提供主体的范围局限于国务院系统内的行政部门和直属机构，而不涵盖其他重要的执法机关、司法机关和地方部门。既然修订后的反洗钱法在前提方面覆盖到反洗钱职责整体，那也应当对信息提供主体作相应的扩大规定，弥补在信息来源范围上的不足。这不仅为反洗钱行政主管部门全面履行反洗钱职责提供了条件，也是其与国家有关机关紧密联系、相互协作，共同打击洗钱犯罪的表现。同样，在国务院反洗钱行政主管部门定期通报反洗钱工作情况的对象上，也由"国务院有关部门、机构"调整为"国家有关机关"。这样的修改不仅是与前文表述保持一致，而且确保所有与反洗钱工作相关的执法、监察和司法等机关均能及时获取工作情况，消除信息盲区，提高反洗钱工作的全局性和效率，推动形成各机关联动的整体治理格局。

2. 推进信息双向流动

本条新增了反洗钱行政主管部门依法向履行与反洗钱相关的监督管理、行政调查、监察调查、刑事诉讼等职责的国家有关机关提供所必需的反洗钱信息。这一规定明确了反洗钱行政主管部门需向国家有关机关提供必要的信息共享支持，包括资金监测数据、可疑交易线索、情报分析报告等内容。这种双向流动机制有助于打破信息壁垒，实现动态化、全链条的情报传递。一方面，能有效应对监管与执法过程中的动态需求，如监察机关通过获取可疑交易报告可以追踪贪腐资金流向与关联账户，公安机关在刑事侦查中也需要反洗钱相关数据来确定涉案资金和犯罪网络；另一方面，《国务院办公厅关于完善反洗钱、反恐怖融资、反逃税监管体制机制的意见》在第六条也明确要求进一步完善可疑线索合作机制，加强情报会商和信息反馈机制。这与本条的立法理念一致，加强了反洗钱行政主管部门与其他国家有关机关之间的沟通协调，打破信息壁垒，构建多部门协同、全链条治理体系。总体来看，信息双向流动机制在提升案件侦办效率、动态风险监管、跨部门联动和国际合作等方面发挥了重要作用，为我国反洗钱工作实现更高效、更全面的治理提供了法律保障。

【关联规范】

《中华人民共和国反有组织犯罪法》第四十二条；《中华人民共和国禁毒法》第二十九条；《公安机关反有组织犯罪工作规定》第四十六条。

> **第十八条 【出入境现金、无记名支付凭证申报】** 出入境人员携带的现金、无记名支付凭证等超过规定金额的，应当按照规定向海关申报。海关发现个人出入境携带的现金、无记名支付凭证等超过规定金额的，应当及时向反洗钱行政主管部门通报。
>
> 前款规定的申报范围、金额标准以及通报机制等，由国务院反洗钱行政主管部门、国务院外汇管理部门按照职责分工会同海关总署规定。

【条文主旨】

本条是关于出入境现金、无记名支付凭证申报制度的规定。

【条文解读】

原反洗钱法第十二条规定，海关发现个人出入境携带的现金、无记名有价证券超过规定金额的，应当及时向反洗钱行政主管部门通报。前款应当通报的金额标准由国务院反洗钱行政主管部门会同海关总署规定。本条对原规定作了进一步的修订。

对该条的理解需要着重把握以下几个方面：

一、携带现金和无记名支付凭证出入境是重要的洗钱方式

这种方式通常被称为"钱骡"。为确保恐怖分子和其他犯罪分子不能通过现金和其他不记名可转让金融工具的跨境物流运送资助其恐怖活动或清洗犯罪收益，金融行动特别工作组《建议》建议32规定，各国应当采取措施，包括通过申报和/或披露制度，监测现金和不记名可转让金融工具的跨境运送活动。① 我国反恐怖主义法第二十六条也有类似的规定，海关在对进出境人员携带现金和无记名有价证券实施监管的过程中，发现涉嫌恐怖主义融资的，应当立即通报国务院反洗钱行政主管部门和有管辖权的公安机关。相比于反洗钱法的规定，反恐怖主义法未作限额规定，凡是发现涉嫌恐怖主义融资的，海关均应向反洗钱行政主管部门通报。《国务院办公厅关于完善反洗钱、反恐怖融资、反逃税监管体制机制的意见》要求，研究各类无记名可转让有价证券的洗钱风险以及需纳入监管的重点，研究无记名可转让有价证券价值甄别和真伪核验技术，明确反洗钱行政主管部门与海关监管分工，推动对跨境携带无记名可转让有价证券的监管及通报制度尽快出台。制定海关向反洗钱行政主管部门、公安机关、国家安全机关通报跨境携带现金信息的具体程序，完善跨境异常资金监测制度。

无记名支付凭证。根据《建议》术语表"不记名可转让金融工具"的解释，无记名可转让金融工具包括以下不记名形式的货币工具，如旅行支票；不记名形式、无限背书、至虚构抬头人，或者以此类形式通过交付而转让所有权的可转让金融工具（包括支票、本票和汇票）；已签署但可省略收款人姓名的金融工具（包括支票、本票和汇票）。②

二、我国对人民币现钞出入境实行限额管理

根据《中华人民共和国国家货币出入境管理办法》第三条第二款的规定，中国公民出入境、外国人入出境，每人每次携带的人民币不得超出限额。根据中国人民银行《关于调整国家货币出入境限额》的规定，中国公民出入境、外国人入出境每人每次携带的人民币限额为 20000 元。

三、我国对外汇现钞出入境实行限额管理

国家外汇管理局和海关总署联合印发了《携带外币现钞出入境管理暂行办法》，对携带外币现钞出入境的限额及申报等情况进行了具体规定。根据其第三条至第五条的规定，入境人员携带外币现钞入境，超过等值 5000 美元的应当向海关书面申报，当天多次往返及短期内多次往返者除外。出境人员携带外币现钞出境，凡不超过其最近一次入境时申报外币现钞数额的，不需申领《携带外汇出境许可证》，海关凭其最近一次入境时的外币现钞申报数额记录验放。出境人员携带外币现钞出境，没有或超出最近一次入境申报外币现钞数额记录的，按以下规定验放：出境人员携出

---

① 参见中国人民银行反洗钱局编译：《打击洗钱、恐怖融资与扩散融资的国际标准：FATF 建议》，中国金融出版社 2024 年版，第 217 页。

② 参见中国人民银行反洗钱局编译：《打击洗钱、恐怖融资与扩散融资的国际标准：FATF 建议》，中国金融出版社 2024 年版，第 257 页。

金额在等值 5000 美元以内（含 5000 美元）的，不需申领《携带证》，海关予以放行。当天多次往返及短期内多次往返者除外。出境人员携出金额在等值 5000 美元以上至 10000 美元（含 10000 美元）的，应当向银行申领《携带证》。出境时，海关凭加盖银行印章的《携带证》验放。对使用多张《携带证》的，若加盖银行印章的《携带证》累计总额超过等值 10000 美元，海关不予放行。出境人员携出金额在等值 10000 美元以上的，应当向存款或购汇银行所在地国家外汇管理局各分支局申领《携带证》，海关凭加盖外汇局印章的《携带证》验放。

四、通报制度是实现反洗钱信息共享的重要机制

通报制度是实现反洗钱信息共享的重要机制，可以有效避免因部门职责分工造成信息割裂。国际上对信息共享机制建设也比较关注。例如，金融行动特别工作组《建议》建议 32 释义（现金跨境运送）的规定，各国应确保金融情报中心掌握从申报或披露程序获得的信息，可以是相关部门将可疑跨境运送信息告知金融情报中心，也可以是金融情报中心通过其他方式直接获得这些信息。在国内层面，各国应确保海关、移民和执行建议 32 规定的其他相关部门之间能够适当协调。[①]

五、外汇管理部门是反洗钱监督管理体系的重要组成单位

国家外管局是我国外汇管理部门，承担着参与起草外汇管理有关法律法规和部门规章草案，发布与履行职责有关的规范性文件，负责全国外汇市场的监督管理工作等职责。根据《中华人民共和国外汇管理条例》第十五条的规定，携带、申报外币现钞出入境的限额，由国务院外汇管理部门规定。基于外汇管理部门的上述职责和实践履职情况，在本条中增加了外汇管理部门，由国务院反洗钱行政主管部门、国务院外汇管理部门按照职责分工会同海关总署规定申报范围、金额标准以及通报机制等。

【关联规范】

《中华人民共和国外汇管理条例》第十五条；《中华人民共和国国家货币出入境管理办法》；《携带外币现钞出入境管理暂行办法》。

---

① 参见中国人民银行反洗钱局编译：《打击洗钱、恐怖融资与扩散融资的国际标准：FATF 建议》，中国金融出版社 2024 年版，第 221 页。

> **第十九条 【受益所有人制度】**国务院反洗钱行政主管部门会同国务院有关部门建立法人、非法人组织受益所有人信息管理制度。
>
> 法人、非法人组织应当保存并及时更新受益所有人信息，按照规定向登记机关如实提交并及时更新受益所有人信息。反洗钱行政主管部门、登记机关按照规定管理受益所有人信息。
>
> 反洗钱行政主管部门、国家有关机关为履行职责需要，可以依法使用受益所有人信息。金融机构和特定非金融机构在履行反洗钱义务时依法查询核对受益所有人信息；发现受益所有人信息错误、不一致或者不完整的，应当按照规定进行反馈。使用受益所有人信息应当依法保护信息安全。
>
> 本法所称法人、非法人组织的受益所有人，是指最终拥有或者实际控制法人、非法人组织，或者享有法人、非法人组织最终收益的自然人。具体认定标准由国务院反洗钱行政主管部门会同国务院有关部门制定。

【条文主旨】

本条是关于法人、非法人组织受益所有人制度的建立，受益所有人信息申报、使用、核对反馈和受益所有人信息安全保护方面的规定。

【条文解读】

原反洗钱法未规定受益所有人制度。本条属新增规定。虽然中国人民银行在《金融机构客户身份识别和客户身份资料及交易记录保存管理办法》《关于进一步做好受益所有人身份识别工作有关问题的通知》等文件中对受益所有人（或表述为实际受益人）等进行了规范，但存在规范法律层级不高的问题。本次在新反洗钱法中全面规定了受益所有人制度，明确了受益所有人概念，规定法人和非法人组织应当保存并向登记机关如实提交、更新受益所有人信息，并对受益所有人信息的查询、使用作出规定。这是我国市场透明度与国际接轨的重要标志，将对优化我国营商环境，实现穿透式监管发挥重要作用。①

一、增强受益所有人的透明度有助于打击洗钱及相关犯罪已成为国际社会的共识

利用法人机构实体和法律安排②是犯罪分子洗钱的重要手段。法人机构、信托、基金、合伙企业和其他类型的法人和法律安排是进行各类商业和企业活动的载体。然而，在经济活动中，这些载体在某些情况下也存在被滥用的风险，如被用于洗钱、贿赂和腐败、内幕交易、税务欺诈、恐怖融资以及其他非法活动等。对于试图规避反洗钱和反恐怖融资措施的犯罪分子来说，上述载体是犯罪分子将犯罪所得融入金融系统、对其进行伪装和转换的一种较为常见的手段。空壳公司的出现，使公司的真正控制人能隐身在公司之后，权力和责任的分离，为犯罪分子肆无忌惮地实施犯罪行为提供了机制保障。加之严格的保密制度为犯罪分子提供了保护措施，为全球反洗钱工作的有效开展设置了障碍。

增强受益所有人的透明度有助于打击洗钱及相关犯罪，已成为国际社会的共识。如果有权机关能够及时获取关于合法所有人、受益所有人、法人机构资产来源及其活动的信息，法人机构机制被滥用的可能性就会大大降低。对名义所有人和受益人所有人信息的获取将有助于执法部门或其他相关部门识别实际控制企业的自然人，有助于相关部门获取与其办理案件相关的进一步信息，也有利于弄清涉案企业账户资金的来龙去脉，追查资金线索，锁定特定对象的资产范围。

二、受益所有人的概念

（一）受益所有人概念的起源

新反洗钱在第十九条第四款中规定了受益所有人的概念。反洗钱领域中受益所有人概念的引入，主要是为了通过提高企业透明度，防止企业的管理人、实际控制人、受益所有人滥用企业载体实施洗钱和恐怖融资行为。当然，反洗钱领域对受益所有人的关注和工作要求，也有利于打击偷

---

① 参见包明友：《完善新时代反洗钱制度体系的重要举措》，载《中国金融》2024年第11期。

② 此处的"法律安排"是 Legal Arrangements 的直译，根据金融行动特别工作组《建议》术语表"法律安排"的解释，法律安排是指明定信托和其他与之类似的法律安排，后者并没有公认的定义，在评估一项法律安排是否与明定信托相似时，可参照《海牙关于信托的法律适用及其承认的公约》第二条，以该法律安排是否具有与明定信托相似的结构或履行与明定信托相似的职能为依据。《建议》术语表"法律安排"参见中国人民银行反洗钱局编译：《打击洗钱、恐怖融资与扩散融资的国际标准：FATF建议》，中国金融出版社2024年版，第277页。

逃税犯罪和腐败等其他犯罪行为。既能为更有效地打击通过法人机构载体实施的扰乱经济金融秩序、危害社会利益的犯罪提供有力的平台，也有利于满足其他国际组织关于透明度的要求，一举多得。

（二）对受益所有人定义的理解

1. 对受益所有人中"人"的理解

受益所有人必须是自然人。由于定义中使用了"最终"的概念，因此非自然人主体不能是受益所有人。受益所有人的概念与受益人的概念存在区别，受益人包括自然人和法人，两者区别的本质在于是否最终控制或受益，只有通过直接或间接手段最终控制资产或交易或从中获益的自然人才是受益所有人。关于受益所有人定义的另一个要点是享有法人、非法人组织最终受益的自然人，即便其不是最终拥有或者实际控制法人、非法人组织的自然人，但只要其从该交易中最终获得利益，那么该自然人也是定义中的受益所有人。

2. 对法人和非法人组织的理解

《中华人民共和国民法典》第一编第三章、第四章对法人和非法人组织进行了规定，其中营利法人包括有限责任公司、股份有限公司和其他企业法人等；非营利法人包括事业单位、社会团体、基金会、社会服务机构等；特别法人包括机关法人、农村集体经济组织法人、城镇农村的合作经济组织法人、基层群众性自治组织法人；非法人组织包括个人独资企业、合伙企业、不具有法人资格的专业服务机构等。金融机构在为上述主体办理业务过程中应按规定识别或豁免识别其受益所有人。根据中国人民银行和国家市场监督管理总局《受益所有人信息管理办法》第二条的规定，应当通过相关登记注册系统备案受益所有人信息的主体包括：公司，合伙企业，外国公司分支机构以及中国人民银行、国家市场监督管理总局规定的其他主体。和目前金融机构应当识别的受益所有人主体存在一定差异。

在利用企业实体从事洗钱的活动中，法人机构是被利用的一种主要形式。法人人格和法人机构人格的分立是法人机构被用来掩饰受益所有人真实性的主要原因。法人机构的法人人格允许其以自己的名义经营业务并拥有资产、承担所有者的权利和义务。这种法律架构允许自然人在不揭露其个人身份的情况下参与企业的经营。法人机构被用来从事违法犯罪活动主要还是源于无法获知法人的所有权和控制权的结构，也无法在第一时间了解到其相关信息的变更，因此，《建议》建议 24 释义要求各国应对本国各类型企业的所有权结构进行了解，包括所有权结构的类型和其所代表的权利种类、内容等。① 空壳法人机构，尤其是在所有权结构上存在涉外因素的空壳法人机构和具有复杂的所有权结构和控制结构的法人机构，常被犯罪分子用以从事违法犯罪行为。具体来讲，自然人控制企业的常见方式包括以下几种：

（1）间接持股。行为人可能通过建立多层次股权结构的方式间接持有企业的股权（股份）实现对企业的控制。

（2）联合控股。股东可能会通过与其他股东签订合同、备忘录、持股协议、一致行动协议等多种方式与其他股东联合实现对企业的控制。可以通过这种联合控股的方式实现对董事会、管理层的任免控制。

（3）在法人内部担任要职行使控制权。行为人可以通过在企业内部担任要职的方式控制企业，从而影响企业的商业行为、战略决策、重大财务事项、重大人事事项等。

（4）股权（股份）代持和代名董事。这也称为代名股东，是代另一人持有且为另一人的利益而登记为股东的人。代名人董事则是被指定担任法人机构董事会成员的董事，以代表委托者在该董事会的利益。在法律上，代名人负责法人机构的营运，并履行法人机构董事或股东的相关权利和义务。但是，在某些情况下，代名人只能代表其他人以其名义担任董事或股东的职位。这些安排可能受到代名人与实际董事或股东之间的信托协议或民事契约所拘束。被代持人可能出于多种原因委托他人代持股权，这既可能是为了规避党政干部不得参与企业经营的法律限制，也可能是债务人为了逃避债务而将其股权登记到第三人名下，抑或是父母出于财产分配的考虑而将股权登记到子女名下。② 当然，股权（股份）和代名董事也可能成为隐匿财产和控制权关系的一种重要手段。在我国，股权（股份）代持在部分业务中是被禁止的。③ 在有限责任公司中，股权代持的行为虽并未被法律所禁止，但对其权益状况进行了限制。根据《最高人民法院关于适用〈中华人民共和国公司法〉若干问题的规定（三）》第二十四条第二款的规定，实际出资人与名义股东因投资权益的归属发生争议，实际出资人以其实际履行了出资义务为由向名义股东主张权利的，人民法院应予支

---

① 参见中国人民银行反洗钱局编译：《打击洗钱、恐怖融资与扩散融资的国际标准：FATF 建议》，中国金融出版社 2024 年版，第 171 页。

② 参见葛伟军：《有限责任法人机构股权代持的法律性质——兼评我国〈公司法司法解释（三）〉第 24 条》，载《法律科学（西北政法大学学报）》2016 年第 5 期。

③ 葛伟军：《有限责任法人机构股权代持的法律性质——兼评我国〈公司法司法解释（三）〉第 24 条》，载《法律科学（西北政法大学学报）》2016 年第 5 期。

持。该类权益是一种财产性权,仅限于因持有股权而享有的分红权与剩余财产索取权,即不包括表决权等人身性权利。① 实际出资人能否取得显名的股东地位,即能否取得表决权,则需要其他股东半数以上同意。在国外,一些专业服务机构如会计师事务所、律师事务所、法人机构提供服务商为客户提供代名人服务。

(5) 通过其他方式控制企业。行为人还可能通过与上述主体的个人关系实现对企业的控制。如通过参与企业的融资、关系密切的亲属关系、对企业享有重大债权等关系实现对企业的控制。进一步而言,即便这种控制是一种推定控制关系,而不论事实上是否已经形成了控制的事实,只要相关主体使用、享受或受益于法人拥有的资产,即可将其认定为受益所有人。

3. 对最终拥有或者实际控制的理解

关于受益所有人的界定是一种事实上的界定,而不是法律上的界定。只要在事实上其对资产存在控制并能从中获取利益,不论其在法律上是否拥有控制权或所有权。在法人语境下,对受益所有人的定义要区别于法律上的所有权或控制权的概念。法律上的所有权是指自然人或法人根据所在地的法律规定对法人机构享有的所有性权利。控制是指在法人内部作出相关决定并强制执行这些决议的能力,这种权力可以通过多种手段获得,例如拥有控股权。但对受益所有人概念的界定已经超出了上述范围,受益所有人概念的本质在于实际上或最终对法人或非法人组织的拥有或控制,与法律上规定的拥有和控制存在本质区别,包括超出法律之外的拥有或控制,其核心在于自然人最终实际拥有并利用法人和非法人组织的资本和资产的权利,以及真正实际能控制法人和非法人组织的人。

4. 对认定标准的理解

对受益所有人的认定主要围绕以下两大支柱:

所有权/表决权支柱。根据主体享有的所有权或表决权的份额,确定主体是不是受益所有人是国际上通行的做法,这也是一种形式上的认定标准。

控制权支柱。按照实质大于形式的原则,虽然达不到25%的标准,但从实质上看,行为人对企业具有控制权的,应作为受益所有人予以登记。例如直接或间接拥有任命或罢免法人机构大多数董事的主体;有权对法人机构行使或实际行使重大影响或控制的主体;或通过其他手段或通过信托

---

① 参见葛伟军:《有限责任法人机构股权代持的法律性质——兼评我国〈公司法司法解释(三)〉第24条》,载《法律科学(西北政法大学学报)》2016年第5期。

对法人机构行使权力或实际行使重大影响或控制的都应作为受益所有人进行登记。

我国在受益所有人的认定标准上也采取了以上两种标准。根据《受益所有人信息管理办法》第六条的要求，符合下列条件之一的自然人为备案主体的受益所有人：通过直接方式或者间接方式最终拥有备案主体25%以上股权、股份或者合伙权益；虽未满足第一项标准，但最终享有备案主体25%以上收益权、表决权；虽未满足第一项标准，但单独或者联合对备案主体进行实际控制。实际控制包括但不限于通过协议约定、关系密切的人等方式实施控制，例如决定法定代表人、董事、监事、高级管理人员或者执行事务合伙人的任免，决定重大经营、管理决策的制定或者执行，决定财务收支，长期实际支配使用重要资产或者主要资金等。不存在上述三种情形的，应当将备案主体中负责日常经营管理的人员视为受益所有人进行备案。

根据金融行动特别工作组《建议》建议24释义的内容，主管部门应能及时掌握或获取公司和其他法人的充足、准确和最新的受益所有权和控制权信息（受益所有权信息），既包括在本国成立的，也包括有洗钱和恐怖融资风险并与本国有充分联系的。各国可根据风险决定何谓"充分联系"。充分性测试的例子包括但不限于：该公司在本国拥有永久性机构、分支机构或代理机构；该公司与本国金融机构或特定非金融行业和职业有显著经营活动或显著且持续的业务关系；该公司受到反洗钱和反恐怖融资监管；该公司有显著的房地产或其他本地投资；该公司在本国雇员或纳税。[1] 参考上述标准，我国要求外国公司在我国的分支机构应当按照我国受益所有人的识别标准备案外国公司的受益所有人信息，同时将该分支机构的高级管理人员作为受益所有人进行备案。

根据"风险为本"的原则，我国对受益所有人的备案登记规定了豁免登记和简化登记的情形。个体工商户无须备案受益所有人信息；注册资本（出资额）不超过1000万元人民币（或者等值外币）且股东、合伙人全部为自然人的备案主体，如果不存在股东、合伙人以外的自然人对其实际控制或者从其获取收益，也不存在通过股权、合伙权益以外的方式对其实施控制或者从其获取收益的情形，承诺后免于备案受益所有人信息；国有独资公司、国有控股公司应当将法定代表人视为受益所有人进行备案。

---

[1] 中国人民银行反洗钱局编译：《打击洗钱、恐怖融资与扩散融资的国际标准：FATF建议》，中国金融出版社2024年版，第169页。

三、对受益所有人信息如实性和及时性的理解

金融行动特别工作组《建议》建议 24 提出各国应当确保主管部门可以通过受益所有权登记簿或替代机制，迅速而高效地掌握或获取法人受益所有权和控制权的充分、准确和最新信息。[①] 立足于我国反洗钱工作的实际，新反洗钱法第十九条第二款规定，法人、非法人组织应当保存并及时更新受益所有人信息，按照规定向登记机关如实提交并及时更新受益所有人信息。对该款中"如实"和"及时"可以从以下几个方面进行理解：

（一）对"如实"的理解

1. 确保信息的真实性、合法性和有效性。受益所有人信息是市场主体向登记机关备案的重要事项。根据《中华人民共和国市场主体登记管理条例》第十七条的规定，申请人应当对提交材料的真实性、合法性和有效性负责。因此，真实性、合法性和有效性是如实性的第一层含义。新反洗钱法第六十条也规定了虚假提交受益所有人信息的惩治措施。

2. 确保信息的充分性。充分性是指有充足信息识别属于受益所有人的自然人，同时识别其行使受益所有权或控制权的方式和机制。[②] 根据《受益所有人信息管理办法》第十一条的规定，备案主体备案的受益所有人信息包括主体的基本信息和受益所有权类型信息。主体的基本信息包括姓名、性别、国籍、出生日期，经常居住地或者工作单位地址，联系方式，身份证件或者身份证明文件种类、号码、有效期限。受益所有权类型信息包括受益所有权关系类型以及形成日期、终止日期（如有）。根据受益所有权类型的不同，分情况报备持有股权、股份或者合伙权益的比例，收益权、表决权的比例，实际控制的方式等信息。

3. 确保信息的准确性。信息的准确性是如实性的必然要求，不准确的信息不能如实反映信息的真实情况。根据《受益所有人信息管理办法》第十四条第二款的规定，中国人民银行及其分支机构发现备案主体备案的受益所有人信息不准确的，应当责令备案主体限期改正。拒不改正的，处 5 万元以下的罚款。

（二）对"及时"的理解

金融行动特别工作组在《建议》建议 24 释义中提出，主管部门应能及时获取受益所有人信息，其所获取的信息应是最新的信息。"最新"指

[①] 中国人民银行反洗钱局编译：《打击洗钱、恐怖融资与扩散融资的国际标准：FATF 建议》，中国金融出版社 2024 年版，第 169 页。

[②] 参见中国人民银行反洗钱局编译：《打击洗钱、恐怖融资与扩散融资的国际标准：FATF 建议》，中国金融出版社 2024 年版，第 187 页。

尽可能是当下最新的信息，且该信息在发生变化后的合理时间范围内更新。① 新反洗钱法在第十九条第二款中要求法人、非法人组织应当保存并及时更新受益所有人信息，按照规定向登记机关如实提交并及时更新受益所有人信息。此处的"及时"至少应理解为：一是在信息发生变化后及时按规定向登记机关提交；二是其所提交的信息应是最新的信息。受益所有人信息管理办法对此作了具体规定，备案主体受益所有人信息发生变化，或者不再符合该办法第三条规定的承诺免报条件的，应当自发生变化或者不符合承诺免报条件之日起 30 日内，通过相关登记注册系统备案受益所有人信息。

四、对受益所有人信息使用的理解

（一）受益所有人信息使用的主体

金融行动特别工作组《建议》在建议 24 释义提出，主管部门（尤其是执法部门和金融情报中心）应拥有所有必要权力使其能够及时获取有关方面掌握的基本信息和受益所有权信息。各国应要求公司登记注册部门为金融机构、特定非金融行业和职业以及其他国家主管部门及时获取其掌握的公开信息提供便利。② 新反洗钱法第十九条规定，受益所有人信息的使用主体包括反洗钱行政主管部门、国家有关机关以及金融机构和特定非金融机构在法定的范围内可以使用受益所有人信息，其他主体不能使用。

（二）相关主体必须在法定的范围内使用受益所有人信息

反洗钱行政主管部门、国家有关机关为履行职责需要，可以依法使用受益所有人信息。结合反洗钱法第七条的规定，本处的"可以依法使用受益所有人信息"应有所限定，即反洗钱行政主管部门和其他依法负有反洗钱监督管理职责的部门履行反洗钱职责获得的受益所有人信息，只能用于反洗钱监督管理和行政调查工作。司法机关依照反洗钱法获得的受益所有人信息，只能用于反洗钱相关刑事诉讼，不能用于民事诉讼、行政诉讼或其他工作。金融机构和特定非金融机构仅在履行反洗钱义务时可依法查询受益所有人信息，除履行反洗钱义务以外的其他履职场景无权查询受益所有人信息。

（三）依法保护信息安全

对隐私数据的保护是受益所有人信息交换必须考虑的方面。对受益所

---

① 参见中国人民银行反洗钱局编译：《打击洗钱、恐怖融资与扩散融资的国际标准：FATF 建议》，中国金融出版社 2024 年版，第 175~176 页。

② 参见中国人民银行反洗钱局编译：《打击洗钱、恐怖融资与扩散融资的国际标准：FATF 建议》，中国金融出版社 2024 年版，第 177 页。

有人制度批评的声音主要集中在数据使用的安全性问题。企业可能会担心受益所有人信息的公开会导致竞争对手会获取到企业核心成员的信息，如获取股权激励机制中被激励对象的信息从而造成"挖墙脚"的问题。也有可能会损害高级管理人员的财务信息隐私。因为法人机构可能在股权激励中给予高级管理人员股权，而这可能是其个人的财务信息。因此在受益所有人信息的使用上必须保证信息使用的安全性。应根据我国个人信息保护法的规定，采取安全保护措施，同时非依法律规定，不得向任何单位和个人提供受益所有人信息。

五、受益所有人信息纠错机制

根据新反洗钱法第十九条第三款后半段的规定，发现受益所有人信息错误、不一致或者不完整的，应当按照规定进行反馈。这是新反洗钱法的一项新的规定，该规定为中国人民银行和国家市场监督管理总局公布的《受益所有人信息管理办法》第十三条的规定提供了明确的法律依据。这是保证受益所有人信息准确性的重要机制，也是在信息共享基础上通过交叉核实降低维持信息准确性成本的最佳实践方式之一。根据本条及《受益所有人信息管理办法》第十三条第一款的规定，国家有关机关以及金融机构、特定非金融机构发现受益所有人信息管理系统中的备案主体受益所有人信息存在错误、不一致或者不完整的，应当及时向中国人民银行反馈。中国人民银行可以根据情形依法采取措施进行核实，备案主体应当配合。

六、受益所有人信息的多渠道采集机制

从目前国际实践来看，受益所有人信息的采集模式主要有以下三种：一是要求法人信息登记机构备案保留受益所有人信息，并及时更新信息；二是由企业自身持有受益所有人信息，并在需要时及时向有关机构提供；三是使用既有信息，例如金融机构和特定非金融机构在履行反洗钱义务过程中所获取的信息、其他有权机关登记的受益所有人信息、法人机构自身持有的基础信息、上市法人机构披露的信息等。《建议》建议24释义认为，各国可以根据自身的实际情况在风险评估的基础上，采取可行性机制。① 由法人信息登记机构备案受益所有人信息是一种比较好的模式，在这种模式下，有关机构可以从单一渠道获取法人机构及法人机构受益所有人的信息，能提高信息获取的效率。但任何一种单一的方式其作用都是有限的，只有多种方式并用，才能起到更好的效果。采取综合性措施在一定

---

① 参见中国人民银行反洗钱局编译：《打击洗钱、恐怖融资与扩散融资的国际标准：FATF建议》，中国金融出版社2024年版，第173页。

程度上能解决信息的真实性问题。信息的真实性是受益所有人识别中的核心问题之一，但由于信息登记机构在人员数量、素质、经验、手段等各方面存在限制的情况下，将信息的准确性寄希望于登记机构显然不现实。在综合机制下，受益所有人信息的中央备案机构无须单纯通过自身的工作来确保信息的准确性和及时性，信息的中央备案机构可以通过与其他法定主体共享信息的方式交叉验证所备案留存信息的准确性，使不同渠道的信息之间相互印证，能使相关方比如金融机构和特定非金融机构对自身数据库中的信息进行纠错，有助于相关方向法人机构进一步核实受益所有人信息，必要情况下，还可以报告可疑交易。

我国目前采取的也是多重信息采集机制。根据新反洗钱法第十九条的规定，金融机构和特定非金融机构在履行反洗钱义务时依法查询核对受益所有人信息；发现受益所有人信息错误、不一致或者不完整的，应当按照规定进行反馈。结合其第二十九条第二款，客户尽职调查包括识别并采取合理措施核实客户及其受益所有人身份的规定可见，金融机构和特定非金融机构仍应按照风险为本的原则使用可靠、来源独立/独立获得的文件、数据和信息，核实受益所有人的身份和状态，并未因为法人、非法人组织向登记机关备案受益所有人信息而免除其独立识别受益所有人信息的义务。向登记机关查询的受益所有人信息只能是其"核对"受益所有人信息的手段之一，在受益所有人信息核对的工作中如发现其所识别的受益所有人信息与登记机关备案留存的受益所有人信息不一致时，还应当按照规定进行反馈。

【关联规范】

《中华人民共和国市场主体登记管理条例》第十七条；《受益所有人信息管理办法》；《金融机构客户身份识别和客户身份资料及交易记录保存管理办法》第三条。

第二十条　【案件移送和反馈】反洗钱行政主管部门和其他依法负有反洗钱监督管理职责的部门发现涉嫌洗钱以及相关违法犯罪的交易活动，应当将线索和相关证据材料移送有管辖权的机关处理。接受移送的机关应当按照有关规定反馈处理结果。

【条文主旨】

本条是关于发现涉嫌洗钱以及相关违法犯罪的交易活动案件线索和材料移交和反馈方面的规定。

【条文解读】

本条是对原反洗钱法第十三条规定的补充和完善。原反洗钱法规定，反洗钱行政主管部门和其他依法负有反洗钱监督管理职责的部门、机构发现涉嫌洗钱犯罪的交易活动，应当及时向侦查机关报告。新法增加了"发现……相关违法犯罪的交易活动"和"接受移送的机关应当按照有关规定反馈处理结果"的规定。同时，将"应当及时向侦查机关报告"修订为"应当将线索和相关证据材料移送有管辖权的机关处理"。

对该条的理解需要着重把握以下几个方面：

一、移送案件的范围除包括刑事案件外，还应包括其他违法案件

我国对违法和犯罪采取二元区分，犯罪行为一定是违法行为，但违法行为不一定都是犯罪行为，只有具有严重社会危害性的违法行为才可能构成犯罪。反洗钱行政主管部门和其他依法负有反洗钱监督管理职责的部门在履行反洗钱监管职责的过程中发现的案件线索不一定都是犯罪线索，也可能是一些违法行为线索，还可能有一些线索无法判断是违法行为还是犯罪行为，而基于其自身的行政管理权限，又无法对这些行为进行处理，因此必须移送给有管辖权的机关处理。

二、接受移送的机关应当按照有关规定反馈处理结果

接受移送的机关反馈处理结果是反洗钱合作机制的应有内涵。《国务院办公厅关于完善反洗钱、反恐怖融资、反逃税监管体制机制的意见》提出要加强情报会商和信息反馈机制，相关单位要加强对线索使用查处情况的及时反馈。有关部门对移交案件线索处理结果的反馈也有利于反洗钱行政主管部门和其他依法负有反洗钱监督管理职责的部门进一步了解相关洗钱风险，加强对履行反洗钱义务的机构指导，完善监督管理措施。

三、应当将线索和相关证据材料移送有管辖权的机关处理

原反洗钱法将移送的对象限定为"侦查机关"，范围过于狭窄。一是侦查一般出现在刑事领域，例如我国刑事诉讼法中规定了检察机关和公安机关的侦查权，并在附则部分第三百零八条第一款至第三款规定了军队保卫部门对军队内部发生的刑事案件行使侦查权；中国海警局履行海上维权执法职责，对海上发生的刑事案件行使侦查权；对罪犯在监狱内犯罪的案件由监狱进行侦查。根据新反洗钱法的规定，反洗钱行政主管部门和其他依法负有反洗钱监督管理职责的部门移送的案件，除了犯罪案件外还可能涉及其他违法案件，案件移送的对象不一定都是侦查机关，因此使用"有管辖权的机关"更为合适。二是反洗钱行政主管部门和其他依法负有反洗钱监督管理职责的部门对发现的涉嫌贪腐类犯罪，应将案件线索移送给国家监察机关。根据《中华人民共和国监察法》第三条的规定，各级监察委员会是行使国家监察职能的专责机关，依照监察法对所有行使公权力的公职人员进行监察，调查职务违法和职务犯罪，开展廉政建设和反腐败工作，维护宪法和法律的尊严。鉴于监察机关行使的是调查权，不是侦查权，监察机关也不是侦查机关，从这一角度看，将"侦查机关"修改为"有管辖权的机关"更为合适。

【关联规范】

《中华人民共和国刑事诉讼法》第二编第三章、附则；《中华人民共和国监察法》第三条。

第二十一条 **【反洗钱监管履职】** 反洗钱行政主管部门为依法履行监督管理职责，可以要求金融机构报送履行反洗钱义务情况，对金融机构实施风险监测、评估，并就金融机构执行本法以及相关管理规定的情况进行评价。必要时可以按照规定约谈金融机构的董事、监事、高级管理人员以及反洗钱工作直接负责人，要求其就有关事项说明情况；对金融机构履行反洗钱义务存在的问题进行提示。

【条文主旨】

本条是关于反洗钱行政主管部门履行管理职责的规定。

【条文解读】

反洗钱行政主管部门在监督金融机构履行反洗钱法定义务的过程中，原反洗钱法未明确具体的措施。本条文明确了监督管理过程中主管部门的法定权力以及具体方式，确保监管履职的正常开展。

当前，反洗钱行政主管部门已经根据"风险为本"的原则，制定了一套相对完整的监督管理体系，依法对各类金融机构反洗钱工作开展日常监督管理及风险监测。为了满足日常监管的需要，需要适当采集金融机构反洗钱履职情况的有关材料或者针对某个事项业已进行情况说明。日常采集的资料包括金融机构的组织架构、经营情况、人员结构、内控制度、统计数据、工作报告等。

整体监管体系主要包含以下内容：首先，通过风险评估等方式（包括非现场洗钱风险评估与现场洗钱风险评估两种方式），评估金融机构的固有洗钱风险和控制措施有效性，掌握金融机构的洗钱风险状况及分布，评判金融机构控制措施是否能够有效缓释固有洗钱风险，从而评价金融机构的洗钱剩余风险；其次，遵循"风险为本"原则，根据金融机构的洗钱风险，确定合适的监管频率及监管诊断措施。对于洗钱风险较高的机构采取相对强硬的监管措施并提高监管频率，而对于洗钱风险较低的机构采取相对柔和的监管措施并降低监管频率，从而解决当前监管对象数量较大的问题，实现精准监管，提升监管效率。

按照从强到弱的顺位看，监管诊断措施依次包括：（1）执法检查。通过对金融机构的业务、内控、系统、人员等情况进行深入了解，掌握金融机构履行反洗钱义务的情况。执法检查包括非现场执法检查与现场执法检查两种方式，其中现场检查包括全面现场检查或重点现场检查。全面现场检查是对法人金融机构反洗钱履职情况全方位的完整检查，重点现场检查是对法人金融机构反洗钱履职情况部分领域的深入检查。（2）监管走访。相对执法检查而言，这较为柔和，采取简化的措施了解金融机构的反洗钱履职情况，包括核验机构反洗钱履职基础合规情况，开展风险性核查等内容。（3）非现场审查。根据反洗钱日常监管工作需要，通过非现场的方式向金融机构收集书面资料，从而了解金融机构整体或者某项具体业务的反洗钱履职情况。

监管诊断措施旨在发现金融机构反洗钱履职过程中的不足之处后，由反洗钱行政主管部门根据监管诊断结果及对该机构的持续监管状况，对金融机构执行本法以及相关管理规定的情况进行评价，依法采取适当程度的监管矫正措施，确保金融机构对有关问题进行整改落实，从而更严格并有效地履行反洗钱义务。具体而言，监管矫正措施从弱到强依次包括：出具监管提示函、约见部门负责人谈话、出具监管意见书、约见机构董事监事或高级管理人员谈话、出具警示函、出具责令整改通知书、罚款、建议责令停业整顿、建议吊销经营许可证。

【关联规范】

《中华人民共和国中国人民银行法》第四条、第三十二条、第四十六条;《中华人民共和国商业银行法》第六十二条、第七十七条。

> **第二十二条　【反洗钱监督检查】** 反洗钱行政主管部门进行监督检查时,可以采取下列措施:
> (一) 进入金融机构进行检查;
> (二) 询问金融机构的工作人员,要求其对有关被检查事项作出说明;
> (三) 查阅、复制金融机构与被检查事项有关的文件、资料,对可能被转移、隐匿或者毁损的文件、资料予以封存;
> (四) 检查金融机构的计算机网络与信息系统,调取、保存金融机构的计算机网络与信息系统中的有关数据、信息。
> 进行前款规定的监督检查,应当经国务院反洗钱行政主管部门或者其设区的市级以上派出机构负责人批准。检查人员不得少于二人,并应当出示执法证件和检查通知书;检查人员少于二人或者未出示执法证件和检查通知书的,金融机构有权拒绝接受检查。

【条文主旨】

本条是关于反洗钱行政主管部门在监督检查时可实施的主要措施的规定。

【条文解读】

本条文赋予了主管部门对金融机构开展执法检查的法定权力,并对监督检查的措施进行了明确。

反洗钱行政主管部门在监督执法检查时,可采取以下具体措施:

(1) 进入金融机构进行检查。赋予主管部门可以进入金融机构开展现场检查的权力,即检查人员可以进入金融机构现场开展执法检查,实地查阅各项资料及各类业务系统等信息。检查组可采取调阅资料、查看系统、流程演示、穿行测试、现场询问等方式开展检查。

（2）询问金融机构的工作人员，要求对有关被检查事项做出说明。询问是在开展执法检查过程中的一项重要手段，通过询问的方式可以快速了解金融机构反洗钱履职情况，发现不足之处。而且，检查人员还可以结合现场检查发现的情况通过询问的方式验证并固定证据，并且分析问题成因等。

（3）查阅、复制、封存资料。检查人员可以调阅金融机构与被检查事项有关的文件、资料，也可复制该文件、资料作为认定违规事实的证据。证据应当合法、确凿、充分，证据之间能够形成完整、严密、相互印证的证据链；对可能灭失、转移、隐匿或者以后难以取得的证据，经有权人批准后，可以采取措施封存保全。被检查人或者有关人员不得损毁、销毁或者转移证据。被检查人或者有关人员损毁、销毁或者转移证据，以及存在阻碍证据保全的其他违法行为的，按照阻碍执法检查情形依法予以处理。

（4）对查阅、保存电子数据的规定。随着经济的发展，金融机构记录的客户信息、交易记录和其他反洗钱信息量越来越大，信息技术手段在执法检查中普遍运用。对金融机构提供的电子数据开展分析、排查是最主要的一种检查手段。检查人员除处理电子数据外，还需查阅反洗钱系统、核算系统、其他业务系统等，从而更全面地对金融机构的反洗钱履职开展情况进行排查。检查人员可以直接提取执法对象电子计算机数据库中的数据，也可以采用抽样、汇总、分解、转换、计算、统计等方式形成新的电子数据。新的电子数据应当能够完整反映拟证明的事实，不能再次修改。检查人员可以按取证要求保存所调取的电子数据作为证据使用。

第二款内容主要对主管部门的监督检查进行了相应的限制与规范，确保严格规范公正文明执法，保护被检查机构的合法权益。当前主管部门已经制定了相应的检查程序，对执法检查各项流程进行了明确的规定。

【关联规范】

《中华人民共和国中国人民银行法》第四条、第三十二条、第四十六条；《中华人民共和国商业银行法》第六十二条、第七十七条。

> **第二十三条 【洗钱风险评估与指引】** 国务院反洗钱行政主管部门会同国家有关机关评估国家、行业面临的洗钱风险,发布洗钱风险指引,加强对履行反洗钱义务的机构指导,支持和鼓励反洗钱领域技术创新,及时监测与新领域、新业态相关的新型洗钱风险,根据洗钱风险状况优化资源配置,完善监督管理措施。

【条文主旨】

本条是关于反洗钱监管中动态评估洗钱风险、强化义务履行指导、支持应用技术创新,及时监测新型洗钱风险并配置相应监管资源措施等方面的规定。

【条文解读】

本条是新增条文。原反洗钱法第二章规定了反洗钱监督管理的相应条文,共 7 条,简明扼要地为反洗钱行政主管部门开展反洗钱监督管理工作搭建了规范框架。但是,随着近些年洗钱风险在新领域、新业态中的具体呈现不断迭代翻新,原先简练的规范框架亟须充实以更为详尽的规范内容。根据《建议》建议 1 的内容,各国应当采取适当步骤,持续地识别、评估本国面临的洗钱和恐怖融资风险。[①] 有鉴于此,新反洗钱法对协同机关的范围略作调整,由"国务院有关部门、机构"改为"国家有关机关",同时增加了对新型洗钱风险及时监测的要求,更为科学地界定了洗钱风险评估的对象,填补了对发布洗钱风险指引的要求和涉及新型洗钱风险的新技术、新领域、新业态的具体关切,并厘清了风险防控和监督管理措施的规范关系。

1. 相较于"国务院有关部门、机构"这一表述,"国家有关机关"的界定更加周延,也更为符合反洗钱监督管理工作实践需要。原则上与反洗钱行政主管部门在反洗钱监督管理工作中产生联系的国家机关都能为此概念涵摄,从而为反洗钱监管协作奠定法律基础。

2. 从工作实际和提升效率的层面看,反洗钱行政主管部门会同国家有

[①] 参见中国人民银行反洗钱局编译:《打击洗钱、恐怖融资与扩散融资的国际标准:FATF 建议》,中国金融出版社 2024 年版,第 15 页。

关机关开展的洗钱风险评估，应从宏观、中观层面展开，微观层面的洗钱风险评估则应交由金融机构和特定非金融机构自行开展，并且与宏观、中观层面的洗钱风险评估保持联动。反洗钱行政主管部门会同国家有关机关对国家、行业存在的洗钱风险的持续评估的合理功能定位，应当是为金融机构和特定非金融机构开展洗钱风险评估提供信息指引。与此同时，金融机构和特定非金融机构开展洗钱风险评估属于其法定的反洗钱义务，因此反洗钱行政主管部门除提供洗钱风险指引外，还需要就金融机构和特定非金融机构对其反洗钱义务履行进行指导，以确保洗钱风险的持续监测评估在宏观、中观和微观层面一体有机联动。

3. 在大数据、生成式人工智能、区块链等技术创新更新迭代发展的驱动下，反洗钱监管应重视并鼓励科技赋能监管，并持续监测新领域、新业态相关的新型洗钱风险。传统反洗钱监管仰赖于监管技术相对稳定基础上的规则监管，这被认为无法适应日益复杂的洗钱风险，也没有真正贯彻"风险为本"的审慎原则。随着科技与金融相互融合渗透不断加深，基于规则的事后监管无法适应科技驱动下的金融活动场景，在一个以秒甚至毫秒为单位发生资金流转的现实世界中，缺乏即时、精准有效风险监测手段的反洗钱监管无法发挥作用。支持和鼓励反洗钱领域技术创新，正是基于"风险为本"，强调以科技驱动的监管思路回应新技术发展对反洗钱监管的可能挑战，其针对的不仅是传统领域和业态的洗钱风险，更包括新领域、新业态相关的洗钱风险，后者有些处于萌发阶段传统监管手段尚未察觉，有些基于新技术应用规避了传统监测方法，因此需要通过科技赋能监管有效纾解反洗钱监管中的信息不对称。

4. 根据洗钱风险状况优化资源配置，完善监督管理措施是实践"风险为本"的积极举措。如前所述，根据《建议》建议 1 的内容，各国应当在风险评估的基础上，采取风险为本的方法确保防范和降低洗钱风险的举措同已经识别的风险相匹配。[①] 这既包括对被识别为较高风险的领域，应确保相应反洗钱机制能有效应对该风险，例如要求金融机构以及特定非金融机构采取强化措施以管理和降低风险，也包括对被识别为较低风险的领域，规定在一定前置条件下可以采取简化措施。最终通过反洗钱监管资源在不同风险状况领域的相应程度配置，做到有的放矢，最大限度实现反洗钱监管资源利用的有效性和反洗钱监管措施实施的针对性。

---

① 参见中国人民银行反洗钱局编译：《打击洗钱、恐怖融资与扩散融资的国际标准：FATF 建议》，中国金融出版社 2024 年版，第 15 页。

【关联规范】

《金融机构反洗钱和反恐怖融资监督管理办法》。

> **第二十四条 【洗钱高风险国家或地区】** 对存在严重洗钱风险的国家或者地区，国务院反洗钱行政主管部门可以在征求国家有关机关意见的基础上，经国务院批准，将其列为洗钱高风险国家或者地区，并采取相应措施。

【条文主旨】

本条是关于中国人民银行针对洗钱高风险国家或者地区采取相应措施的规定，旨在强调对洗钱地域风险的关注。

【条文解读】

原反洗钱法并无类似条款。本条的内容最早可追溯至 2007 年 8 月 1 日起实施的《金融机构客户身份识别和客户身份资料及交易记录保存管理办法》，其第十八条第一款规定："金融机构应按照客户的特点或者账户的属性，并考虑地域、业务、行业、客户是否为外国政要等因素，划分风险等级，并在持续关注的基础上，适时调整风险等级。在同等条件下，来自于反洗钱、反恐怖融资监管薄弱国家（地区）客户的风险等级应高于来自于其他国家（地区）的客户。"

此外，中国人民银行反洗钱局于 2021 年 1 月 15 日发布的《法人金融机构洗钱和恐怖融资风险自评估指引》，要求法人金融机构在对本机构进行洗钱和恐怖融资风险自评估时，将"地域环境"作为固有风险评估的四大维度指标之一。

由于原反洗钱法无关于洗钱地域风险的规定，监管机构在对未遵守上述监管规定的金融机构作出处罚而援引上位法时，无法援引直接责任条款，而是援引原反洗钱法第三十一条和第三十二条关于未按照规定建立反洗钱内部控制制度和履行客户身份识别义务的法律责任条款。在新反洗钱法下，本条的意义在于将洗钱地域风险管理措施上升到法律层面，并明确规定了相关的法律责任条款（第五十四条将"未按照规定对洗钱高风险情形采取相应洗钱风险管理措施"作为一项处罚事由)。

基于此,新反洗钱法下需要履行反洗钱义务的金融机构和特定非金融机构,应当及时关注中国人民银行官网公布的"洗钱高风险国家或者地区"。关于具体的业务操作,凡是涉及这些国家或者地区的客户,都需要在同等条件下调高风险等级,采取强化的尽职调查措施,并增加审核的频次;对于涉及这些国家或者地区的业务,需要对相关交易实施更严格、审慎的审核,并避免通过这些国家或者地区的第三方代为履行尽职调查义务;在对本机构开展洗钱和恐怖融资风险自评估时,需要综合考虑涉及这些国家或地区的客户和业务的规模和比例,评估相应的地域风险,并确保采取对应和有效的风险管控措施。

另外,需要注意的是,中国人民银行已在其官方网站"反洗钱"专栏下的"风险提示与金融制裁"模块[1],定期公布高风险及应加强监控的国家或地区,其来源是金融行动特别工作组官方网站公布的高风险国家和地区名单(通常所说的"黑名单")和应加强监控的国家或地区(通常所说的"灰名单")[2]。这些国家或地区被列入名单的原因在于反洗钱和反恐怖融资体系存在显著缺陷。金融行动特别工作组会根据反洗钱和反恐怖融资体系的全球发展情况,对名单进行动态调整(包括添加或移除)。在国际实践中,金融行动特别工作组的"黑名单"和"灰名单"通常会成为反洗钱和制裁筛查的一部分,例如客户、商业伙伴和/或其受益所有人被筛查系统识别,将由反洗钱义务主体进一步判断是否采取适当的风险管控措施。

【关联规范】

《金融机构客户身份识别和客户身份资料及交易记录保存管理办法》第十八条。

---

[1] 中国人民银行网站,http://www.pbc.gov.cn/fanxiqianju/135153/135267/index.html,最后访问日期:2014年12月27日。

[2] 金融行动特别工作组网站,https://www.fatf-gafi.org/en/publications/High-risk-and-other-monitored-jurisdictions/increased-monitoring-october-2024.html,最后访问日期:2014年12月27日。

> **第二十五条　【反洗钱自律组织】**履行反洗钱义务的机构可以依法成立反洗钱自律组织。反洗钱自律组织与相关行业自律组织协同开展反洗钱领域的自律管理。
>
> 反洗钱自律组织接受国务院反洗钱行政主管部门的指导。

【条文主旨】

本条是关于反洗钱自律组织的规定。

【条文解读】

原反洗钱法无相关规定。本条关于成立反洗钱自律组织的规定，主要针对的是特定非金融机构。近年来我国针对银行业金融机构、非银行金融机构和非银行支付机构形成了一套相对完备的监管规则体系，并相对全面地将前述义务机构纳入相关的执法活动中。中国人民银行发布的《2022年中国反洗钱报告》显示，2020年至2022年，中国人民银行反洗钱部门共对1783家义务机构开展了反洗钱执法检查（覆盖了75家银行、证券公司、保险机构和头部支付机构），会同法律部门完成反洗钱行政处罚1356项，罚款总额13.7亿元。[①]

2006年，原反洗钱法初步提出了"特定非金融机构"这个概念，随后，中国人民银行办公厅于2018年7月13日发布《关于加强特定非金融机构反洗钱监管工作的通知》，进一步界定了"特定非金融机构"的范围，但特定非金融机构履行反洗钱义务的具体方式和相应的法律责任，还不甚明确。与此相对比的是，在国际上，特定非金融机构潜在的洗钱风险受到了广泛关注。

在此背景之下，在原反洗钱法和中国人民银行办公厅《关于加强特定非金融机构反洗钱监管工作的通知》的基础上，新反洗钱法第十五条增加了对特定非金融机构履行反洗钱义务情况进行监管的基础性规定，为未来开展对特定非金融机构的反洗钱监管奠定了基础。具体而言，在规则制定层面，特定非金融机构的反洗钱监管规则由国务院有关特定非金融机构主

---

① 参见《2022年中国反洗钱报告》，载中国人民银行网站，http://www.pbc.gov.cn/fanxiqianju/resource/cms/2024/07/20240701154929924117.pdf，最后访问日期：2025年2月26日。

管部门（"行业主管部门"）制定或者会同中国人民银行制定；在监管执法层面，则由行业主管部门主要负责开展反洗钱监督检查，中国人民银行可以为其提供反洗钱监督管理建议和进行监管协助。

对于部分行业主管部门而言，其可能缺乏丰富的反洗钱监管经验，且需要专业知识和人力资源等多方面的支持，这既离不开中国人民银行作为反洗钱行政主管部门的指导和帮助，也需要来自相关行业协会对特定非金融机构反洗钱规则和实践的探索。尤其是在部分行业监管规则尚不完备的情况下，行业协会对反洗钱实务的探索和经验的积累对未来开展特定非金融机构的反洗钱监管工作有着重要意义。

例如，私募基金管理人当前并非我国反洗钱监管框架下的法定义务主体，但是在自律规则层面，中国证券投资基金业协会于 2016 年 4 月发布的《私募投资基金募集行为管理办法》第六条、第二十七条要求私募基金管理人和销售机构在募集基金时履行反洗钱义务。尽管只是原则性的规定，但是私募基金行业基于此项规定的反洗钱实践，可以为未来行业主管部门制定正式的监管规则提供丰富和有益的实践参考。

由此可见，在我国特定非金融机构的反洗钱规则初步建设阶段，让自律组织先行从自律规则的角度进行探索，一方面可以以较低的成本进行先行试验并积累实务经验，另一方面可以为特定非金融机构提供适应反洗钱监管的过渡阶段，逐步了解反洗钱监管要求和配备合规资源，尽量降低对相关行业正常业务开展可能存在的不利影响。

进一步而言，在自律组织如何发挥作用上，本条规定"反洗钱自律组织与相关行业自律组织协同开展反洗钱领域的自律管理"。目前，无论是金融机构还是特定非金融机构，其所在行业不少已经成立了相应的自律组织。对于反洗钱监管与合规而言，具体监管规则应基于相关行业的特征和风险状况，这离不开行业自律组织和反洗钱自律组织之间的紧密协作。

至于我国未来反洗钱自律组织如何设置，有两种可行的途径：一是单独另设反洗钱自律协会，与行业协会保持紧密联系；二是在现有行业协会内部下设反洗钱自律部门以降低成本。具体设置的方式，还有待中国人民银行、行业主管部门和相关行业协会研究讨论后进一步明确。

> **第二十六条　【反洗钱专业服务机构】**提供反洗钱咨询、技术、专业能力评价等服务的机构及其工作人员，应当勤勉尽责、恪尽职守地提供服务；对于因提供服务获得的数据、信息，应当依法妥善处理，确保数据、信息安全。
>
> 国务院反洗钱行政主管部门应当加强对上述机构开展反洗钱有关服务工作的指导。

【条文主旨】

本条是关于反洗钱专业服务机构和人员提供反洗钱专业服务的规定。

【条文解读】

原反洗钱法无相关规定。本条是在反洗钱法层面，首次对反洗钱专业服务机构和人员（以下统称专业机构）作出规定。值得注意的是，中国人民银行此前已通过规范性文件的方式对专业机构作出相关规定。2021年，中国人民银行开始推行法人金融机构洗钱和恐怖融资风险自评估工作，考虑到自评估较大的工作量和工作难度，中国人民银行发布的《法人金融机构洗钱和恐怖融资风险自评估指引》第二十一条第二款明确规定，法人金融机构可以聘请第三方专业机构协助进行评估方案、指标与方法的起草和内外部信息收集整理等辅助性工作。

在我国原反洗钱法实施初期，反洗钱监管的重点在于银行业金融机构，当时主要的反洗钱工作由银行内部合规人员开展，对专业机构依赖较少。近年来，反洗钱的执法活动，逐渐扩展至数量和类型繁多的非银行金融机构。大部分非银行金融机构在反洗钱方面的合规能力和资源方面，与银行存在较大差距，而且随着新反洗钱法对"风险为本"合规理念的强化，以及关于"确保反洗钱措施与洗钱风险相适应"的要求，对非银行金融机构形成了较大的挑战。根据"风险为本"的合规理念，反洗钱工作人员不仅要充分知晓本机构所处行业的风险状况，还需要在众多具体的业务场景下对客户的风险状况作出准确的判断，并在此基础上采取适当的风险管控措施，这对反洗钱工作人员的反洗钱意识和专业素养都提出了较高的要求。另外，新反洗钱法还将特定非金融机构纳入了反洗钱义务主体的范畴，而这些特定非金融机构此前几乎没有反洗钱的合规经验，亟待反洗钱专业机构的协助。与此同时，新反洗钱法还较大程度地提高了反洗钱违规的法律责任。

从合规成本的角度来看，特定非金融机构和部分非银行金融机构可能面临内部预算的限制，不一定能够负担组建和维持一个全面的反洗钱合规团队的成本。而外部反洗钱专业机构提供的服务可以帮助该等机构有效控制合规成本，通过合规协助、定期审计、反洗钱培训等多种方式提高其反洗钱合规能力。

从当前市场实践来看，专业机构的作用主要包括：（1）运用其专门的反洗钱知识和丰富的实践经验，为反洗钱能力相对比较薄弱的特定非金融机构和部分非银行金融机构搭建反洗钱政策和操作流程，并提供专业的反洗钱咨询和合规建议；（2）在交易结构复杂、客户背景多样的情况下，专业机构的独立风险评估有助于提升反洗钱义务主体的风险管理质量，降低因反洗钱不力而引发违规和处罚风险的可能性；（3）为反洗钱义务主体提供员工培训，帮助员工熟悉并掌握最新的反洗钱法律法规和实务操作，从而提升机构内部整体的反洗钱意识和能力；（4）在技术层面，部分专业机构通过其研发的反洗钱系统，为反洗钱义务主体提供数据分析、技术支持和监控方案，帮助其识别和管理洗钱风险等。

从监管者的角度考虑，引入专业机构还有助于为反洗钱义务主体的内部流程增加一道独立审查机制，减少潜在的内部操作风险，从而有助于更客观地识别和管理洗钱风险。例如，中国人民银行2021年4月发布的《金融机构反洗钱和反恐怖融资监督管理办法》第十一条规定，金融机构应当通过内部审计或者独立审计等方式，审查反洗钱和反恐怖融资内部控制制度制定和执行情况。又例如，新反洗钱法第二十七条第三款也规定，金融机构应当通过内部审计或者社会审计等方式，监督反洗钱内部控制制度的有效实施。

此外，本条提出了专业机构确保数据、信息安全的义务，衔接了数据安全和个人信息保护领域的相关合规要求。其原因在于，专业机构在提供服务时可能会接触重要数据、敏感数据和个人信息，因此在数据安全和个人信息保护方面需要采取严格的措施。近年来，我国在数据安全和个人信息保护方面的立法和执法活动不断加强，对于专业机构而言，不仅要遵守反洗钱监管规则下的保密义务，还要关注和遵守数据合规和个人信息保护方面的规则。

最后，本条规定了中国人民银行应当加强对专业机构开展反洗钱有关服务工作的指导。为了更便利、有效提供指导，中国人民银行未来可能会对反洗钱专业机构的准入资质、展业要求、服务内容、指导方式等作出进一步的规定。其中，关于准入资质，从全球实践来看，对反洗钱专业机构和服务人员作出硬性的准入要求并不常见，更多的是由市场主体基于专业机构的市场声誉、项目经验、服务能力等方面做出的自主选择，部分机构可能会将反洗钱师考试认证作为选择的优先条件，但通常并非强制性要件。关于未来我国如何规定专业机构的资质条件，可能的考量要点包括专业机构及人员对反洗钱法律法规的理解能力、提供反洗钱服务的项目经验、反洗钱后台系统的搭建能力（针对反洗钱技术服务商），而不宜将特定的任职经历作为硬性准入条件，其原因在于：一是反洗钱专业机构的能力并不与服务人员的特定任职经历存在必然联系；二是我国反洗钱建设还相对处于初步阶段，新反洗钱法实施后，反洗钱义务主体对专业机构的需求将会大幅增长，对专业机构设置过于硬性的标准不利于我国反洗钱事业的持续发展。

【关联规范】

《金融机构反洗钱和反恐怖融资监督管理办法》第十一条。

第三章　反洗钱义务

> **第二十七条　【反洗钱内控制度】**金融机构应当依照本法规定建立健全反洗钱内部控制制度，设立专门机构或者指定内设机构牵头负责反洗钱工作，根据经营规模和洗钱风险状况配备相应的人员，按照要求开展反洗钱培训和宣传。
>
> 金融机构应当定期评估洗钱风险状况并制定相应的风险管理制度和流程，根据需要建立相关信息系统。
>
> 金融机构应当通过内部审计或者社会审计等方式，监督反洗钱内部控制制度的有效实施。
>
> 金融机构的负责人对反洗钱内部控制制度的有效实施负责。

【条文主旨】

本条是关于金融机构建立反洗钱内控制度，定期评估洗钱风险并监督制度有效实施方面的规定。

【条文解读】

该条是新反洗钱法"反洗钱义务"章的首个条款。在法律结构内，首个条款往往扮演着至关重要的角色，一方面为整章的理解和应用奠定基础，另一方面为整章的理解和实施提供框架和指导。

本条是金融机构建立反洗钱内控机制、定期评估洗钱风险并监督制度有效实施方面的规定，由四款组成。其中，第一款规定了三个方面的内容：一是要求金融机构依法建立健全反洗钱内部控制制度；二是金融机构要设立反洗钱工作牵头机构；三是金融机构要根据经营规模和洗钱风险状况配备反洗钱工作人员并开展培训和宣传。第二款要求金融机构要定期评估洗钱风险并制定相应的制度、流程，根据需要建立相关信息系统。第三款要求金融机构要通过审计的方式，监督反洗钱内部控制制度的有效实施。第四款规定金融机构的负责人要对反洗钱内部控制制度的有效实施负责。

一、修订要点及背景

（一）反洗钱内控机制建设的重要性

金融机构反洗钱内控机制存在缺陷或漏洞会造成控制无效或体系无效，不仅会导致其提供的金融产品、业务、渠道等易被洗钱或恐怖融资等犯罪活动滥用，而且会造成金融机构在客户尽职调查、客户身份资料和交易记录保存、大额与可疑交易监测及报告等核心义务履职方面的违规隐患。因此，完善的反洗钱内部控制制度、覆盖全面的反洗钱架构与人员、必要适配的反洗钱信息系统、行之有效的评估和审计监督机制，是反洗钱工作有效开展的前提和保障。

（二）境内外反洗钱工作的形势变化

金融行动特别工作组在《建议》建议1中提出，各国应当识别、评估和理解本国的洗钱与恐怖融资风险，在风险评估的基础上，应当运用风险为本的方法，确保防范或降低洗钱与恐怖融资风险的措施与识别出的风险相适应。在实施风险为本方法过程中，金融机构以及特定非金融行业和职业应当建立程序，识别、评估、监测、管理和降低洗钱和恐怖融资风险。[1] 建议18进一步丰富了金融机构反洗钱与反恐怖融资内控机制的要求，一是各国应当要求金融机构实施反洗钱与反恐怖融资机制安排，包括：（a）制定内部制度、程序和控制措施，包括适当的合规管理安排、充分的筛选措施以确保录用具有较高水准的员工。（b）持续的员工培训计划。（c）独立的审计功能，以审查系统的有效性。二是所采取措施的类型和程度，应与其洗钱和恐怖融资风险以及业务规模相匹配。三是合规管理安排应包含任命一名公司管理层的合规官。四是金融集团在集团层面实施反洗钱与反恐怖融资安排，包括在集团内部出于反洗钱与反恐怖融资目的而共享信息的政策和程序，且相应机制安排应适用于集团所有分支机构和控股附属

---

[1] 参见中国人民银行反洗钱局编译：《打击洗钱、恐怖融资与扩散融资的国际标准：FATF建议》"1. 评估风险与运用风险为本的方法"，中国金融出版社2024年版，第15~17页。

机构。①

伴随国际反洗钱监管标准的不断完善，特别是金融行动特别工作组的评估标准升级和细化，结合国家治理能力建设、金融风险防控、金融业双向开放等领域的新发展形势，我国反洗钱工作内控机制建设的范畴和深度都上升到新的阶段。

原反洗钱法自2007年实施以来，已经经历了17年之久，我国反洗钱工作内控机制管理实践也进一步得到了细化和完备，在符合我国国情的基础上，我国反洗钱工作也逐步与国际紧密接轨。因此，本次修法需要适应新时期反洗钱工作的形势，适应我国反洗钱工作实践现状，更新反洗钱内控机制的覆盖范畴，进一步强化反洗钱法作为反洗钱工作"基本法"的基础性引领作用，筑牢反洗钱内控机制，夯实义务机构洗钱和恐怖融资风险防范能力根基。

（三）保持法律与规范性文件的一致性

本次反洗钱修法也进一步强调了金融机构内部组织架构和管理制度健全且有效的重要基础性地位。例如，《中华人民共和国商业银行法》第十二条规定，设立商业银行应当具备健全的组织机构和管理制度；第五十九条规定，商业银行应当按照有关规定，制定本行的业务规则，建立、健全本行的风险管理和内部控制制度。《中华人民共和国证券法》第一百一十八条规定，设立证券公司应当具备完善的风险管理与内部控制制度。《中华人民共和国保险法》第六十八条规定，设立保险公司应当具备一定的条件，其中包括健全的组织机构和管理制度。此外，行业监管部门制定的规范性文件从监管机构的角度对商业银行内部控制机制建设提出了更为细化和明确的要求，也对反洗钱法内控机制要素提供了框架。例如，《商业银行内部控制指引》第十一条规定，商业银行应当指定专门部门作为内控管理职能部门，牵头内部控制体系的统筹规划、组织落实和检查评估。第十四条规定，商业银行应当建立健全内部控制制度体系，对各项业务活动和管理活动制定全面、系统、规范的业务制度和管理制度，并定期进行评估。第十五条规定，商业银行应当合理确定各项业务活动和管理活动的风险控制点，采取适当的控制措施，执行标准统一的业务流程和管理流程，确保规范运作。商业银行应当采用科学的风险管理技术和方法，充分识别和评估经营中面临的风险，对各类主要风险进行持续监控。第十六条规

---

① 参见中国人民银行反洗钱局编译：《打击洗钱、恐怖融资与扩散融资的国际标准：FATF建议》"18. 内部控制、境外分支机构和附属机构"，中国金融出版社2024年版，第151页。

定，商业银行应当建立健全信息系统控制，通过内部控制流程与业务操作系统和管理信息系统的有效结合，加强对业务和管理活动的系统自动控制。第十七条规定，商业银行应当根据经营管理需要，合理确定部门、岗位的职责及权限，形成规范的部门、岗位职责说明，明确相应的报告路线。第三十三条规定，商业银行应当培育良好的企业内控文化，引导员工树立合规意识、风险意识，提高员工的职业道德水准，规范员工行为。

综上所述，在上述内外部工作形势升级和法律法规不断推陈出新的背景下，我国加快了反洗钱监管改革步伐，密集发布并修订多项反洗钱及反恐怖融资相关制度，规范了对反洗钱义务机构的管理措施。新反洗钱法第二十七条就是贴合了国内实际，进一步细化了金融机构内控机制与管理制度建设的要求。

（四）第二十七条修订内容对比

对比原反洗钱法第十五条规定，金融机构应当依照本法规定建立健全反洗钱内部控制制度，金融机构的负责人应当对反洗钱内部控制制度的有效实施负责。金融机构应当设立反洗钱专门机构或者指定内设机构负责反洗钱工作。新反洗钱法从构成反洗钱内控机制的几个要素出发，分别增加了"反洗钱部门牵头性质、反洗钱岗位人员配备、反洗钱宣传和培训、洗钱风险评估结果适配制度及流程、反洗钱信息系统建设、内部审计监督制度实施"等方面法律要求，全面升级为内控机制建设体系范围。新反洗钱法将上述反洗钱内控机制要素分列为四个条款，使得法律条文更加条理化和清晰，将"评估洗钱风险状况并制定相应的风险管理制度和流程，根据需要建立相关信息系统""金融机构的负责人对反洗钱内部控制制度的有效实施负责"均分列单个条款，作为一类专门的内控机制加以约束。此外，新反洗钱法进一步明确"根据需要建立相关信息系统"，突出洗钱风险评估结果适配制度建设和系统建立的重要性，更加契合反洗钱"风险为本"的工作思路。特别是首次在反洗钱法律条款中，明确规定了反洗钱内设机构是"牵头"负责反洗钱工作的机构，突出了反洗钱部门履行推动工作职责、反洗钱工作是全员性义务的特质。

二、条款重点要素解读

总体来讲，新反洗钱法第二十七条是法律条款规定了金融机构反洗钱内控机制建设的总括性要求，根据本条款提到的反洗钱工作履职要素内容，逐项解读如下：

（一）建立健全反洗钱内部控制制度

反洗钱内部控制制度是金融机构为控制洗钱风险，满足合规为目的而设计的政策、程序和流程，其应当全面覆盖反洗钱法律法规和监管要求，并与本机构业务实际相适应。金融机构必须根据反洗钱法的规定，建立和完善内部控制机制，以预防和打击洗钱活动。反洗钱内部控制制度包括制定有效的政策、程序和内部控制措施，确保这些措施得到有效执行。反洗钱内部控制制度的具体内容，在后续条款中有进一步明确要求，例如，第二十八条要求金融机构应当按照规定建立客户尽职调查制度；第三十四条要求金融机构应当按照规定建立客户身份资料和交易记录保存制度；第三十七条要求金融机构在公司内部、集团成员之间共享必要的反洗钱信息的，应当明确信息共享机制和程序；第四十一条要求金融机构应当识别、评估相关风险并制定相应的制度，及时获取相应名单，对客户及其交易对象进行核查，采取相应措施，并向反洗钱行政主管部门报告等。

在实践中，金融机构通常会在总部层面建立洗钱风险管理基本制度，明确本机构各层级反洗钱职责分工、岗位人员管理、绩效考核与奖惩机制、保密机制、风险评估、客户尽职调查及身份资料与交易记录保存机制、大额与可疑交易报告机制、内部检查、审计等反洗钱工作安排。在未来，金融机构反洗钱内控制度需要进一步结合各金融机构实际，强化制度与业务的融合性、可落地性、可操作性，将反洗钱内控制度作为反洗钱履职操作的工作手册。

（二）设立专门机构或指定内设机构

反洗钱组织架构是金融机构反洗钱工作的顶层设计，反洗钱作为涉及金融机构各层级、各产品和业务、各渠道、各客群、各地域维度的一项工作，有一套能够有效运行的组织架构是反洗钱工作的根本保障。金融机构需要根据本行规模、部门设置、业务范围和风险特点，自主设立专门的反洗钱机构或者指定某个部门来牵头负责反洗钱工作，以确保反洗钱工作的专业性、独立性和系统性。同时，反洗钱工作是全员性义务，该"专门的反洗钱机构"或者"指定某个部门"承担的是"牵头"性质职责，开展的反洗钱工作内容是内部组织、推动、协调等。

在实践中，金融机构当前通常会在法律合规或内控合规部门下设反洗钱专职团队，牵头整个金融机构开展反洗钱管理工作。当前，我国反洗钱工作已经逐步向洗钱风险管理工作迈进，反洗钱专职管理部门需要更加精细化地牵头、组织、推进全辖区各级机构开展各项洗钱风险管理工作，而金融机构的法律合规或内控合规部门本身工作职责众多，洗钱风险管理工作在同一部门项下受到资源挤压，容易造成洗钱风险管理工作"推不动""管不了"等被动局面。为保证反洗钱工作履职独立性，未来反洗钱专职管理部门应考虑单独设置，以坚实基础切实强化反洗钱工作管理的有效性。同时，金融机构可以考虑进一步与国际标准接轨，整合打击金融犯罪的各项职能，集约资源设立一个专业且独立的金融犯罪合规部门。

（三）配备相应人员

根据金融机构的经营规模和面临的洗钱风险状况，必须配备适当的人员开展和执行反洗钱工作，以确保有足够的资源和专业知识来应对金融机构可能面对的洗钱风险。配备专门的反洗钱工作人员是金融机构确保反洗钱法律法规要求得到执行、反洗钱义务履职得到落实的基础性工程。反洗钱人力资源配备是否充足，直接制约着反洗钱工作的有效性。通常来讲，金融机构反洗钱义务履职失效的根源性原因，往往是反洗钱人力资源配置不到位等问题。

在实践中，金融机构通常会在总部反洗钱牵头部门配置反洗钱专职团队，在总部业务部门视该部门业务体量或交易规模情况配置反洗钱岗位人员；在分支机构视情况比照总部模式配置反洗钱牵头部门或岗位人员。在未来，随着反洗钱工作的进一步发展，各级机构反洗钱工作的精细化要求程度会进一步升级，适配专业担当的反洗钱岗位人员是反洗钱工作的重要基础。

（四）开展反洗钱培训和宣传

金融机构应按照要求对员工进行持续的反洗钱专业培训，并对外开展宣传活动，持续致力于提高本机构员工和社会公众对反洗钱的认识和理解。反洗钱工作需要从履职意识、工作方法、协同合作等多维度，伴随洗钱风险形势的变化而科学性、系统性地推进。因此，反洗钱工作需要不断地通过培训"充电"，以满足工作技能的需要。同时，反洗钱培训和宣传也是金融机构践行社会责任的重要内容之一。

在实践中，金融机构开展反洗钱宣传和培训工作通常会注意两方面重点内容：一是宣传和培训对象要全面覆盖，即要覆盖本机构高管至基层全体员工；二是宣传和培训内容要差异化，即依据不同对象和岗位适配相应的反洗钱培训内容，有针对性开展。未来，伴随人工智能等前沿新兴领域的迅猛发展，反洗钱宣传与培训的范式必将迎来深度革新。反洗钱知识的普及路径将挣脱传统樊篱，依托电子传媒的广泛辐射力、赛事活动的强大聚合力以及智能平台研讨的深度专业性，实现全方位、深层次的广泛延展。

（五）定期评估洗钱风险状况

洗钱风险评估是金融机构洗钱风险管理的最全面、最有效工具，也是落实"风险为本"差异化管理本机构洗钱风险薄弱领域的"指明灯"。金融机构需要定期对自身的洗钱风险状况进行评估，并根据评估结果制定相应的风险管理制度和流程。《法人金融机构洗钱和恐怖融资风险自评估指引》就是如何定期开展洗钱风险评估工作的方法论，还是评估洗钱风险状况的专项工作指引文件。

在实践中，金融机构通过印发本机构洗钱风险评估制度、组建洗钱风险评估小组、制定符合本机构特色情况的洗钱风险评估指标、组织开展洗钱风险评估结果运用等方式，全面落实洗钱风险评估工作，并以此为据明确本机构下一步反洗钱工作方向。在未来，随着金融科技的不断进步，金融机构的洗钱风险评估工作将更加智能化和精准化。通过引入大数据分析、人工智能等技术，金融机构能够更有效地识别和预防洗钱行为，提高风险评估的效率和准确性。同时，监管机构与金融机构之间的信息共享和合作也将进一步加强，共同构建更加坚实的反洗钱防线。

（六）建立相关信息系统

根据需要，金融机构应建立反洗钱信息管理系统，以支持反洗钱工作，包括但不限于客户身份尽职调查、资料保存、交易监控以及大额与可疑交易报告等功能。特别是突出了要"根据洗钱风险评估结果的需要"建立相关信息系统，还突出了洗钱风险评估结果应用与系统建设的重要关联性。

在实践中，金融机构通常建立反洗钱信息管理系统，并在反洗钱信息管理系统中布设自主制定的反洗钱监测规则模型，辅助履行客户洗钱风险评级、大额与可疑交易监测与报告等工作义务。在未来，金融机构的反洗钱信息管理系统将通过集成更先进的技术，提高数据处理能力，优化模式识别技术，更精准地发现非法资金流动或客户异常行为。随着"风险为本"反洗钱理念的强化，金融机构将更加注重高风险领域管理，针对性建立相关监测系统，评估新技术、新产品、新业务带来的洗钱风险，以持续应对新型洗钱风险。

（七）监督反洗钱内部控制制度的有效实施

金融机构内部审计或社会审计工作要包括反洗钱内部控制制度实施内容，确保反洗钱内部控制制度得到有效执行，也是作为反洗钱"第三道防线"的重要屏障。

在实践中，金融机构通常会通过聘请外部审计公司或开展内部审计的方式，定期开展反洗钱审计工作，审查反洗钱和反恐怖融资内部控制制度的制定和执行情况，并组织审计问题整改，充分发挥第三道防线的重要作用。展望未来，金融机构的反洗钱审计工作将趋向于更加智能化和技术驱动，进一步朝向精深化方向发展。

（八）负责人的责任

金融机构的负责人对反洗钱内部控制制度的有效实施负有最终责任，强调管理层在反洗钱工作中的关键责任与作用，也是在法律层面对"反洗钱工作从高层做起"工作思路的强化印证。金融机构负责人作为反洗钱工作的关键引领者，肩负着确保反洗钱内部控制制度有效实施的重任，针对如何"有效实施"，具体要点如下：一是强化顶层设计。负责人需依据法律法规及监管要求，结合机构业务特性，主导制定科学缜密的反洗钱内部控制制度，勾勒清晰的工作框架与流程，为机构各层级实际执行夯实基础。二是优化资源配置。合理调配人力、物力与财力，选拔、培养专业反洗钱人才，组建高素质工作团队；投入资金建立并持续升级技术及系统，助力精准监测与分析交易数据，提升本机构风险识别能力。三是狠抓执行监督。建立常态化监督管理机制，关注各部门反洗钱工作落实情况，对违规行为严肃问责；同时，支持将反洗钱绩效纳入考核指标体系，激励员工积极履职。四是深化内外协同。对内，打破金融机构内设各部门工作壁垒，促进信息共享，部署并实质推进反洗钱重点项目，凝聚全机构反洗钱合力；对外，主动对接监管部门，高层带动及时汇报工作进展、反馈问题，精准推进内部落实监管意见，全方位保障反洗钱内部控制制度落地生效。

在实践中，金融机构通常会在总部指定一位高级管理层（一把手）全面负责洗钱风险管理工作，其他高级管理层也会分别履行其分管业务条线的洗钱风险管理职能，充分组织、推动金融机构洗钱风险管理工作。展望未来，随着新反洗钱法的修订和实施，金融机构高级管理层的履职要求和法律责任将得到进一步强化。金融机构的洗钱风险管理工作将更加注重高级管理层的实质性责任和作用。

【关联规范】

《中华人民共和国商业银行法》第十二条、第五十九条；《中华人民共和国证券法》第一百一十八条；《中华人民共和国保险法》第六十八条。

> **第二十八条 【客户尽职调查制度】** 金融机构应当按照规定建立客户尽职调查制度。
>
> 金融机构不得为身份不明的客户提供服务或者与其进行交易，不得为客户开立匿名账户或者假名账户，不得为冒用他人身份的客户开立账户。

【条文主旨】

本条是关于金融机构建立客户尽职调查制度方面的规定及客户尽职调查制度的禁止性条款。

【条文解读】

一、按照规定建立客户尽职调查制度

原反洗钱法第十六条规定，金融机构应当按照规定建立客户身份识别制度。本条进一步将金融机构应当建立客户身份识别制度的规定升级明确为建立客户尽职调查制度。

客户身份识别和客户尽职调查是反洗钱工作中的两个重要概念。客户身份识别，要求金融机构要了解客户的真实身份，并根据交易需要了解客户的身份背景、交易目的、交易性质以及资金来源等情况。而客户尽职调查是金融行动特别工作组一直以来坚持和完善的体系，在《建议》建议10中指出了开展客户尽职调查的情形和措施，并提出了持续的尽职调查要求，同时建议要求金融机构使用风险为本的方法，决定采取尽职调查措施的程度[①]。从上述要求上看，客户尽职调查更能体现风险为本的原则及对客户全生命周期持续的洗钱风险防控要求。

我国在加入金融行动特别工作组后，立足于本国实际，不断完善相关法律法规，以涵盖客户尽职调查的内容。2008年12月，中国人民银行发布《关于进一步加强金融机构反洗钱工作的通知》，首次提出客户尽职调查要求；2013年1月，中国人民银行印发《金融机构洗钱和恐怖融资风险评估及客户分类管理指引》，提出洗钱风险评估的要求，并首次提出强化和简化客户尽职调查要求；2021年4月，中国人民银行印发《金融机构反

---

① 中国人民银行反洗钱局编译：《打击洗钱、恐怖融资与扩散融资的国际标准：FATF建议》"10. 客户尽职调查"，中国金融出版社2024年版，第99页。

洗钱和反恐怖融资监督管理办法》，首次以客户尽职调查替代客户身份识别。

然而在我国反洗钱工作实务中，个别金融机构将客户身份识别狭义地理解为核实客户身份、更新客户身份证件的问题亟待解决，且随着反洗钱工作由"规则为本"向"风险为本"的思路转变，身份识别的概念也不足以满足风险为本的反洗钱监管需要，难以体现在充分评估风险的基础上，采取与风险相适应的反洗钱措施的要求，也难以覆盖客户全生命周期持续的洗钱风险防控要求。

新反洗钱法正式将客户尽职调查替代客户身份识别，顺应了当前的风险为本的监管趋势的要求，更准确地指引金融机构履行反洗钱义务。从法律层面明确金融机构应按规定建立客户尽职调查制度，保障了客户尽职调查核心义务在金融机构落实有足够的政策、做法和程序支持。

二、客户尽职调查制度的禁止性条款

新反洗钱法保留了原反洗钱法不得为身份不明的客户提供服务或者与其进行交易的规定。虽然法规并没有对何谓"身份不明"客户给出具体定义，但本条第二款后半段对"身份不明"的客户做出了举例，例如匿名、假名、冒用他人身份。

匿名、假名账户在此之前已为我国法律制度所禁止。例如2000年国务院颁布的《个人存款账户实名制规定》第六条规定，个人在金融机构开立个人存款账户时，应当出示本人身份证件，使用实名。而后中国人民银行发布的《关于进一步加强支付结算管理防范电信网络新型违法犯罪有关事项的通知》规定，核实中发现单位支付账户未落实实名制要求或无法核实实名制落实情况的，应中止其支付账户所有业务，且不得为其新开立支付账户。根据上述规定可得，在未落实实名制要求或无法核实实名制落实情况的情形下为客户办理业务，被认定为违反不得为身份不明的客户提供服务或者与其进行交易的禁止性规定。

"不得为冒用他人身份的客户开立账户"，是新反洗钱法对原反洗钱法的增补内容，属于针对"身份不明"客户的增加举例。从文义上解释，"冒用"通常是指假托他人身份，强调的是实际身份与名义上的身份存在差异。例如，在实践中行为人冒用他人遗失的身份证到银行开立账户等。根据《中国人民银行关于改进个人银行账户服务加强账户管理的通知》的规定，银行发现或者收到被冒用身份的个人声明，并确认该银行账户为假名或虚假代理开户的，应立即停止相关个人银行账户的使用；在征得被冒用人或被代理人同意后予以销户，账户资金列入久悬未取专户管理。由此可以看出，"冒用他人身份"不仅包括冒用他人身份开立个人账户，也包括通过"虚假代理"他人开立账户。根据《中华人民共和国民法典》第一百七十一条关于无权代理的规定，"虚假代理"是指未经被代理人允许，通过出具虚假代理协议等方式，以被代理人名义实施代理行为。随着人脸识别、联网核查等核验身份信息手段日益先进，通过虚假代理冒用他人身份开立账户的情形更加常见。为避免为冒用他人身份的客户开立账户，金融机构与客户建立业务关系时，应当核实业务申请人与其身份证件的一致性，并对业务申请人办理意愿进行核实，由他人代理办理业务的，应当按新反洗钱法的第三十一条规定，核实代理关系，识别并核实代理人身份，保障代理关系的真实性，防止"虚假代理"造成的冒名。

实践中监管部门对金融机构的监督检查，判断金融机构是否存在为身份不明客户提供服务的要点，在中国人民银行反洗钱局编著的《反洗钱执法检查手册》中有所体现，其针对"为身份不明客户提供服务或者与其进行交易"的常见情形总结如下：一是未留存有效身份证件的复印件或者影印件，且未登记姓名或名称，以及未见其他客户尽职调查工作记录；二是未留存有效身份证件的复印件或者影印件，但登记了姓名或名称，查询联网核查、工商等系统显示结果不一致或不存在，且未见其他客户尽职调查工作记录；三是留存有效身份证件的复印件或者影印件，根据留存的身份证件查询联网核查、工商等系统显示结果不一致或不存在，身份证件存在伪造或变造嫌疑的；四是为已注销的非自然客户或已死亡的自然人客户开立账户、提供规定金额以上的一次性业务或建立其他业务关系；五是非自然人客户工商注销或自然人客户死亡后，通过定期审核机制、涉及异常交易预警、涉嫌洗钱和恐怖融资活动、涉及监控名单等情形应当发现非自然客户已注销或自然人客户死亡而未发现的；或者已发现，但未采取尽职调查措施，或者虽采取了尽职调查措施但未获得合理理由，继续与其进行交易的。[①]

结合上述"身份不明"的常见情形，金融机构检查是否存在"为身份不明的客户提供服务或者与其进行交易"可参考以下两方面的内容：第一，对前期业务办理节点合规性的追溯。例如，追溯客户首次尽职调查的操作步骤和痕迹；在首次尽职调查时，企业尚未进行工商注册但账户仍然成功开立；自然人客户在建立业务关系时，联网核查未做或应发现未发现

[①] 中国人民银行反洗钱局编著：《反洗钱执法检查手册》，中国金融出版社2022年版，第91页。

结果异常（联网核查不通过）等。第二，从当前"结果"反推客户尽职调查"过程"的完备性。例如，通过检查既有客户当前身份及存续状态结果是否异常，验证持续尽职调查是否落实。如果仍属账户"正常"状态仍发生交易的客户，当前工商注册状态显示"注销"或客户已死亡，进而被认定为"为身份不明的客户提供服务"。因此，在业务存续的过程中，金融机构应当利用联网核查或其他定期审核机制，针对自然人客户死亡、非自然人客户注销等情况及时预警，采取相应的持续尽职调查措施，对客户已经注销的，应及时与其终止业务关系，避免"身份不明客户"的出现。

【关联规范】

《中华人民共和国民法典》第一百七十一条；《个人存款账户实名制规定》第六条、第七条。

第二十九条 【开展客户尽职调查】有下列情形之一的，金融机构应当开展客户尽职调查：

（一）与客户建立业务关系或者为客户提供规定金额以上的一次性金融服务；

（二）有合理理由怀疑客户及其交易涉嫌洗钱活动；

（三）对先前获得的客户身份资料的真实性、有效性、完整性存在疑问。

客户尽职调查包括识别并采取合理措施核实客户及其受益所有人身份，了解客户建立业务关系和交易的目的，涉及较高洗钱风险的，还应当了解相关资金来源和用途。

金融机构开展客户尽职调查，应当根据客户特征和交易活动的性质、风险状况进行，对于涉及较低洗钱风险的，金融机构应当根据情况简化客户尽职调查。

【条文主旨】

本条是关于金融机构履行客户尽职调查义务的具体规定，包括金融机构开展客户尽职调查的情形、客户尽职调查的具体措施、与风险相适应的客户尽职调查方式等。

【条文解读】

原反洗钱法基于"客户身份识别"制度,规定了金融机构应当开展客户身份识别的情形,其中第十六条第二款规定,金融机构在与客户建立业务关系或者为客户提供规定金额以上的现金汇款、现钞兑换、票据兑付等一次性金融服务时,应当要求客户出示真实有效的身份证件或者其他身份证明文件,进行核对并登记;第十六条第六款规定,金融机构对先前获得的客户身份资料的真实性、有效性或者完整性有疑问的,应当重新识别客户身份。随着反洗钱工作形势不断变化,反洗钱监管从"规则为本"过渡到"风险为本",为了更实质有效防范洗钱风险,新反洗钱法第二十九条正式用"客户尽职调查"取代原反洗钱法中的"客户身份识别",并基于此相应完善了开展客户尽职调查的情形,明确了尽职调查的措施,同时新增风险相适应原则,在有效评估风险的前提下,规范较高、较低洗钱风险情形下的要求。

原反洗钱法分别规定了金融机构在建立业务关系时的身份识别要求和在客户身份资料真实性、有效性或者完整性存疑时的重新识别要求。新反洗钱法不再作此区分,而是对客户尽职调查的情形(何时开展尽职调查)和尽职调查的要求(如何开展尽职调查)进行了统一的规范。

一、对金融机构开展客户尽职调查的情形进行完善

一是保留了原建立业务关系及提供规定金额以上一次性金融服务的情形,删除了"现金汇款、现钞兑换、票据兑付"等对一次性金融服务的示例性描述。鉴于金融业务的多样性和复杂性,一次性金融服务难以穷举,片面列举违背本条对客户尽职调查的触发场景概括性规定的立法意图,新反洗钱法删除了相关示例性描述。此外,对于何谓反洗钱语境下的"与客户建立业务关系",在实践中是金融机构判定难点,决定金融机构是否按要求执行客户尽职调查义务,新反洗钱法未对此进一步明确。

二是补充了"有合理理由怀疑客户及其交易涉嫌洗钱活动"情形应当开展客户尽职调查的规定。原反洗钱法仅规定了"对先前获得的客户身份资料的真实性、有效性或者完整性有疑问"这一种重新识别客户身份的情形,虽然在《金融机构客户身份识别和客户身份资料及交易记录保存管理办法》第二十二条补充了"客户有洗钱、恐怖融资活动嫌疑的"等情形应开展重新识别的规定,但仍存在着部门规章的法律层级较低的问题。对此,新反洗钱法补充了"有合理理由怀疑客户及其交易涉嫌洗钱活动"情形应当开展客户尽职调查的规定,一方面提升了该规定的法律层级,另一

方面结合本法从客户身份识别到客户尽职调查的整体调整，进一步表明金融机构不仅要了解客户真实身份，还要根据客户的职业或经营背景、履约能力、交易目的、交易性质、交易特征等有关情况，以及外部风险信息等，对客户的风险情况进行综合评估判断，一旦有合理理由怀疑客户及其交易涉嫌洗钱活动，就应当对客户开展尽职调查，以确认为客户提供的各类服务和交易符合金融机构对客户身份背景、业务需求、风险状况以及对客户资金来源和用途等方面的认识。

实务中，金融机构对客户及其交易可能涉嫌洗钱及恐怖融资需要开展尽职调查的情形，主要包括：客户联系地址、联系电话或工作单位等身份信息，存在异常关联或可疑情形等；客户涉及外部风险事件，例如涉及有权机关查冻扣、涉及监管部门等下发的关注名单、涉及负面舆情、涉及投诉举报等外部风险事件；客户行为、交易存在异常，例如可疑交易、行为监测、日常洗钱风险管理工作中，或为客户办理业务时，发现客户所办业务及交易行为或其风险偏好等发生明显变化或出现异常等情形。

二、明确了金融机构客户尽职调查的法定要求

新反洗钱法以客户尽职调查替换客户身份识别的同时，进一步对客户尽职调查的措施进行规定，明确了尽职调查的法定要求，主要包括三方面，其中，明确了核实客户及其受益所有人身份、了解客户建立业务关系和交易目的是开展尽职调查的一般要求，了解相关资金来源和用途，是在涉及较高风险情形时的追加要求。同时，增加规定金融机构开展客户尽职调查，应当根据客户特征和交易活动性质、风险状况进行，对于涉及较低洗钱风险的，应当根据情况简化客户尽职调查。要点如下：

一是采取合理措施核实客户及其受益所有人身份。此处核实，既包含原反洗钱法中对有效身份证件或身份证明文件的核对，也包含对身份信息真实性、有效性的核实。金融机构需要获取客户及其受益所有人的有效的身份证件或身份证明文件，核对证件信息一致性，通过可靠、独立的证明材料或者数据核实客户及其受益所有人身份，登记客户身份基本信息，对客户身份基本信息完整性、有效性进行核实。此项要求是有效落实新反洗钱法第二十八条不得为身份不明的客户提供服务或者与其进行交易的禁止性规定的基础措施。

对比原反洗钱法，核实客户受益所有人身份是新反洗钱法的新增要求。实际上，在《中国人民银行关于加强反洗钱客户身份识别有关工作的通知》等规范性文件中已对金融机构核实客户受益所有人身份的要求进行过明确，新反洗钱法实质上是在法律层次上对现行规章和规范性文件中受益所有人身份识别有关规定予以确认。同时，随着《受益所有人信息管理办法》的发布，金融机构判断客户受益所有人的标准也有所调整，此前金融机构一直沿用的《中国人民银行关于加强反洗钱客户身份识别有关工作的通知》规定，义务机构应当按照：（1）直接或者间接拥有超过25%公司股权或者表决权的自然人；（2）通过人事、财务等其他方式对公司进行控制的自然人；（3）公司的高级管理人员的标准，依次判定客户的受益所有人。《受益所有人信息管理办法》的标准则调整为综合使用：（1）直接方式或者间接方式最终拥有备案主体25%以上股权、股份或者合伙权益；（2）最终享有备案主体25%以上收益权、表决权；（3）单独或者联合对备案主体进行实际控制等三项条件进行判断，只要符合其中一项，即为受益所有人。此标准下金融机构识别核实客户受益所有人的难度加大，同时也代表金融机构需要对存量客户的受益所有人进行全面的重新识别核实。

　　需要特别说明的是，《受益所有人信息管理办法》中，明确了公司、合伙企业、外国公司分支机构等主体履行受益所有人信息备案的义务，但并不代表金融机构识别核实客户受益所有人的义务被免除，同时，为保障受益所有人信息的准确性，《受益所有人信息管理办法》规定，金融机构履行反洗钱和反恐怖融资义务时，可以通过中国人民银行查询受益所有人信息，同时也要求金融机构发现受益所有人信息管理系统中的备案主体受益所有人信息存在错误、不一致或者不完整的，应当及时向中国人民银行反馈。此外，《受益所有人信息管理办法》的备案主体范围仅限于公司、合伙企业、外国公司分支机构等，比目前金融机构应该识别客户受益所有人的范围更窄，但并不代表金融机构对未在备案范围的其他相关客户（例如个体工商户、信托或类似法律安排等）识别受益所有人的义务能被免除。

　　二是了解客户建立业务关系和交易的目的。本条正式将了解客户建立业务关系和交易的目的列入尽职调查的一般要求，进一步体现从客户身份识别到客户尽职调查要求的提升。金融机构了解客户建立业务关系和交易的目的，可通过向客户询问或要求客户提供证明材料等方式进行，根据《金融机构洗钱和恐怖融资风险评估及客户分类管理指引》，在风险可控情况下，允许金融机构工作人员合理推测交易目的和交易性质，而无须收集证据材料，金融机构可在有效评估风险的情况下，确定具体操作方式，而新反洗钱法第三十八条规定单位和个人应当配合金融机构的客户尽职调查，如实提供与交易和资金相关的资料，则为金融机构履行"了解客户建立业务关系和交易的目的"的尽职调查要求提供支持。金融机构通过了解客户建立业务关系和交易的目的，进一步评估及判断其目的的合理性及与身份背景的匹配性，确认所提供的金融服务符合对客户身份背景和风险状况的认知的前提下，决定是否为客户提供服务或是否需要采取风险管控措施。

三是涉及较高洗钱风险的，应当了解相关资金来源和用途。由于客户资金来源和用途涉及客户个人隐私，同时基于推进普惠金融发展等方面的考虑，为平衡洗钱风险管理与优化金融服务之间的关系，了解资金来源和用途并未纳入客户尽职调查的一般要求，而纳入在涉及较高洗钱风险情形时的追加要求。何谓较高洗钱风险的情形，新反洗钱法未作具体规定，在一定程度上体现了授权金融机构自主依托自身洗钱风险评估体系，确定何谓较高洗钱风险的立法思想，但这也对金融机构的洗钱风险评估工作提出了更高要求，只有通过有效的洗钱风险评估，金融机构才能更好地识别和管理潜在的洗钱风险。目前，在金融机构反洗钱工作实务中，一般将客户涉嫌洗钱或者恐怖融资及相关犯罪、客户（含受益所有人）及关系密切人员涉及外国政要、客户（含受益所有人）或交易涉及洗钱/恐怖融资高风险国家（地区）、客户涉及公安部、联合国等发布的恐怖活动组织及恐怖活动人员名单、客户为经营提供货币兑换、跨境汇款等资金（价值）转移服务；经营网络支付、手机支付、预付卡、信用卡收单等非金融支付服务的境外非金融机构，客户经金融机构综合评估为高风险客户等情形，认定较高洗钱风险的情形。

四是新增了金融机构开展客户尽职调查，应当根据客户特征和交易活动的性质、风险状况进行，对于涉及较低洗钱风险的，金融机构应当根据情况简化客户尽职调查的要求。对于风险较低的情形可采取简化尽职调查的规定，新反洗钱法强调简化的尽职调查并非金融机构可选择性执行的要求，而是应当执行的义务和责任。金融机构采取简化的尽职调查要求，体现了新反洗钱法更加重视反洗钱措施中的比例原则，即反洗钱措施的强度和范围应与被监控的金融活动所带来的风险水平相适应，这旨在提高反洗钱措施的准确性和精准性，平衡金融机构管理洗钱风险与优化金融服务之间的关系，尽量减少对合法金融活动的影响。

一方面，在简化尽职调查成为金融机构义务的情况下，以及在保障反洗钱措施与洗钱风险相适应的核心要求下，金融机构需尽快建立行之有效的风险评估体系，保障简化的尽职调查要求有效实施。另一方面，新反洗钱法中本条款也为金融机构在有充分证据证明尽职调查措施与对应风险相当的前提下，对于超出范围的要求申请免除责任提供了法律支持。当然，这也要求金融机构必须证明已采取适当步骤识别和评估面临风险并将风险评估记录在案，以证明评估的基础并保持风险评估的时效性。

根据《金融机构洗钱和恐怖融资风险评估及客户分类管理指引》等规定，可以采取的简化尽职调查措施主要包括：在建立业务关系后再核实客户受益所有人身份；适当延长客户身份资料的更新周期；在合理的交易规模内，适当降低采用持续的客户身份识别措施的频率和强度；在风险可控的情况下，允许金融机构工作人员合理推测交易目的和交易性质，而无须收集相关证据材料。

> 第三十条　【持续尽职调查与风险管理措施】在业务关系存续期间，金融机构应当持续关注并评估客户整体状况及交易情况，了解客户的洗钱风险。发现客户进行的交易与金融机构所掌握的客户身份、风险状况等不符的，应当进一步核实客户及其交易有关情况；对存在洗钱高风险情形的，必要时可以采取限制交易方式、金额或者频次，限制业务类型，拒绝办理业务，终止业务关系等洗钱风险管理措施。
>
> 金融机构采取洗钱风险管理措施，应当在其业务权限范围内按照有关管理规定的要求和程序进行，平衡好管理洗钱风险与优化金融服务的关系，不得采取与洗钱风险状况明显不相匹配的措施，保障与客户依法享有的医疗、社会保障、公用事业服务等相关的基本的、必需的金融服务。

【条文主旨】

本条是关于持续尽职调查及客户管控方面的规定。

【条文解读】

本条是此次反洗钱法修订中的新增条款，首次以法律形式明确了金融机构开展持续尽职调查的反洗钱义务，并为金融机构采取客户管控措施提供了法律依据，明确了相应的限制性条件。

客户持续尽职调查，是指金融机构在与客户业务关系存续期间，开展的一系列对客户身份及其交易情况的持续关注、监测、审查和评估动作，其目的在于确保为客户提供的各类服务和交易符合金融机构对客户身份及风险的认知，从而识别出高风险的客户以及异常的交易。原反洗钱法第十六条仅规定了金融机构应当建立客户身份识别制度，以及开展客户身份识别的时机。虽然《银行业金融机构反洗钱和反恐怖融资管理办法》等部门规章中有相应的规定，但其位阶较低，难以满足业务存续期间对客户开展持续尽职调查的理念。与此同时，金融机构对于识别出的洗钱高风险客户能否采取管控措施以及采取何种管控措施的问题，此前只有部门规章或规范性文件层面的制度依据，缺乏法律上的明确支持。此次的反洗钱法修订，一方面补足了有关持续尽职调查法律依据不足的短板，另一方面也为金融机构对洗钱高风险客户采取管控措施提供了明确的法律依据。

本条共涉及两款内容，第一款是有关客户持续尽职调查及采取管控措施的规定；第二款是对第一款的补充和限制，重在强调采取客户管控措施所需遵循的原则和条件。

本条第一款可以细分为前后两部分内容：第一部分规定在业务关系存续期间，金融机构应当持续关注并评估客户整体状况及交易情况，了解客户的洗钱风险。其含义有三：

第一，客户尽职调查并不止步于客户准入阶段。客户准入阶段固然是金融机构识别客户身份、了解客户建立业务关系的目的和需求的重要时机，但由于客户建立客户关系时通常还没有与金融机构间发生业务交易，而且随着时间的推移，客户的身份状况和交易行为等信息会发生变化，这会影响到金融机构对客户风险情况的认知和判断。因此，新反洗钱法要求金融机构对客户的尽职调查要延续至客户与金融机构的业务关系存续期间，覆盖客户的全生命周期。

第二，持续尽职调查的目的是"了解客户的洗钱风险"。对客户开展持续尽职调查不是目的而是手段，是通过持续尽职调查来掌握客户身份信息与交易情况的变化，从而从整体上评估客户的洗钱风险是否发生了重大变化，判断客户的交易是否符合金融机构对客户风险的认知，从而决定是否调整客户洗钱风险评级，是否采取管控措施或维持业务关系。

第三，持续尽职调查的内容是"持续关注并评估客户整体状况及交易情况"。"关注"强调的是要监测与洗钱风险有关的信息，"评估"强调的是对信息研判后得出结论。"关注"和"评估"的对象是"客户整体状况及交易情况"，其中"客户整体状况"侧重于对客户身份以及相关风险信息的了解和掌握，这里的客户身份既包括姓名、证件、住址、职业或行业、建立业务关系和交易的目的等信息，也包括在客户及其交易呈现高风险情形下需要了解资金来源和用途等信息，这对于金融机构判断客户的洗钱风险，以及相关交易是否可疑，是否被犯罪分子用于非法目的等具有重要意义；"交易情况"则更侧重于对客户所办理的金融业务情况，既可以是单笔的，也可以是一定时期内整体的交易。

需要强调的是，持续尽职调查工作并非简单的尽职调查措施的集合，具体实践中需要配套不同的机制组合实现，同时还需要遵循"风险为本"的原则，在有关机制设计时充分考虑到反洗钱资源的有限性，以及洗钱风险管理与为客户提供便利服务的平衡。相关的机制包括但不限于客户资料的更新机制，对客户资料及交易状况的定期审核机制（基于不同风险等级确定不同的审核周期），对客户资料及交易状况的触发式审核机制（基于风险事件的触发），业务办理过程中的交易尽职调查机制，可疑交易的监测机制等。

本条第一款的第二部分规定，发现客户进行的交易与金融机构所掌握的客户身份、风险状况等不符的，应当进一步核实客户及其交易有关情况；对存在洗钱高风险情形的，必要时可以采取限制交易方式、金额或者频次，限制业务类型，拒绝办理业务，终止业务关系等洗钱风险管理措施。上述内容是有关金融机构对涉及可疑交易的客户采取洗钱风险管理措施的规定，为金融机构采取管控措施提供了法律依据。对此，需要关注以下三点：

（1）金融机构发现客户进行的交易与金融机构所掌握的客户身份、风险状况等不符的，需要进一步核实客户及其交易有关情况，而不是直接采取管控措施。与客户身份或风险状况不符的相关交易既可以是具体的单笔交易，也可以是一段时期内的整体交易，金融机构在开展可疑交易监测，或对客户开展持续尽职调查过程中，发现交易与客户身份、风险状况不符的情形，需要进一步核实客户及其交易有关情况，目的是评估客户的风险状况是否发生变化，评估是否有必要对客户采取管控措施。此处的"核实"，既可以是对客户身份的核实，包括身份的真实性、客户信息的有效性和完整性，也可以是对交易背景、资金来源和用途的核实，核实的方法既可以包括与客户联系，询问问题或要求提供相应的证明材料，也可以是基于金融机构掌握的客户身份及交易的情况、来源可靠的外部信息独立进行核实。

（2）核实动作本身不是目的，而是为金融机构评估客户及其交易是否存在洗钱高风险情形的手段，只有经过评估存在洗钱高风险的情形且有必要采取措施的，方可采取限制交易方式、金额或者频次，限制业务类型，拒绝办理业务，终止业务关系等洗钱风险管理措施。这里的洗钱高风险情形，实践中比如客户被多次报送可疑交易报告，媒体负面信息显示客户涉嫌洗钱犯罪活动，交易与身份明显不符、疑似从事洗钱活动等，具体有待于下位的法律文件进行细化。

（3）金融机构可采取的管控措施包括持续监测、核实客户及其交易情况，限制交易方式、金额或者频次，限制业务类型，拒绝办理业务，终止业务关系等。需要注意的是，以上管控措施的烈度存在差异，"持续监测"侧重于交易的持续跟踪，不影响客户获取金融服务的便利性。"核实客户及其交易有关情况"，主要目的是核实金融机构留存的相关客户信息是有效和最新的，确认金融机构为客户提供的金融服务符合对客户风险的认识，该项措施可能会涉及与客户联系并获取相关材料，但是只要客户配合，相关措施并不影响客户正常业务的办理。"限制交易方式、金额或者频次"和"限制业务类型"，涉及对交易或业务的限制，并不拒绝对客户提供与其身份相符的服务，而"拒绝办理业务"和"终止业务关系等"则涉及对具体业务或全部业务关系的拒绝。

本条第二款是对第一款的补充和限制，明确了金融机构采取洗钱风险管理措施的条件以及所需遵循的基本原则，主要是为了防范基层金融机构和特定非金融机构滥用控制措施的风险，更好地平衡开展反洗钱工作与保障企业、个人正常金融活动的关系。对此，需关注以下三点：

一是"在其业务权限范围内按照有关管理规定的要求和程序"开展。这里的业务权限，是指金融机构内部对分支机构管控措施的授权范围。有关管理规定既包括法律法规或规范性文件，也包括金融机构内部的规章制度。据此，金融机构内部应明确相应的审批权限和程序，为相关管控措施的采取提供可遵循的制度依据。

二是"平衡好管理洗钱风险与优化金融服务的关系，不得采取与洗钱风险状况明显不相匹配的措施"。该规定与新反洗钱法第四条有关"确保反洗钱措施与洗钱风险相适应"的规定是一脉相承的，明确了反洗钱管控措施的"合理均衡"原则，类似于行政法学上的"比例原则"，即相关反洗钱措施的实施需有助于管控洗钱风险，使相关风险控制在金融机构能够承受的合理限度之内；同时，也不能超过必要的限度，确保措施与风险相匹配，措施的强度与风险的程度相匹配，既要避免出现"用苍蝇拍打老虎"的情况，更要避免出现"用高射炮打蚊子"的情况，防止实践中出现"一封了之""一冻了之"导致的误伤或过度管控问题。

三是"保障与客户依法享有的医疗、社会保障、公用事业服务等相关的基本的、必需的金融服务"。该规定比前述"平衡好管理洗钱风险与优化金融服务的关系"更进一步，提出了"兜底性"要求，即任何管控措施的采取，不应影响到客户基本、必需的金融服务的可得性。这里的基本、必需的金融服务，包括但不限于客户依法享有的医疗、社会保障、公用事业服务等相关的金融服务，在实践中包括养老、医保费用的划拨，代扣代缴公共事业费用等情形。

> **第三十一条　【代理人及受益人身份识别】**客户由他人代理办理业务的，金融机构应当按照规定核实代理关系，识别并核实代理人的身份。
>
> 金融机构与客户订立人身保险、信托等合同，合同的受益人不是客户本人的，金融机构应当识别并核实受益人的身份。

【条文主旨】

本条是关于要求金融机构对代理人、非本人参与的受益人身份识别的规定。

【条文解读】

原反洗钱法第十六条要求金融机构应当按照规定建立客户身份识别制度，并提出了客户身份识别的基本要求，主要包括：在建立业务关系或特定的交易时，必须核实并登记客户的身份信息。这些措施是防止不法分子利用金融系统洗钱的基础框架的重要组成部分。其中第三款规定，客户由他人代理办理业务的，金融机构应当同时对代理人和被代理人的身份证件或者其他身份证明文件进行核对并登记；第四款规定，与客户建立人身保险、信托等业务关系，合同的受益人不是客户本人的，金融机构还应当对受益人的身份证件或者其他身份证明文件进行核对并登记。

原反洗钱法对代理业务情形的关键主体身份识别要求较为简单，主要体现在对身份证件及其他相关文件的核对和登记。这只是身份识别和核实的初步环节，因此该表述已不能适应当前我国反洗钱工作面临的新形势和新要求。

新反洗钱法将原反洗钱法中与"由他人代理办理业务"相关的第十六

条第三款和第四款合并，单独行文第三十一条，强调代理业务情形下的对代理人、被代理人、代理关系，以及类似业务中的受益人的身份识别做出要求，并在以下三方面作出了修订完善：

（1）拓宽并加强了对"代理人"身份的识别要求。在新反洗钱法中，显著扩展了对代理人的身份识别要求，不局限于核对并登记其身份证件表面信息，而是要求金融机构进行代理人身份的识别和核实，深入了解代办人的背景，包括职业、资金来源、交易目的等信息。通过强化对代理人的身份核实，金融机构可以识别代理业务中的可疑之处，如不合理的代理安排或复杂的资金流动路径，与实际身份不匹配的交易规模或交易模式等，因此这种扩展和强化要有助于增加交易的透明性，有助于提前发现潜在的洗钱行为。

（2）增加代理关系的核实要求。由于在日常的经营活动中，代理关系的设立应具备合理的业务或法律依据。在增加此项要求后，金融机构不仅可以通过审核代理人需提供正式的身份文件和授权文件，如委托书、代理合同等资料，识别并核实代理人和被代理人的真实身份，还可据此确认代理人确实与授权人存在关联关系，并在对交易目的和背景进行审查时，评估代理关系的合理性，从而可及时发现代理关系不符合正常业务逻辑或存在异常的资金活动。尤其是面对一些高风险客户或复杂结构的金融服务（如公司、信托等）时，也可以通过代办人对其背后的代理关系进行高强度的审查，从而尽可能规避潜在的洗钱风险。

（3）增加对非客户本人的受益人的身份识别和核实。新反洗钱法的措辞比之前提升了对受益人的身份识别要求。首先，是深入和准确度的要求，原反洗钱法主要停留在验证受益人提供的身份证件的真实性，确保登记的信息符合文件内容，而新反洗钱法要求金融机构"识别并核实"受益人的身份，这意味着金融机构不仅要核对身份证件，还需要确认受益人的身份信息在实际上的准确性，这包括进一步验证受益人信息的真实性，例如通过交叉检查数据或进一步的尽职调查，以确保受益人的真实身份和受益意图。其次，该要求也可以更好应对复杂金融机构，提升交易的透明度。例如，对于多层代理或复杂的信托结构，金融机构必须穿透表面结构，确认实际受益人或控制人身份，以防范背后隐匿的洗钱活动。最后，通过对受益人身份的强化"识别并核实"，可以更有效地揭示潜在风险、减少身份伪装的可能性，并提高反洗钱工作的整体效果。

【关联规范】

《中华人民共和国民法典》第九百五十二条、第九百五十三条、第九百五十四条、第九百五十六条；《中华人民共和国信托法》第十一条、第十二条、第二十一条；《中华人民共和国银行业监督管理法》第二十一条；《中华人民共和国保险法》第七条。

> 第三十二条 【依托第三方开展客户尽职调查】金融机构依托第三方开展客户尽职调查的，应当评估第三方的风险状况及其履行反洗钱义务的能力。第三方具有较高风险情形或者不具备履行反洗钱义务能力的，金融机构不得依托其开展客户尽职调查。
>
> 金融机构应当确保第三方已经采取符合本法要求的客户尽职调查措施。第三方未采取符合本法要求的客户尽职调查措施的，由该金融机构承担未履行客户尽职调查义务的法律责任。
>
> 第三方应当向金融机构提供必要的客户尽职调查信息，并配合金融机构持续开展客户尽职调查。

【条文主旨】

本条是关于金融机构依托第三方机构开展客户尽职调查的规定。

【条文解读】

原反洗钱法第十七条规定，金融机构通过第三方识别客户身份的，应当确保第三方已经采取符合本法要求的客户身份识别措施；第三方未采取符合本法要求的客户身份识别措施的，由该金融机构承担未履行客户身份识别义务的责任。

我国监管部门相继出台多项部门规章和规范性文件，对原反洗钱法第十七条规定进行了细化。例如《金融机构客户身份识别和客户身份资料及交易记录保存管理办法》第二十四条和第二十五条；《证券期货业反洗钱工作实施办法》第十四条；《保险业反洗钱工作管理办法》第二十二条；

《中国人民银行办公厅关于进一步加强反洗钱和反恐怖融资工作的通知》第一条第二项等。

在金融行动特别工作组发布的国际标准方面，根据《建议》建议17的内容，在同时满足以下四项标准的前提下，各国可允许金融机构依托第三方实施客户尽职调查或引荐业务，但客户尽职调查的最终责任仍由依托第三方的金融机构承担。这四项标准包括：（a）依托第三方的金融机构应立即获得建议10（a）至（c）项①客户尽职调查措施有关的必要信息。（b）金融机构应当采取充分措施，确信在相关方面要求时可立即获得第三方实施客户尽职调查时取得的身份证明和其他资料的复印件。（c）金融机构应当确信第三方机构受到监督、管理或监测，并根据建议10和建议11的要求，在客户尽职调查和记录保存方面采取合规措施。（d）当决定哪些国家的符合条件的第三方机构可被依托时，各国应当参考可获取的国家风险水平信息。②

随着我国经济飞速发展和互联网移动支付的普及，金融业态已发生重大变化。为满足当前金融环境下反洗钱工作需要，新反洗钱法第三十二条对依托第三方开展客户尽职调查作出三个方面的更新：一是按照国际标准将客户身份识别全面更新为客户尽职调查；二是增加第三方应向金融机构提供必要的客户尽职调查信息义务；三是增加第三方机构配合金融机构开展持续客户尽职调查义务。修订后，依托第三方开展客户尽职调查工作主要包含五个方面的义务要求：一是金融机构应评估第三方的风险及其履行义务的能力；二是禁止金融机构依托具有较高风险情形或者不具备履行反洗钱义务能力的第三方；三是金融机构应对第三方采取的客户尽职调查措施进行监督；四是第三方应向金融机构提供法定必要信息并持续配合金融机构的客户尽职调查；五是由发起委托的金融机构承担法律责任。

此外，当前金融服务呈现全球化、多元化和互联网化特点，例如利用互联网跨行转账、跨境汇款、保险缴退费、银证转账、信托投资、第三方支付、互联网基金、互联网保险、联营贷款等。不法分子利用这些场景跨市场、跨行业、跨机构的交易特点实施洗钱犯罪活动的形势日益严峻，但

---

① （a）识别客户身份，并使用可靠且来源独立的文件、数据或信息核实客户身份。（b）识别并采取合理措施核实受益所有人身份，使金融机构确信其了解受益所有人身份。对于法人和法律安排，金融机构应当了解其所有权和控制权结构。（c）理解并酌情获取关于业务关系的目的和真实意图的信息。参见中国人民银行反洗钱局编译：《打击洗钱、恐怖融资与扩散融资的国际标准：FATF建议》"10. 客户尽职调查"，中国金融出版社2024年版，第99页。

② 参见中国人民银行反洗钱局编译：《打击洗钱、恐怖融资与扩散融资的国际标准：FATF建议》"17. 依托第三方的禁止调查"，中国金融出版社2024年版，第147页。

由于资金交易在不同金融机构被割裂，单一金融机构掌握的信息有限，影响了反洗钱工作有效性。因此，金融机构对合作开展客户尽职调查的需求日益增强，新反洗钱法第三十二条第三款规定为此类合作提供了法律保障，金融机构之间可以依据该条款规定开展客户尽职调查合作，通过签署协议、明确职责分工和法律责任，以互为第三方的方式相互配合，并在满足个人信息保护有关规定的前提下交换客户尽职调查相关信息。

当前，发展相对比较成熟的区块链、隐私计算等技术可以为金融机构开展客户尽职调查合作提供机会。例如，可以在监管部门指导和监督下，使用区块链的联盟链将金融机构的反洗钱部门组成客户尽职调查工作联盟，各方共同签署联盟公约或协议明确相互配合客户尽职调查的权利、义务和责任，在联盟链创造的互信环境下，利用哈希算法、隐私计算等技术搭建客户尽职调查合作系统，制定统一的数据标准，使用统一的密码算法，依法开展客户尽职调查合作和相关信息交换。首先，联盟内金融机构的反洗钱部门可以对本机构疑似洗钱高风险客户在本地完成身份信息哈希脱敏和高度加密后上传到客户尽职调查合作系统，发起客户尽职调查查询任务；其次，联盟内其他金融机构反洗钱部门可将本机构洗钱高风险客户涉嫌的洗钱风险信息标签化，并采用同样方法脱敏和加密后也上传到客户尽职调查合作系统；最后，客户尽职调查合作系统在收到联盟内各机构反洗钱部门上传的加密文件后，在隐私计算环境下自动进行相同客户匹配运算，在成功匹配时，发起尽职调查查询任务的金融机构反洗钱部门可通过该系统收到加密的计算结果文件，于本地解密后获得联盟内其他金融机构反洗钱部门提供的该疑似高风险客户的相关洗钱风险标签信息，从而完成客户尽职调查任务。在该客户尽职调查流程中，联盟内各机构反洗钱部门提供的信息均以脱敏和密文方式流转，在隐私计算环境下自动完成加密匹配运算，可达到数据可用不可见的效果，客户隐私信息和数据安全均可得到充分保障。

第三十三条 【客户身份信息核实】 金融机构进行客户尽职调查，可以通过反洗钱行政主管部门以及公安、市场监督管理、民政、税务、移民管理、电信管理等部门依法核实客户身份等有关信息，相关部门应当依法予以支持。

国务院反洗钱行政主管部门应当协调推动相关部门为金融机构开展客户尽职调查提供必要的便利。

【条文主旨】

本条是关于金融机构通过来源可靠信息核实客户身份信息的规定。

【条文解读】

客户尽职调查是金融机构开展反洗钱工作的基础，核实客户身份信息真实性、有效性是履行尽职调查核心义务的基础。本条为金融机构在开展尽职调查工作中，依法通过国家登记或注册自然人或非自然人身份信息有关主管部门核对客户身份提供了立法保障，明确了国家有关部门在支持金融机构开展客户身份核实工作方面的具体义务。

原反洗钱法第十八条规定，金融机构进行客户身份识别，认为必要时，可以向公安、工商行政管理等部门核实客户的有关身份信息。随着我国经济社会高速发展，社会管理职责持续优化，社会分工进一步精细化，信息化水平持续提升，金融机构通过来源可靠信息核对客户身份的渠道与信息源进一步扩大。

为了有效支持金融机构履行反洗钱义务，本条从以下四个方面修订完善：

（1）将原有"客户身份识别"修改为"客户尽职调查"。依据新反洗钱法，履行客户尽职调查义务措施包括：身份信息核实、了解业务目的、调查资金来源和用途等。尽职调查不仅仅是客户的身份识别，金融机构在与客户建立业务关系或在业务存续期间内，须以"风险为本"的原则，科学判断客户身份与其金融交易行为的合理性，并针对客户特征、业务特征开展针对性尽职调查。金融机构在开展核实客户身份信息时，可通过来源可靠信息核实客户身份。

（2）删除"认为必要时"表述，突出了客户尽职调查工作是反洗钱工作的基础，是合规性向有效性转型的必要条件。金融机构在各类尽职调查场景中，均可以通过来源可靠信息，核实客户身份的真实性和有效性。

（3）身份信息核实主管部门从原有"公安、工商行政管理"，扩大为"反洗钱行政主管部门以及公安、市场监督管理、民政、税务、移民管理、电信管理"。随着社会发展，自然人、非自然人客户身份类型、客户身份证件类型众多。金融机构不能仅依靠居民身份证件联网核查、企业注册信息查询开展身份信息核实，须根据不同客户类型与不同客户证件类型向对应国家主管部门开展身份核实。同时，本条突出体现金融机构应利用多渠道、多信息源，主动交叉验证客户身份信息真实性和有效性，从而提升反洗钱工作有效性的立法理念与履职导向。

（4）本条明确了反洗钱行政主管部门以及公安、市场监督管理、民政、税务、移民管理、电信管理等部门在支持金融机构客户身份核实工作方面的义务。国家管理部门履行反洗钱义务意识逐步提升。根据管理职能的精细划分，不同类型自然人、非自然人身份信息或注册信息主管部门有义务配合金融机构开展客户身份核实工作，提升国家层面反洗钱履职有效性。有关部门支持金融机构核实客户身份信息的制度规定、操作流程、系统工具与信息数据等方面机制体制建设工作有待完善，因此反洗钱行政主管部门有义务协调推动、逐步完善该类机制体制建设。

为有效依法履职，对于金融机构在客户身份识别工作中，有以下建议：第一，除公司、个人客户分类外，可根据客户使用常见证件类型，细分客群。第二，明确每类客户身份证明证件类型。常见个人客户证件类型包括：二代居民身份证、户口本、临时身份证、护照等；常见对公客户证件类型包括：企业法人营业执照、非法人企业营业执照、组织机构代码证、税务登记证等。第三，针对不同类型客户与身份证明证件类型，对应身份登记与注册主管部门，利用现有身份核实机制或配合反洗钱行政主管部门建立配套机制。金融机构除需明确客户身份证件核实机制外，还需根据反洗钱行政主管部门规范，明确身份信息类型，并建立信息采集、核验、管理、保存的完整机制体制。

【关联规范】

《中华人民共和国居民身份证法》第一章、第二章、第三章；《个人存款账户实名制规定》第五条、第六条。

> **第三十四条　【客户身份资料和交易记录保存】** 金融机构应当按照规定建立客户身份资料和交易记录保存制度。
> 　　在业务关系存续期间，客户身份信息发生变更的，应当及时更新。
> 　　客户身份资料在业务关系结束后、客户交易信息在交易结束后，应当至少保存十年。
> 　　金融机构解散、被撤销或者被宣告破产时，应当将客户身份资料和客户交易信息移交国务院有关部门指定的机构。

【条文主旨】

本条是关于客户身份资料和交易记录保存的规定。

【条文解读】

客户身份资料和交易记录保存，是金融机构反洗钱三大核心义务之一。金融行动特别工作组在《建议》建议11中对记录保存作出规定，要求各国在法律中规定金融机构保存交易记录和通过客户尽职调查措施获取的信息，以便在必要时提供起诉犯罪活动的证据或供主管部门查阅。[①] 我国早在原反洗钱法第十九条就规定，金融机构应当按照规定建立客户身份资料和交易记录保存制度，客户身份资料在业务关系结束后、客户交易信息在交易结束后，应当至少保存五年。新反洗钱法对原反洗钱法第十九条主要作了如下修改完善：一是将第一款中的"客户身份资料"修改为"客户身份信息"，以涵盖金融机构需要记录保存的客户各类信息。二是将延长交易记录保存时间至十年，适应洗钱风险新形势和新技术。三是将第四款中的"破产"修改为"被撤销或者被宣告破产"，与商业银行法有关表述相衔接。其中，将客户身份资料和交易记录保存期限从五年延长至十年，是本条最主要的修订内容，主要是基于以下三点考虑：

一是打击洗钱犯罪活动的现实需要。近年来，随着互联网技术的广泛应用，洗钱手法也在不断翻新升级，虚拟币、游戏币、"跑分平台"、直播打赏等成为新型洗钱犯罪的载体和方式，并且呈现出更加复杂和隐蔽的"网络化""链条化"特征，加大了洗钱犯罪打击难度，司法机关往往需要更长时间调查、追溯犯罪行为，这就要求义务主体尽可能长地保存相关交易资料，为调查、侦查、起诉和审判违法犯罪活动提供必要证据。

二是借鉴现行法律制度的立法经验。我国现行有关法律制度对客户身份资料和交易信息的保存时限均做出较为严格的要求。例如，《中华人民共和国证券法》第一百三十七条第二款规定，证券公司应当妥善保存客户开户资料、委托记录、交易记录和与内部管理、业务经营有关的各项信息，保存期限不得少于二十年。《中华人民共和国保险法》第八十七条规定，保险公司应当按照国务院保险监督管理机构的规定妥善保管业务经营

[①] 参见中国人民银行反洗钱局编译：《打击洗钱、恐怖融资与扩散融资的国际标准：FATF建议》"11. 记录保存"，中国金融出版社2024年版，第121页。

活动的完整账簿、原始凭证和有关资料。保险期间超过一年的，保管期限为自保险合同终止之日起不得少于十年。《中华人民共和国期货和衍生品法》第一百一十七条规定，期货经营机构、期货交易场所、期货结算机构和非期货经营机构结算参与人等应当按照规定妥善保存与业务经营相关的资料和信息，保存期限不得少于二十年。我国现行会计制度更是对客户身份资料和交易记录保存时限提出了更高要求，例如《会计档案管理办法》第十四条规定，会计档案的保管期限分为永久、定期两类，定期保管期限一般分为 10 年和 30 年。作为反洗钱领域的基本法，新反洗钱法也应向其他行业的基本法看齐，对客户身份资料和交易记录保存期限实施更加严格的规范。

三是科技飞速发展提供技术支撑。近年来，金融机构反洗钱管理纷纷朝着数字化转型，反洗钱相关资料主要以电子方式存储，加上金融科技的迅猛发展为延长记录保存时限提供了强大支撑，金融机构在执行层面不存在困难。

本条第一款规定了金融机构应当按照规定建立客户身份资料和交易记录保存制度。根据《金融机构反洗钱规定》《金融机构客户身份识别和客户身份资料及交易记录保存管理办法》第四十四条以及反洗钱执法检查实务，金融机构应妥善保存客户身份资料、交易记录和反洗钱工作记录等资料。具体而言，客户身份资料包括记载客户、受益所有人和代理人身份信息以及反映金融机构开展客户尽职调查（包括客户风险等级划分、调整、定期审核，持续尽职调查等）工作情况的各种记录和资料。交易记录包括关于每笔交易的数据信息、业务凭证、账簿以及有关规定要求的反映交易真实情况的合同、业务凭证、单据、业务函件和其他资料。反洗钱工作记录包括反映机构洗钱风险自评估、业务/产品/渠道洗钱风险评估、交易监测标准的评估和完善、大额交易内部处理情况、异常交易分析和内部处理情况、名单监控和回溯性调查、提交大额交易和可疑交易报告、开展反洗钱内部检查和审计、开展反洗钱宣传/培训等工作情况的各种记录和资料。同时，金融机构也应当建立健全客户身份资料及交易记录的管理机制，包括制度、系统和流程，按照安全、准确、完整、保密的原则，妥善保存客户身份资料及交易记录，确保足以重现和追溯每笔交易，便于金融机构反洗钱工作开展，以及反洗钱调查和监督管理。[1]

---

[1] 中国人民银行反洗钱局编著：《反洗钱执法检查手册》，中国金融出版社 2022 年版，第 216 页。

本条第二款对金融机构持续更新客户身份信息作出规定，要求金融机构在客户身份信息发生变更时，及时进行相应更新。这种"更新"既包括记录客户身份信息的最新内容，也包括记录客户身份信息更新前的内容，以及相应更新依据；所谓"及时"，应理解为金融机构必须在知道或者应当知道客户身份信息发生变更之日起的合理期限内完成更新。实践中，金融机构识别出客户身份信息发生变更往往需要客户配合告知，如客户不配合，金融机构很难完成更新。

本条第三款规定了客户身份资料和交易记录的保存期限。对于客户身份资料，应当自业务关系结束后或者一次性交易结束后至少保存十年。对于交易记录，应当自交易结束后至少保存十年。实务中，对于反洗钱工作记录，金融机构也应当自生成之日起至少保存十年。例如客户身份资料及交易记录等涉及正在被反洗钱调查的可疑交易活动，且反洗钱调查工作在规定的十年最低保存期限届满时仍未结束的，金融机构应当将相关客户身份资料及交易记录等保存至反洗钱调查工作结束。此外，同一介质上存有不同保存期限客户身份资料或者交易记录的，应当按照"孰长原则"保存。法律、行政法规对客户身份资料及交易记录有更长保存期限要求的，应按照其规定执行。[①]

本条第四款对金融机构终止经营时的客户身份资料和交易记录保存进行规定。考虑到客户身份资料和交易记录涉及客户隐私和个人信息保护，为防止客户身份资料和交易记录被泄露和被非法使用，在金融机构因分立、合并或者出现其他事由而需要解散，以及被撤销或者被宣告破产时，应当作出相应法律安排。因此，本条规定金融机构解散、被撤销或者被宣告破产时，应当将客户身份资料、交易记录以及包含客户身份资料、交易记录的介质移交给国务院有关部门指定的机构。

【关联规范】

《中华人民共和国证券法》第一百三十七条；《中华人民共和国保险法》第八十七条；《中华人民共和国期货和衍生品法》第一百一十七条。

[①] 中国人民银行反洗钱局编著：《反洗钱执法检查手册》，中国金融出版社2022年版，第216页。

> **第三十五条　【大额交易报告和可疑交易报告】**金融机构应当按照规定执行大额交易报告制度，客户单笔交易或者在一定期限内的累计交易超过规定金额的，应当及时向反洗钱监测分析机构报告。
>
> 　　金融机构应当按照规定执行可疑交易报告制度，制定并不断优化监测标准，有效识别、分析可疑交易活动，及时向反洗钱监测分析机构提交可疑交易报告；提交可疑交易报告的情况应当保密。

【条文主旨】

本条是要求金融机构按照规定开展大额交易报告和可疑交易报告工作。

【条文解读】

原反洗钱法第二十条规定金融机构在日常的经营活动中，应按照规定执行大额交易和可疑交易报告制度，并强调在符合特定条件下，应当及时向反洗钱信息中心报告。但是，在具体表述中，只是针对大额交易报告和可疑交易报告进行了整体性、原则性要求，并没有清晰区分两类报告的不同要求。

新反洗钱法第三十五条作出了多个方面的改进，旨在提高金融机构在反洗钱大额交易和可疑交易报告工作中的针对性和有效性，解决了若干实际操作中的不足。这主要体现在以下方面：

（1）该条款明确区分了两种报告类型，分别针对大额交易报告和可疑交易报告提出不同要求，避免了混淆，使金融机构能够更有针对性地执行大额交易和可疑交易的报告，提升了对反洗钱报告操作要求理解的准确性。

（2）增加了对可疑交易报告工作全过程的管理要求。金融机构应当制定并不断优化监测标准，有效识别、分析可疑交易活动，及时向反洗钱监测分析机构提交可疑交易报告。具体可以从三个层次理解：首先，金融机构应根据机构自身的经营规模、业务特点、客户结构等情况制定与本机构风险相匹配的可疑交易报告监测标准；其次，这个可疑交易监测标准是动态的，金融机构应该根据实际情况和洗钱手法的变化，动态调整和改进可疑交易监测标准；最后，强调必须有效地识别和分析洗钱风险，避免仅从合规性角度去片面执行，而忽略了对洗钱风险的实质性预防和管理要求。新增的内容，有助于推动金融机构及时应对洗钱行为的复杂性和变化趋势，提高对新型洗钱手段的识别能力。

（3）加强保密性要求。新反洗钱法此条款明确要求对金融机构提交可疑交易报告的情况要"保密"。可疑交易报告的报送流程和工作链路较长，既包括金融机构内部的各个环节，也涉及人民银行各级接收单位，以及线索移送后的各级执法单位，保密要求的加入能防止信息泄露，防止洗钱犯罪分子获悉可疑交易的报告信息并提前规避，这一条款也保护了反洗钱工作的隐秘性，增强了金融机构履行反洗钱义务的安全保障。

（4）强化报告的时效性要求。新条款针对大额交易报告和可疑交易报告分别明确了时效性要求，促使金融机构对两类交易报告活动更快速、灵敏地监控和报送，有助于监管机构更早发现洗钱风险并采取应对措施。

（5）报告对象的进一步规范。新反洗钱法此条款将报告对象明确为"反洗钱监测分析机构"，该表述更符合目前实际执行情况，避免金融机构在操作时对具体报告对象产生混淆，使报告流程更加规范。

新反洗钱法第三十五条的上述优化和完善，不仅使得金融机构在履行反洗钱报告义务时操作更加规范、精准，还能提高反洗钱工作的有效性，确保反洗钱工作具备更强的适应性、时效性和安全性，这对推动全国更高质量执行大额交易报告和可疑交易报告工作意义重大。

【关联规范】

《中华人民共和国银行业监督管理法》第三十条；《中华人民共和国个人信息保护法》第十三条、第六十四条。

第三十六条　【新技术、新产品、新业务洗钱风险评估及控制】 金融机构应当在反洗钱行政主管部门的指导下，关注、评估运用新技术、新产品、新业务等带来的洗钱风险，根据情形采取相应措施，降低洗钱风险。

【条文主旨】

本条是关于新技术、新产品、新业务洗钱风险评估方面的规定。

【条文解读】

根据金融行动特别工作组发布的《建议》建议15的规定，各国和金融机构应当识别、评估可能由下列情形带来的洗钱与恐怖融资风险：(a) 开发新产品和新业务（包括新的交付机制）；(b) 对新产品和现有产品应用新技术或正在研发的技术。金融机构应当在启用新产品、开展新业务以及应用新技术（或正在研发的技术）前进行风险评估，并采取适当措施管理和降低此类风险。[1]

由于原反洗钱法制定时间较早，对新技术、新产品及新业务的洗钱风险评估未作出明确规定，但在后续出台的多项部门规章和规范性文件中，对此项工作提出了要求。例如《金融机构洗钱和恐怖融资风险评估及客户分类管理指引》第五章规定，金融机构应对自身金融业务及其营销渠道，特别是在推出新金融业务、采用新营销渠道、运用新技术前，进行系统全面的洗钱风险评估，按照风险可控原则建立相应的风险管理措施。《金融机构反洗钱和反恐怖融资监督管理办法》则进一步明确，金融机构在采用新技术、开办新业务或提供新产品、新服务前，或面临的洗钱和恐怖融资风险发生显著变化时，均应进行相应的风险评估。

新反洗钱法第三十六条则从最高立法层面对新技术、新产品、新业务洗钱风险评估及控制要求予以完善。在实践层面，本条规定可关注以下几个方面的内容：

（1）本条款强调了反洗钱行政主管部门的指导。鉴于金融科技创新及新兴业务模式具有快速迭代和广泛传播等特点，金融机构从自身单个视角，难以全面了解、掌握各类新技术、产品、业务的风险特征与评估方法，应当充分依托、利用监管部门下发的指引、提示、规范、案例等权威工具，有据可依地开展风险评估工作，例如可充分参考《法人金融机构洗钱和恐怖融资风险自评估指引》第十条有关规定，建立产品洗钱风险评估方法。

（2）金融机构应当建立、健全新技术、新产品、新业务的洗钱风险

---

[1] 中国人民银行反洗钱局编译：《打击洗钱、恐怖融资与扩散融资的国际标准：FATF建议》"15. 新技术"，中国金融出版社2024年版，第129页。

评估机制。首先，金融机构需要建立相对可靠的新产品、业务、技术的"产生"管理机制，包括但不限于：清晰的定义标准、合理的分类体系、明确的管理职责分工、严格的报备、上线及变更流程等，确保新技术、新产品、新业务在"投产"前能被"发现"并有效纳入评估流程；其次，金融机构应建立一套科学、合理、有效的"评估"管理体系，该体系应综合考虑监管法规、行业最佳实践以及不同产品、业务、技术被用于洗钱活动的可能性，构建适合自身机构特点的评估方法/指标，并有必要通过量化工具，开展动态、科学评估，尽量客观评价、展现真实的风险程度。

（3）金融机构应当建立基于风险评估结果的"管控"机制。金融机构开展新技术、新产品、新业务风险评估的根本目的是降低洗钱风险，有必要根据风险评估的实际情况，对相关评估对象建立事前、事中、事后的全生命周期管理机制。例如在事前环节，针对特定情形调整客户准入标准；在事中环节，加强对某类渠道/某时间区间的监测力度；在事后环节，对产生或达到某类风险情形或程度的客户/交易，采取相适配的业务控制措施等。

金融机构可依据监管指引，建立新产品洗钱风险沙箱管理机制。在产品沙箱中，首先对产品功能进行全面分析，识别潜在洗钱风险点，并基于目标用户群体特征及预测交易风险特征，制定精准的监测规则。随后，通过小规模上线测试，逐步扩大测试范围，对沙箱环境中的新产品洗钱风险进行实时监控，实现对新产品中异常行为和交易的及时发现和高效的风险管控响应。

> **第三十七条 【反洗钱管理和信息共享】** 在境内外设有分支机构或者控股其他金融机构的金融机构，以及金融控股公司，应当在总部或者集团层面统筹安排反洗钱工作。为履行反洗钱义务在公司内部、集团成员之间共享必要的反洗钱信息的，应当明确信息共享机制和程序。共享反洗钱信息，应当符合有关信息保护的法律规定，并确保相关信息不被用于反洗钱和反恐怖主义融资以外的用途。

【条文主旨】

本条规定了金融机构和金融控股公司应在总部或集团层面统筹安排反洗钱工作，并明确"信息共享"机制和程序的规定。

【条文解读】

在境内外设有分支机构或者控股其他金融机构的金融机构，以及金融控股公司，因其业务广泛、机构众多，洗钱风险分散于不同业务部门、境内外分支机构，具有跨市场、跨行业和跨机构的特性，加大了防控洗钱风险的难度。为有效识别和应对跨市场、跨行业和跨机构的洗钱风险，防范不法分子利用不同机构的管控差异，在总部或集团层面统筹安排反洗钱工作，可以更有效地识别、评估和防控跨系列的洗钱风险，合理发挥资源共享、信息共享以及系统共享等优势，提升金融机构以及金融控股公司防控洗钱风险的整体资源利用率、运行效率及效果。

在国际层面，根据金融行动特别工作组《建议》建议 18 规定，各国应当要求金融集团在集团层面实施反洗钱与反恐怖融资机制安排，包括在集团内部出于反洗钱与反恐怖融资目的而共享信息的政策和程序。各国应当要求金融机构确保其境外分支机构和控股附属机构通过实施金融集团反洗钱与反恐怖融资机制安排，执行与母国落实 FATF 建议相一致的反洗钱与反恐怖融资要求。[1]

根据《建议》建议 18 释义，金融集团的反洗钱与反恐怖融资机制安排包括制定内部制度、程序和控制措施；持续的员工培训计划；独立的审计功能。并且需要与分支机构和控股附属机构的业务相匹配，并在分支机构和控股附属机构层面被有效执行。这些机制安排应包括为开展客户尽职调查、洗钱和恐怖融资风险管理而制定的信息共享制度和程序，同时在保密和共享信息使用方面应有充分的保护措施，包括防止泄密。各国可根据信息的敏感程度以及与反洗钱与反恐怖融资风险管理的相关程度，决定信息共享的范围和程度。[2]

在我国，为加强对非金融企业等设立金融控股公司的监督管理，防范

---

[1] 中国人民银行反洗钱局编译：《打击洗钱、恐怖融资与扩散融资的国际标准：FATF 建议》"18. 内部控制、境外分支机构和附属机构"，中国金融出版社 2024 年版，第 151 页。

[2] 中国人民银行反洗钱局编译：《打击洗钱、恐怖融资与扩散融资的国际标准：FATF 建议》，中国金融出版社 2024 年版，第 151 页。

系统性金融风险，弥补非金融企业控股金融机构监管领域的空白，2020年，中国人民银行印发了《金融控股公司监督管理试行办法》，其中第二十二条规定，金融控股公司与其所控股机构之间、其所控股机构之间在开展业务协同，共享客户信息、销售团队、信息技术系统、运营后台、营业场所等资源时，不得损害客户权益，应当依法明确风险承担主体，防止风险责任不清、交叉传染及利益冲突。同时，第二十三条规定，金融控股公司及其所控股机构在集团内部共享客户信息时，应当确保依法合规、风险可控并经客户书面授权或同意，防止客户信息被不当使用。该办法强调了在集团内部共享客户信息必须依法合规，不得损害客户权益。

2021年，中国人民银行发布《金融机构反洗钱和反恐怖融资监督管理办法》，进一步明确要求金融机构和金融集团在总部或集团层面制定反洗钱统一机制要求。其中第十二条规定，金融机构应当在总部层面制定统一的反洗钱和反恐怖融资机制安排，包括为开展客户尽职调查、洗钱和恐怖融资风险管理，共享反洗钱和反恐怖融资信息的制度和程序，并确保其所有分支机构和控股附属机构结合自身业务特点有效执行。金融机构在共享和使用反洗钱和反恐怖融资信息方面应当依法提供信息并防止信息泄露。另外，第三十七条规定，金融集团适用本办法第九条第四款、第十一条至第十三条的规定。

在上述监管背景下，本条统一规范了金融机构以及金融控股公司应在总部或集团层面统筹安排反洗钱工作的要求，将前期出台的行政监管措施实现了法律化，对集团型金融机构提出系统性管理要求。

另外，本条对在总部或集团层面统筹安排反洗钱工作及信息共享要求加以完善。具体表现如下：

一是明确金融机构和金融控股公司需在总部或集团层面统筹安排反洗钱工作。具体又可分为两个层面：一方面是在境内外设有分支机构的金融机构，应在总部层面统筹安排反洗钱工作，需覆盖境内和境外分支机构；另一方面，是金融集团或金融控股集团控制其他法人机构，从集团层面统筹旗下法人机构开展反洗钱工作具有一定灵活度，对集团跨法人机构的管理需要符合公司治理原则。

二是完善反洗钱信息共享机制和程序规定。在符合有关信息保护的法律规定，并确保相关信息不被用于反洗钱和反恐怖融资以外的用途的情况下，明确公司内部、集团成员之间共享必要反洗钱信息是符合法律规定的，受法律保护，但必须严格以此为限。

> **第三十八条 【配合客户尽职调查的义务】**与金融机构存在业务关系的单位和个人应当配合金融机构的客户尽职调查，提供真实有效的身份证件或者其他身份证明文件，准确、完整填报身份信息，如实提供与交易和资金相关的资料。
>
> 单位和个人拒不配合金融机构依照本法采取的合理的客户尽职调查措施的，金融机构按照规定的程序，可以采取限制或者拒绝办理业务、终止业务关系等洗钱风险管理措施，并根据情况提交可疑交易报告。

【条文主旨】

本条是关于与金融机构存在业务关系的单位和个人配合金融机构客户尽职调查的规定。

【条文解读】

随着我国反洗钱工作的持续深入开展，提升反洗钱工作有效性已成为当前及未来一段时期的重点履职问题。客户尽职调查工作是反洗钱工作的基础，客户尽职调查工作有效性是反洗钱工作有效性的重要评价与衡量标准。本条首次在立法层面明确了配合金融机构开展尽职调查是与该金融机构建立业务关系的单位和个人的法定义务，为金融机构对拒不配合尽职调查客户，实施与其洗钱风险相匹配的控制措施提供了法律保障。这具体表现如下：

第一，在通过开立账户或签订协议建立业务关系或在业务存续期间内，对金融机构依法开展的首次尽职调查、持续尽职调查，单位和个人客户有法定义务配合金融机构依法采取的合理尽职调查措施。本条突出体现了反洗钱工作是全社会应尽的全员性义务的立法理念，能够促进广大人民群众、社会各阶层正确理解反洗钱工作重要性与必要性，为金融机构提升客户尽职调查有效性提供法律保障。

第二，单位和个人客户履行配合金融机构开展尽职调查具体行为包括：提供真实有效的身份证件或者其他身份证明文件，准确、完整填报身份信息，如实提供与交易和资金相关的资料。金融机构开展尽职调查须能够核实客户身份证件或其他证明文件真实性和有效性，能够交叉验证客户提供的其他身份信息真实性，能够科学研判客户身份与其金融交易行为的合理性及客户真实交易目的、背景与资金来源、用途的合法性。

第三，金融机构须依法制定风险为本的差异化客户尽职调查措施和洗钱风险管控措施，建立健全内部管理程序，调查内容不得超出本法规定范围，调查措施须符合法律规定，洗钱风险管控措施须与风险程度相匹配。对主观故意拒不配合尽职调查的客户且具备合理理由怀疑客户金融行为或资金交易涉嫌洗钱违法犯罪的，金融机构可对其实施相应管控措施，并及时报告可疑交易。金融机构需妥善留存按内部规定开展客户尽职调查、调查结果、实施管控的各类履职证明资料。

> **第三十九条 【风险管理措施的救济程序】** 单位和个人对金融机构采取洗钱风险管理措施有异议的，可以向金融机构提出。金融机构应当在十五日内进行处理，并将结果答复当事人；涉及客户基本的、必需的金融服务的，应当及时处理并答复当事人。相关单位和个人逾期未收到答复，或者对处理结果不满意的，可以向反洗钱行政主管部门投诉。
>
> 前款规定的单位和个人对金融机构采取洗钱风险管理措施有异议的，也可以依法直接向人民法院提起诉讼。

【条文主旨】

本条是关于客户对金融机构洗钱风险管理措施的异议处理机制的规定。

【条文解读】

本条是此次反洗钱法修订中的新增条款，在新反洗钱法第三十条对金融机构采取管控措施的限制性条件的基础上，进一步提供了客户的救济途径，更加突出了对客户的保护和救济。

本条有两款规定，规定了客户对金融机构采取洗钱风险管理措施有异议的，可以提出救济的两种途径，其中第一款规定了向金融机构提出异议的情况下，金融机构的处理流程，即金融机构应当在收到客户提出的异议后十五日内进行处理，并将相应的处理结果答复当事人；对于涉及客户基本的、必需的金融服务的，对金融机构提出更高的时限性要求，要求"及时处理并答复当事人"。对于这里的"及时"，我们可以理解为在合理的时限内毫不迟延地处理和答复，以避免对客户的基本金融服务造成影响。考虑到客户与金融机构是相关争议的双方当事人，在双方无法达成一致意见的情况下，有必要引入权威的第三方进行裁决，因此该款还规定相关单位和个人逾期未收到答复，或者对处理结果不满意的，可以向反洗钱行政主管部门投诉，由反洗钱行政主管机关通过受理投诉并反馈处理结果的方式，介入客户与金融机构之间的争议，并提出处理意见。

本条第二款规定客户对金融机构洗钱风险管理措施提出异议的另一种救济途径，即依法直接向人民法院提起诉讼，由人民法院依据反洗钱法以及相应的民事法律法规进行审理和裁决。需要注意的是，有关单位和个人既可以与金融机构进行交涉，也可以直接寻求司法救济，没有将行政主管机关的行政处理作为客户寻求司法救济的前置程序，简化了客户异议的救济程序。

> **第四十条　【反洗钱特别预防措施】**任何单位和个人应当按照国家有关机关要求对下列名单所列对象采取反洗钱特别预防措施：
> （一）国家反恐怖主义工作领导机构认定并由其办事机构公告的恐怖活动组织和人员名单；
> （二）外交部发布的执行联合国安理会决议通知中涉及定向金融制裁的组织和人员名单；
> （三）国务院反洗钱行政主管部门认定或者会同国家有关机关认定的，具有重大洗钱风险、不采取措施可能造成严重后果的组织和人员名单。
> 对前款第一项规定的名单有异议的，当事人可以依照《中华人民共和国反恐怖主义法》的规定申请复核。对前款第二项规定的名单有异议的，当事人可以按照有关程序提出从名单中除去的申请。对前款第三项规定的名单有异议的，当事人可以向作出认定的部门申请行政复议；对行政复议决定不服的，可以依法提起行政诉讼。

> 反洗钱特别预防措施包括立即停止向名单所列对象及其代理人、受其指使的组织和人员、其直接或者间接控制的组织提供金融等服务或者资金、资产，立即限制相关资金、资产转移等。
>
> 第一款规定的名单所列对象可以按照规定向国家有关机关申请使用被限制的资金、资产用于单位和个人的基本开支及其他必需支付的费用。采取反洗钱特别预防措施应当保护善意第三人合法权益，善意第三人可以依法进行权利救济。

【条文主旨】

本条是关于反洗钱特别预防措施方面的规定。

【条文解读】

本条为新增条款，共四款。第一款规定了应采取反洗钱特别预防措施的三类特定名单；第二款明确了上述三类名单当事人权利救济的途径；第三款列举了反洗钱特别预防措施的具体内容；第四款规定了名单所列对象申请使用被限制资金、资产的适用条件，同时强调在采取反洗钱特别预防措施时应当保护善意第三人的合法权益。

本条包括以下六个方面的内容：

一、名单的范围

本条所指名单，包括如下三类名单：

1. 公安部发布的反恐名单。该名单的历史沿革可追溯至 2011 年 10 月 29 日审议通过的《全国人大常委会关于加强反恐怖工作有关问题的决定》。该决定指出，恐怖活动组织及恐怖活动人员名单，由国家反恐怖工作领导机构根据本决定第二条的规定认定、调整。恐怖活动组织及恐怖活动人员名单，由国务院公安部门公布。因此，第一类名单的发布主体为公安部。此外，2014 年 1 月 10 日由中国人民银行、公安部、国安部共同颁布施行的《涉及恐怖活动资产冻结管理办法》第三条规定，金融机构、特定非金融机构应当严格按照公安部发布的恐怖活动组织及恐怖活动人员名单、冻结资产的决定，依法对相关资产采取冻结措施。我国通过本次反洗钱法修订，将关于反恐名单的认定、公布、执行等关键环节纳入新反洗钱法进行规定。

2. 外交部执行联合国制裁的名单。2017年，中国人民银行发布《关于落实执行联合国安理会相关决议的通知》，要求金融机构和特定非金融机构严格落实外交部关于执行联合国安理会根据《联合国宪章》第七章第四十一条通过的制裁决议。本次修订反洗钱法提升了我国关于执行联合国制裁规定的法律层级。

3. 国务院反洗钱行政主管部门发布的洗钱高风险名单。中国人民银行是反洗钱行政主管部门，在符合重大洗钱风险标准的前提下，有权自主认定或会同国家有权机关认定并制裁具有潜在洗钱危害的组织和人员，将其列入特定名单。这一规定的发布，以法律形式明确了中国人民银行将高风险洗钱客户纳入名单的权限。

二、义务主体的范围

本条第一款明确了任何单位和个人均有义务对上述三类名单所列对象采取反洗钱特别预防措施。本次反洗钱法修订，扩大了应履行反洗钱特别预防措施义务的主体范围，将所有的单位和个人都纳入义务主体。这一变化体现了履行反洗钱特别预防措施义务主体由金融机构转变为任何单位和个人，每个经济活动的主体都需承担起防范恐怖融资和洗钱风险的义务。

三、名单当事人的权利救济

本条第二款规定了不同名单当事人的不同权利救济途径。针对第一类名单，即对公安部发布的反恐名单有异议的，当事人可以依照《中华人民共和国反恐怖主义法》第十五条，通过国家反恐怖主义工作领导机构的办事机构申请复核。国家反恐怖主义工作领导机构应当及时进行复核，作出维持或者撤销认定的决定，复核决定为最终决定；针对第二类名单，即对外交部执行联合国定向金融制裁名单有异议的，当事人可以按照有关程序提出从名单中除去的申请；针对第三类名单，即对人民银行发布的洗钱高风险名单有异议的，当事人应当依照《中华人民共和国行政复议法》第二十三条的规定，先向行政复议机关申请行政复议，对行政复议决定不服的，再依法向人民法院提起行政诉讼。

四、特别预防措施的适用范围

本条第三款明确了义务主体确定名单筛查对象的范围，既包括公安部发布的反恐名单、外交部执行联合国定向金融制裁名单以及人民银行发布的洗钱高风险名单中所列对象，还应当包括其代理人、受其指使的组织和人员、其直接或者间接控制的组织等。这一规定扩展了特别预防措施的覆盖面，不仅聚焦于名单上的直接个体，还涵盖了与这些个体有关联的其他实体和个人。

五、特别预防措施的内容

依据本条第三款，反洗钱特别预防措施包括立即停止提供金融等服务或者资金、资产，立即限制相关资金、资产转移等。通过这些措施有效地打击洗钱和恐怖融资活动，快速斩断恐怖融资资金链，防止非法资金的进一步扩散和使用，保护国家金融安全和社会秩序。

六、豁免申请和善意第三人保护

本条第四款规定了对被采取特别预防措施的当事人及善意第三人的权利救济。一方面，它允许被列入反洗钱名单的对象，在资金、资产被限制的情况下，向国家有关机关申请使用这些资金以满足基本开支，保障其基本生活需求。另一方面，该条款强调保护善意第三人的合法权益，有助于维护交易安全与秩序。

【关联规范】

《中华人民共和国民法典》第三百一十一条；《中华人民共和国行政复议法》第二十三条；《中华人民共和国反恐怖主义法》第十五条。

第四十一条　【金融机构履行反洗钱特别预防措施】 金融机构应当识别、评估相关风险并制定相应的制度，及时获取本法第四十条第一款规定的名单，对客户及其交易对象进行核查，采取相应措施，并向反洗钱行政主管部门报告。

【条文主旨】

本条是关于金融机构履行反洗钱特别预防措施的特殊规定。

【条文解读】

本条为新增条款。本条将2018年《中华人民共和国反恐怖主义法》第十四条、2014年中国人民银行、公安部、国家安全部联合发布的《涉及恐怖活动资产冻结管理办法》第三条以及《法人金融机构洗钱和恐怖融资风险自评估指引》第三条中相关规定纳入反洗钱法规定，要求金融机构应当识别、评估相关风险、制定相应制度、采取相应措施。

本条规定了金融机构在履行反洗钱特别预防措施义务过程中六个方面的内容：

一、识别和评估相关风险

"相关风险"是指金融机构因客户或其交易对象涉及三类名单的限制对象以及其代理人、受其指使的组织和人员、其直接或者间接控制的组织等导致的恐怖主义活动风险、联合国定向金融制裁风险和重大洗钱风险。金融机构在履职过程中，要依据《法人金融机构洗钱和恐怖融资风险自评估指引》第三条的规定开展洗钱风险自评估，并遵循四个原则：一是全面性原则。金融机构开展风险识别和评估工作应当覆盖本机构所有经营地域、客户群体、产品业务（含服务）、交易或交付渠道；覆盖境内外所有与洗钱风险管理相关的分支机构及部门；充分考虑各方面风险因素，贯穿决策、执行和监督的全部管理环节。二是客观性原则。金融机构负责履行风险识别与评估的人员应当以客观公正的态度收集充分、相关的证据，全面准确地揭示面临的洗钱风险和管理漏洞。三是匹配性原则。洗钱风险评估的性质与程度应与金融机构经营性质和规模相匹配。四是灵活性原则。金融机构应当根据经营管理、外部环境、监管法规、洗钱风险状况等因素的变化，及时调整评估指标和方法。对于风险较高的领域，应当缩短评估周期，提高评估频率。

二、制定相应内控制度

新反洗钱法第二十七条概括了金融机构建立健全反洗钱内部控制制度的总体要求，又在第二十八条至第三十五条进一步细化了第二十七条的总体要求，分别详细规定了金融机构的客户尽职调查制度、客户身份资料和交易记录保存制度、大额交易报告制度以及可疑交易报告制度。关于本条所称的"相应的制度"，金融机构可以结合本机构实际，将第四十条所列的相关要求嵌入反洗钱内控制度之中。具体而言，金融机构应当基于对前述涉及恐怖主义活动、联合国定向金融制裁和重大洗钱风险的识别和评估结果，制定名单监测和风险管理的政策、程序和流程并建立交易监测系统，涵盖名单管理、客户尽调、交易监测、交易报告、客户管控等多个方面，确保各项工作的开展有章可循。

三、及时获取名单

此项规定强调了特定名单获取的时限要求。一方面，金融机构"及时获取"名单，是为了有效落实新反洗钱法第四十条对特定名单当事人采取反洗钱特别预防措施的要求。新反洗钱法第四十条第三款的反洗钱特别预防措施中要求义务主体应立即停止向名单所列对象提供金融服务，而及时获取、更新前述名单是金融机构履行特别预防措施义务的前提。另一方面，"及时获取"也是对及时获取名单信息成为实现"毫不迟延冻结"资产的前提。根据《建议》建议6的规定，各国应当建立定向金融制裁机制，毫不迟延地冻结被指定个人或实体的资金或其他资产。[①] 此项立法修订，要求金融机构在执行本条的过程中，应落实监控名单管理义务，确保名单更新的及时性与准确性。

四、对客户及其交易对象进行核查

金融机构应落实对客户及其交易对象核查的义务，通过建立信息筛查系统，在客户准入和交易时进行筛查预警，在名单变更时对存量客户进行回溯筛查，核对预警信息与内部系统留存信息是否一致，并通过尽职调查判断客户及其交易对象是否真实命中第四十条所列的三类名单及其代理人、受其指使的组织和人员、其直接或者间接控制的组织等。

五、采取相应管控措施

如果客户及其交易对手属于新反洗钱法第四十条所列名单范围或属于名单所列对象的代理人、受其指使的组织和人员、其直接或者间接控制的组织，金融机构应当采取反洗钱特别预防措施，包括立即停止提供服务、限制资产转移等特别控制措施。

六、报告反洗钱行政主管部门

当金融机构核实其客户或其交易对象为新反洗钱法第四十条所列名单对象或为其代理人、受其指使的组织和人员、其直接或者间接控制的组织时，应当依法向所在地中国人民银行或其分支机构报告相关情况。

【关联规范】

《中华人民共和国反恐怖主义法》第十四条；《中华人民共和国中国人民银行法》第四条。

第四十二条 【特定非金融机构的反洗钱义务】 特定非金融机构在从事规定的特定业务时，参照本章关于金融机构履行反洗钱义务的相关规定，根据行业特点、经营规模、洗钱风险状况履行反洗钱义务。

[①] 参见中国人民银行反洗钱局编译：《打击洗钱、恐怖融资与扩散融资的国际标准：FATF建议》，中国金融出版社2024年版，第49页。

【条文主旨】

本条是关于特定非金融机构履行反洗钱义务的规定。

【条文解读】

在过往洗钱案例中，不法分子除通过金融机构洗钱外，还存在通过房地产、贵金属宝石交易商等特定非金融机构进行洗钱的情形。因此在国际通行实践方面，除要求金融机构开展相关反洗钱工作外，对特定非金融机构也有对应的反洗钱要求。根据金融行动特别工作组《建议》建议22规定[1]，适用金融机构的"客户尽职调查和记录保存要求"在一定情形下适用于特定非金融行业和职业；另有建议23规定[2]，在满足一定情形的前提下，对金融机构"内部控制、境外分支机构和附属机构、高风险国家、可疑交易报告和泄密与保密"的相关要求也适用于满足该情形的所有特定非金融行业和职业。

我国反洗钱法也早已将特定非金融行业纳入反洗钱体系。原反洗钱法指出特定非金融机构应当履行反洗钱义务，但只是在总则第三条中较为笼统地提出，并未明确特定金融机构的范围及其应履行的具体义务。2017年以来，中国人民银行推动住建部、财政部、原银监会等国务院相关部门陆续发布针对特定非金融机构加强反洗钱工作的通知，逐步细化特定非金融领域反洗钱相关规定：（1）中国人民银行于2017年9月26日下发《关于加强贵金属交易场所反洗钱和反恐怖融资工作的通知》，明确提出从事的业务或者提供的服务涉及贵金属现货交易的贵金属交易场所以及在其场所内从事贵金属现货交易的贵金属交易商应当积极履行反洗钱和反恐怖融资义务。（2）财政部于2018年3月15日下发《关于加强注册会计师行业监管有关事项的通知》，其中第六项明确指出会计师事务所接受客户委托在为客户办理买卖不动产，代管资金、证券或其他资产，代管银行账户、证券账户，为成立、运营企业筹措资金，以及代客户买卖经营性实体业务时应履行原反洗钱法规定的反洗钱和反恐怖融资义务。在此基础上，中国人民银行于2018年7月13日进一步下发《中国人民银行办公厅关于加强特

---

[1] 参见中国人民银行反洗钱局编译：《打击洗钱、恐怖融资与扩散融资的国际标准：FATF建议》"22. 特定非金融行业和职业：客户尽职调查"，中国金融出版社2024年版，第163页。

[2] 参见中国人民银行反洗钱局编译：《打击洗钱、恐怖融资与扩散融资的国际标准：FATF建议》"23. 特定非金融行业和职业：其他措施"，中国金融出版社2024年版，第165页。

定非金融机构反洗钱监管工作的通知》，首次明确原反洗钱法规定的特定非金融机构范围，除上述三项通知中明确的特定非金融机构外，还包括公司服务提供商，并明确中国人民银行、特定非金融机构的行业主管部门有权对特定非金融机构采取监管措施或实施行政处罚。弥补了特定非金融机构反洗钱监管不足以及对私营部门的规范，加强了对非金融领域洗钱活动的监管，初步完善了特定非金融机构反洗钱监管机制。

此次反洗钱法的修订，将原来散落在各项通知中的内容汇总上升至法定义务层面。具体而言，在本条中明确特定非金融机构在从事规定的特定业务时，需要履行反洗钱义务，并强调结合自身实际根据"风险为本"原则履行反洗钱义务，赋予特定非金融机构一定的灵活性；同时，在第十五条明确对于特定非金融机构的监督管理，在第五十八条明确了特定非金融机构的法律责任，在第六十四条明确特定非金融机构的范围。值得注意的是，此次修订明确的特定非金融机构范围，并未明确列出《中国人民银行办公厅关于加强特定非金融机构反洗钱监管工作的通知》中提到的公司服务提供商。

根据本条规定，特定非金融机构只有在从事规定的特定业务时，才需要参照金融机构的相关规定履行反洗钱义务。换言之，即使属于第六十四条所列的房地产开发企业或房地产中介机构、会计师事务所、律师事务所、公证机构、贵金属或宝石交易商，当这些机构所从事的业务不属于第六十四条所列的特定业务时，只需落实第四十条所规定的反洗钱特别预防措施即可。但是，如果这些机构在从事第六十四条所列的特定业务时，则需参照金融机构履行相关反洗钱义务，这使得特定非金融机构在开展特定业务时应履行的反洗钱义务与金融机构的义务有了衔接点，为特定非金融机构履职或监管部门监督执法时提供了一定的参考标准。

第四章　反洗钱调查

> 第四十三条　**【反洗钱调查的总体规定】**国务院反洗钱行政主管部门或者其设区的市级以上派出机构发现涉嫌洗钱的可疑交易活动或者违反本法规定的其他行为，需要调查核实的，经国务院反洗钱行政主管部门或者其设区的市级以上派出机构负责人批准，可以向金融机构、特定非金融机构发出调查通知书，开展反洗钱调查。
>
> 反洗钱行政主管部门开展反洗钱调查，涉及特定非金融机构的，必要时可以请求有关特定非金融机构主管部门予以协助。
>
> 金融机构、特定非金融机构应当配合反洗钱调查，在规定时限内如实提供有关文件、资料。
>
> 开展反洗钱调查，调查人员不得少于二人，并应当出示执法证件和调查通知书；调查人员少于二人或者未出示执法证件和调查通知书的，金融机构、特定非金融机构有权拒绝接受调查。

【条文主旨】

本条是关于反洗钱调查的总体规定，包括反洗钱调查的含义、内容、反洗钱调查的主体、被调查机构的范围及其权利义务、反洗钱调查的程序要求和被调查机构的权益保护措施等内容。

【条文解读】

原反洗钱法将反洗钱调查的含义、内容、反洗钱调查的主体、被调查机构的范围及其权利义务、反洗钱调查的程序要求和被调查机构的权益保护措施等方面的内容，均作出具体的规定。第二十三条规定，国务院反洗钱行政主管部门或者其省一级派出机构发现可疑交易活动，需要调查核实的，可以向金融机构进行调查，金融机构应当予以配合，如实提供有关文件和资料；调查可疑交易活动时，调查人员不得少于二人，并出示合法证件和国务院反洗钱行政主管部门或者其省一级派出机构出具的调查通知书。调查人员少于二人或者未出示合法证件和调查通知书的，金融机构有权拒绝调查。根据近几年中国人民银行及其分支机构开展反洗钱调查工作的实践经验，本条从以下五个方面加以修正完善：

1. 在反洗钱调查的内容方面，将"可疑交易活动"的表述内容细化，并拓展范围至"涉嫌洗钱的可疑交易活动或者违反本法规定的其他行为"。

一方面，原反洗钱法没有对"可疑交易活动"的具体定义进行详细的解释，2007年发布的《中国人民银行反洗钱调查实施细则（试行）》第六条将"可疑交易活动"的内容含义进行了进一步的丰富，但主要是针对中国人民银行及其分支机构发现"可疑交易活动"的来源方面，包括：（1）金融机构按照规定报告的可疑交易活动；（2）通过反洗钱监督管理发现的可疑交易活动；（3）中国人民银行地市中心支行、县（市）支行报告的可疑交易活动；（4）其他行政机关或者司法机关通报的涉嫌洗钱的可疑交易活动；（5）单位和个人举报的可疑交易活动；（6）通过涉外途径获得的可疑交易活动；（7）其他有合理理由认为需要调查核实的可疑交易活动。由此可见，依然没有对"可疑交易活动"的具体含义进行解释。2017年中国人民银行发布的《金融机构大额交易和可疑交易报告管理办法》第十一条规定，金融机构发现或者有合理理由怀疑客户、客户的资金或者其他资产、客户的交易或者试图进行的交易与洗钱、恐怖融资等犯罪活动相关的，不论所涉资金金额或者资产价值大小，应当提交可疑交易报告。在本条中，可以将"可疑交易"理解为"客户、客户的资金或者其他资产、客户的交易或者试图进行的交易与洗钱、恐怖融资等犯罪活动相关"，那么"可疑交易活动"也可以理解为"金融机构的客户实施的涉嫌与洗钱、恐怖融资等犯罪活动相关的资金交易活动"。在新反洗钱法中，将反洗钱调查内容中的"可疑交易活动"表述增加为"涉嫌洗钱的可疑交易活动"，也是结合上述法规对"可疑交易活动"的定义，进一步具体描述了反洗钱调查的主要内容"可疑交易活动"中的"可疑交易"指的是"涉嫌洗钱的可疑交易"。另一方面，为了反洗钱调查内容能根据未来的反洗钱工作需要继续扩展范围，本条中关于反洗钱调查内容的表述还增加了"或者违反本法规定的其他行为"的兜底条款，未来可以通过部门规章等制度更便捷地扩展被新反洗钱法规定覆盖的反洗钱调查的内容。

2. 在反洗钱调查主体方面，将"国务院反洗钱行政主管部门或者其省一级派出机构"的范围，拓展至"国务院反洗钱行政主管部门或者其设区的市级以上派出机构"。

原反洗钱法规定可以发起反洗钱调查主体为"国务院反洗钱行政主管部门或者其省一级派出机构"，根据《中华人民共和国中国人民银行法》第四条的规定等法律法规，"国务院反洗钱行政主管部门或者其省一级派出机构"指的是中国人民银行及其省一级的派出机构。中国人民银行除总行及省一级派出机构外，还有地市一级的派出机构与机构改革后遗留下的少数县一级的派出机构。在新反洗钱法生效前，中国人民银行地市一级的派出机构无法发起反洗钱调查工作，如确有调查需求，均需报给管辖其的省一级派出机构，并由省一级派出机构决定是否开展反洗钱调查。然而，近年来，由于各级司法机关向各级人民银行通报的涉嫌洗钱的可疑交易活动数量、金融机构按照规定报告的可疑交易活动数量等多个渠道的"可疑交易活动"信息来源均急剧增加，导致中国人民银行各级派出机构，特别是地市一级派出机构需要开展的反洗钱调查工作需求与日俱增，再沿用必须向省一级派出机构报送需求，再由省一级派出机构开展反洗钱调查工作的模式，不利于充分有效地利用各级人民银行派出机构的反洗钱调查资源。中国人民银行总行及全国省一级派出机构的调查人员资源有限，可能导致部分有价值的线索得不到充分的分析研判而漏于调查，或得不到及时调查和报案处理，而地市一级由于没有调查权，如省一级派出机构没有充分资源开展反洗钱调查，可能还会导致市、县区域有价值的可疑线索未得到充分调查。因此，新反洗钱法中将发起反洗钱调查主体的范围扩展至"国务院反洗钱行政主管部门或者其设区的市级以上派出机构"，使符合"设区的市级"的人民银行派出机构也可以自主发起并主导完成反洗钱调查工作，使反洗钱调查工作能在全国范围内更加高效地开展。

3. 在反洗钱调查的被调查机构范围方面，从"可以向金融机构开展调查"扩展为"可以向金融机构、特定非金融机构发出调查通知书，开展反洗钱调查"，即将被调查机构的范围从金融机构扩展为金融机构与特定非金融机构。

我国原反洗钱法没有对特定非金融机构提出反洗钱工作要求，但我国新反洗钱法中，增加了关于特定非金融机构的内容，例如第六条、第六十四条分别规定了特定非金融机构应履行反洗钱义务及我国特定非金融机构的具体类型范围。由此可见，新反洗钱法规定了我国的特定非金融机构也需要开展反洗钱工作，了解其客户的身份和交易行为。在此背景下，在本条款中将特定非金融机构纳入反洗钱调查的被调查机构范围，与金融机构一样需要配合中国人民银行及其分支机构调查其客户存在涉嫌洗钱的可疑交易活动，也是符合本条款与其他条款之间一脉相承的法律逻辑。从我国实际反洗钱调查工作需要来说，我国新反洗钱法第六十四条规定的"提供房屋销售、房屋买卖经纪服务的房地产开发企业或者房地产中介机构""从事规定金额以上贵金属、宝石现货交易的交易商"等类型的特定非金融机构，已经频频出现在中国人民银行及其分支机构日常的反洗钱调查工作的视野中，即当调查金融机构的客户的可疑交易活动时，发现资金交易对手方涉及上述类型的特定非金融机构的情况时有发生，但由于原反洗钱法中的反洗钱调查范围仅限于"金融机构"，导致对可疑活动的调查无法继续向特定非金融机构深入推进，影响反洗钱调查工作的质效。因此，新反洗钱法的反洗钱调查范围扩展至"特定非金融机构"，也符合我国现阶段反洗钱调查工作的实际需要。同时，由于我国对"特定非金融机构"的反洗钱监管仍处于初级阶段，因此为确保对"特定非金融机构"的反洗钱调查的顺利进行，新反洗钱法中特意增加了"必要时可以请求有关特定非金融机构主管部门予以协助"的表述，既是为负责发起反洗钱调查的中国人民银行及其分支机构增加的请求协助权利，也是对"特定非金融机构"的各主管部门增加的配合协助义务。

4. 在反洗钱调查被调查机构的权利义务方面，将"金融机构应当予以配合，如实提供有关文件和资料"，修改为"金融机构、特定非金融机构应当配合反洗钱调查，在规定时限内如实提供有关文件、资料"。

在本条修改的表述中，特别增加了"在规定时限内"的表述，实际上是增加了被调查机构配合反洗钱调查工作的义务，即不仅要"如实"提供有关文件、资料，还要"在规定时限内如实"提供。上述增加被调查机构配合反洗钱调查工作的义务，主要考虑的是反洗钱调查的内容是金融机构、特定非金融机构的客户涉嫌洗钱的可疑交易活动，完成反洗钱调查工作的时长，关系到后续对涉嫌犯罪活动的线索移送的时效性，进一步可能影响到对犯罪活动的打击情况。这不仅关系到反洗钱调查工作成果能否发挥更多更大的价值，更是关乎反洗钱调查工作对维护国家、社会安全稳定作出更多更大的贡献。

5. 在反洗钱调查的程序要求和被调查机构的权益保护方面，新反洗钱法中没有进行本质性的修改，但主要在以下两方面的表述进行了微调，既是对反洗钱调查的程序要求进行了更为规范的规定，也是对被调查机构更好的权益保护：一是将开展反洗钱调查时，需要向被调查机构出具调查通知书的要求，进行了更清晰和分步骤的表述。在具体内容上，新反洗钱法强调了有开展反洗钱调查工作的需求时，第一步要先经国务院反洗钱行政主管部门或者其设区的市级以上派出机构负责人批准，第二步向被调查机构发出调查通知书，第三步实际开展反洗钱调查活动时，调查人员还要再出示调查通知书。二是将实际开展反洗钱调查时，调查人员出具的证件的名称进行了更为准确的修改，从原反洗钱法中的"调查人员应出示合法证件"修改为"调查人员应出示执法证件"。

《中国人民银行反洗钱调查实施细则（试行）》第十八条还对反洗钱调查的具体内容进行了细化规定，要求实施反洗钱调查时，调查组应当调查如下情况：（1）被调查对象的基本情况；（2）可疑交易活动是否属实；(3) 可疑交易活动发生的时间、金额、资金来源和去向等；（4）被调查对象的关联交易情况；（5）其他与可疑交易活动有关的事实。《中国人民银行反洗钱调查实施细则（试行）》中的多条条款还对实际开展反洗钱调查工作的程序性要求进行了详细的规定。

【关联规范】

《中华人民共和国中国人民银行法》第三十二条；《金融机构大额交易和可疑交易报告管理办法》第十一条。

第四十四条 【反洗钱调查的具体措施】 国务院反洗钱行政主管部门或者其设区的市级以上派出机构开展反洗钱调查，可以采取下列措施：

（一）询问金融机构、特定非金融机构有关人员，要求其说明情况；

（二）查阅、复制被调查对象的账户信息、交易记录和其他有关资料；

（三）对可能被转移、隐匿、篡改或者毁损的文件、资料予以封存。

> 询问应当制作询问笔录。询问笔录应当交被询问人核对。记载有遗漏或者差错的，被询问人可以要求补充或者更正。被询问人确认笔录无误后，应当签名或者盖章；调查人员也应当在笔录上签名。
>
> 调查人员封存文件、资料，应当会同金融机构、特定非金融机构的工作人员查点清楚，当场开列清单一式二份，由调查人员和金融机构、特定非金融机构的工作人员签名或者盖章，一份交金融机构或者特定非金融机构，一份附卷备查。

【条文主旨】

本条是关于反洗钱调查可以采取的具体措施及相关要求的规定。

【条文解读】

原反洗钱法第二十四条规定，调查可疑交易活动，可以询问金融机构有关人员，要求其说明情况。询问应当制作询问笔录。询问笔录应当交被询问人核对。记载有遗漏或者差错的，被询问人可以要求补充或者更正。被询问人确认笔录无误后，应当签名或者盖章；调查人员也应当在笔录上签名。对开展反洗钱调查工作，可以对金融机构有关人员采取询问的措施作出规定，同时，要求询问应制作询问笔录，并对询问笔录的制作的程序要求进行了规定。另外，原反洗钱法第二十五条规定，调查中需要进一步核查的，经国务院反洗钱行政主管部门或者其省一级派出机构的负责人批准，可以查阅、复制被调查对象的账户信息、交易记录和其他有关资料；对可能被转移、隐藏、篡改或者毁损的文件、资料，可以予以封存。调查人员封存文件、资料，应当会同在场的金融机构工作人员查点清楚，当场开列清单一式二份，由调查人员和在场的金融机构工作人员签名或者盖章，一份交金融机构，一份附卷备查。对开展反洗钱调查工作时，采取询问措施后需要进一步核查的，可以对采取的查阅、复制、封存有关信息、文件、资料的措施作出规定，同时也可以对查阅、复制、封存的具体对象、采取措施的条件、采取措施的程序要求作出规定，丰富了反洗钱调查工作可以采取的多种措施。

但是，从中国人民银行及其分支机构日常的反洗钱调查工作实践来看，一方面，当通过有关金融情报线索，发现涉嫌洗钱的可疑交易活动并发起反洗钱调查，在根据法规要求首先采取"询问金融机构人员"措施后，几乎都需要进一步采取"查阅、复制被调查对象的账户信息、交易记录和其他有关材料"才能完成反洗钱调查工作，即很少有只通过"询问金融机构人员"就发现发起调查的可疑交易活动不属实或者能够排除洗钱嫌疑的情况。另一方面，调查人员通过"询问金融机构人员"的反洗钱调查措施，在实践工作中获取的对完成反洗钱调查工作有明显帮助的信息较为有限，基本上主要依靠"查阅、复制被调查对象的账户信息、交易记录和其他有关材料"措施获取到必要的完成调查工作的信息。由此可见，原反洗钱法对反洗钱调查采取的措施必须分两个步骤完成的规定，即首先通过"询问金融机构人员"的措施了解情况，确认需要进一步核查的，再采取"调阅、复制、封存文件材料"等措施的规定，有待进一步完善。

基于上述原因，新反洗钱法在本条款将原反洗钱法分两个条款阐述的不同反洗钱调查措施进行了合并，并将反洗钱调查可以采取的全部措施进行了并列的表述，不再区分时间和程序上的先后。

此外，《中国人民银行反洗钱调查实施细则（试行）》对反洗钱调查可以采取的措施，进行更为细化的规定。具体体现为：

1. 第二十条、第二十一条对询问"金融机构、特定非金融机构有关人员，要求其说明情况"的反洗钱调查措施的程序和要求进行了更具体的规定：实施现场调查时，调查组可以询问金融机构的工作人员，要求其说明情况。询问应当在被询问人的工作时间进行。询问可以在金融机构进行，也可以在被询问人同意的其他地点进行。询问时，调查组在场人员不得少于2人。询问前，调查人员应当告知被询问人对询问有如实回答和保密的义务，对与调查无关的问题有拒绝回答的权利。在询问时，调查人员应当制作《反洗钱调查询问笔录》。询问笔录应当交被询问人核对。询问笔录有遗漏或者差错的，被询问人可以要求补充或者更正，并按要求在修改处签名、盖章。被询问人确认笔录无误后，应当在询问笔录上逐页签名或者盖章；拒绝签名或者盖章的，调查人员应当在询问笔录中注明。调查人员也应当在笔录上签名。被询问人可以自行提供书面材料。必要时，调查人员也可以要求被询问人自行书写。被询问人应当在其提供的书面材料的末页上签名或者盖章。调查人员收到书面材料后，应当在首页右上方写明收到日期并签名。被询问人提供的书面材料应当作为询问笔录的附件一并保管。

2. 第二十二条对"查阅、复制被调查对象的账户信息、交易记录和其他有关资料"的反洗钱调查措施的程序和要求进行了更细化的规定：实施现场调查时，调查组可以查阅、复制被调查对象的下列资料：(1) 账户信息，包括被调查对象在金融机构开立、变更或注销账户时提供的信息和资料；(2) 交易记录，包括被调查对象在金融机构中进行资金交易过程中留下的记录信息和相关凭证；(3) 其他与被调查对象和可疑交易活动有关的纸质、电子或音像等形式的资料。查阅、复制电子数据应当避免影响金融机构的正常经营。

3. 第二十三条、第二十四条对"对可能被转移、隐匿、篡改或者毁损的文件、资料予以封存"的反洗钱调查措施的程序和要求进行了更细化的规定：调查组可以对可能被转移、隐藏、篡改或者毁损的文件、资料予以封存。封存期间，金融机构不得擅自转移、隐藏、篡改或者毁损被封存的文件、资料。调查人员封存文件、资料时，应当会同在场的金融机构工作人员查点清楚，当场开列《反洗钱调查封存清单》一式二份，由调查人员和在场的金融机构工作人员签名或者盖章，一份交金融机构，一份附卷备查。金融机构工作人员拒绝签名或者盖章的，调查人员应当在封存清单上注明。必要时，调查人员可以对封存的文件、资料进行拍照或扫描。

【关联规范】

《中华人民共和国中国人民银行法》第三十二条。

第四十五条　【反洗钱调查结果的移送和临时冻结措施】
经调查仍不能排除洗钱嫌疑或者发现其他违法犯罪线索的，应当及时向有管辖权的机关移送。接受移送的机关应当按照有关规定反馈处理结果。

客户转移调查所涉及的账户资金的，国务院反洗钱行政主管部门认为必要时，经其负责人批准，可以采取临时冻结措施。

接受移送的机关接到线索后，对已依照前款规定临时冻结的资金，应当及时决定是否继续冻结。接受移送的机关认为需要继续冻结的，依照相关法律规定采取冻结措施；认为不需要继续冻结的，应当立即通知国务院反洗钱行政主管部门，国务院反洗钱行政主管部门应当立即通知金融机构解除冻结。

> 临时冻结不得超过四十八小时。金融机构在按照国务院反洗钱行政主管部门的要求采取临时冻结措施后四十八小时内，未接到国家有关机关继续冻结通知的，应当立即解除冻结。

【条文主旨】

本条是关于反洗钱调查结果的移送和临时冻结措施的规定。

【条文解读】

原反洗钱法第二十六条第一款规定，经调查仍不能排除洗钱嫌疑的，应当立即向有管辖权的侦查机关报案。这规定了反洗钱调查结果的处理，即经调查不能排除洗钱嫌疑的可疑交易活动，应向有管辖权的侦查机关报案。在新反洗钱法中，上述有关内容作为第四十五条的单独的第一款，本质的内容要求没有更改，但对需要后续处理的反洗钱调查结果及后续处理过程的有关措辞表述作出了较多的改动，同时增加了接受需要处理的反洗钱调查结果的有关机关的反馈义务。具体表现如下：

（1）对反洗钱调查结果的表述，从"经调查仍不能排除洗钱嫌疑的"变更为"经调查仍不能排除洗钱嫌疑或者发现其他违法犯罪线索的"。中国人民银行及其分支机构的日常反洗钱调查工作中，在主要发现有洗钱嫌疑的资金交易活动之外，也偶尔能发现被调查主体涉嫌其他类型的违法犯罪活动，在原反洗钱法的相关规定下，如何处理通过反洗钱调查发现的被调查主体存在的非洗钱嫌疑但涉嫌其他类型违法犯罪的活动，是应该直接忽略还是移送有关管辖机关，在法律条文中并没有被明确规定，在工作实践中存在疑问。因此，新反洗钱法扩展了对需要后续处理的反洗钱调查结果的表述，对一切发现的违法犯罪线索都可以也都需要依法依规进行后续处理。

（2）对反洗钱调查结果后续处理的表述，从"有管辖权的侦查机关报案"修改为"有管辖权的机关移送"。一方面上述措辞表述中接受需要后续处理的反洗钱调查结果的机关范围，从"有管辖权的侦查机关"扩展为"有管辖权的机关"，即接受调查结果的机关不再限于"侦查机关"这一类型，也是与上述需要后续处理的反洗钱调查结果范围的扩展，包括了"非洗钱嫌疑但涉嫌其他类型违法犯罪的活动"的改动相配套呼应，使反洗钱调查工作在助力打击违法犯罪活动方面能发挥更大作用。另一方面在上述措辞表述中，将对反洗钱调查结果后续处理的动作名称，从"报案"修改为"移送"。所谓"报案"的概念，来源于《中华人民共和国刑事诉讼法》第八十四条，即任何单位和个人发现有犯罪事实或者犯罪嫌疑人，有权利也有义务向公安机关、人民检察院或者人民法院报案或者举报；而"移送"的概念来源于《行政执法机关移送涉嫌犯罪案件的规定》第三条，即行政执法机关在依法查处违法行为过程中，发现违法事实涉及的金额、违法事实的情节、违法事实造成的后果等，根据刑法关于破坏社会主义市场经济秩序罪、妨害社会管理秩序罪等罪的规定和最高人民法院、最高人民检察院关于破坏社会主义市场经济秩序罪、妨害社会管理秩序罪等罪的司法解释以及最高人民检察院、公安部关于经济犯罪案件的追诉标准等规定，涉嫌构成犯罪，依法需要追究刑事责任的，必须依照本规定向公安机关移送。从上述"报案"与"移送"的不同概念来看，"报案"是针对任何单位和个人发现涉嫌犯罪的情况都有权利和义务向有关机关报告，既没有对发起"报案"主体的范围有任何限制，也没有对如何发现的涉嫌犯罪行为的情况进行限定；而"移送"的概念中明确限定了发起"移送"的主体是行政执法机关，"移送"的行为也限定在"行政执法机关在依法查处违法行为过程中，发现违法事实涉嫌犯罪"的情况。由此可见，新反洗钱法本条款规定中将"报案"措辞修改为"移送"，是在明确对反洗钱调查结果进行后续处理的负责机关是国家的行政执法机关，而发现涉嫌犯罪情况的"反洗钱调查"工作本身也是国家行政执法机关的一种行政执法行为，即可以理解为上述措辞的修改，旨在强调反洗钱调查结果的后续处理是发生在国家行政机关与其他国家机关之间的"政府行为"。

（3）增加了"接受移送的机关应当按照有关规定反馈处理结果"的表述，即为接受反洗钱调查结果的移送的机关单位，增加了应当按照有关规定反馈处理结果的义务。对接受调查结果移送的机关单位增加了"反馈处理结果"的义务，对反洗钱调查工作，乃至整个反洗钱工作体系都有着重大的意义。反洗钱调查工作由中国人民银行及其分支机构负责开展，主要工作由中国人民银行及其分支机构与辖区内义务机构协同配合完成。但是，发起反洗钱调查的主要的信息来源之一，是义务机构报送的可疑交易报告，而义务机构能否报送出有价值的金融情报信息，也很大程度上取决于义务机构整个反洗钱工作体系是否有效运转。因此，如接受调查结果移送的机关单位，能对反洗钱调查的结果给予反馈信息，这会使整个反洗钱调查工作形成最终的"闭环"。例如，接受反洗钱调查结果移送的机关单位对某次调查结果给予了正向的反馈，即认可该次调查结果为打击违法犯罪行为提供了重要的信息支持等，则既是对中国人民银行及其分支机构本次调查工作的肯定，中国人民银行及其分支机构可以基于每次正向反馈的工作结果不断总结好的经验做法，优化整个调查工作流程和内容，也是对所有配合调查的辖区内义务机构参与反洗钱调查工作的肯定，更是对作为发起该次反洗钱调查的信息来源，报送可疑交易报告的义务机构的正向激励，即该义务机构能通过本机构的反洗钱工作机制自主发现高价值的客户涉嫌违法犯罪的线索。中国人民银行及其分支机构势必会对经常提供高价值金融情报信息的义务机构予以表彰表扬，长此以往对所有义务机构加大资源投入做好反洗钱工作都能产生正向激励的效果。

（4）原反洗钱第二十六条第一款规定，客户要求将调查所涉及的账户资金转往境外的，经国务院反洗钱行政主管部门负责人批准，可以采取临时冻结措施。上述条款规定了中国人民银行可以在特定条件下，采取临时冻结措施的规定。新反洗钱法第四十五条将采取临时冻结措施的有关内容，单独作为第二款进行规定，同时表述调整为"客户转移调查所涉及的账户资金的，国务院反洗钱行政主管部门认为必要时，经其负责人批准，可以采取临时冻结措施"。新反洗钱法上述措辞调整，与原反洗钱法相比，主要体现在对可以采取临时冻结措施的前提条件"客户转移调查所涉及的账户资金的"进行修改，即既不强调"客户要求转移"的表述，也不强调"转往境外"的条件。这也是与我国近年来金融支付服务越来越便利化的发展现状有关。一方面，每个人都可以足不出户，通过互联网和手机实时地实现大量资金的快速转移，客户不再需要亲临金融机构现场进行资金转移的操作，因此已不再需要强调"客户要求转移"的条件要求；另一方面，由于保险公司、证券公司等非银行类的金融机构及第三方支付机构在资金转移服务方面的飞速发展，即使是境内资金的转移也可以在短时间内完成资金的初始来源与最终去向的模糊化处理，因此临时冻结措施的前提条件再限定在"转往境外"也与实际工作需要不相符。

此外，《中国人民银行反洗钱调查实施细则（试行）》基于原反洗钱法的相关规定，在第二十五条到第三十条，对中国人民银行可以采取的临时冻结措施的相关程序进行了细化规定：客户要求将调查所涉及的账户资金转往境外的，金融机构应当立即向中国人民银行当地分支机构报告。中国人民银行当地分支机构接到金融机构报告后，应当立即向有管辖权的侦查机关先行紧急报案。中国人民银行地市中心支行、县（市）支行接到金融机构报告的，应当在紧急报案的同时向中国人民银行省一级分支机构报告。中国人民银行省一级分支机构接到金融机构或者中国人民银行地市中心支行、县（市）支行的报告后，应当立即核实有关情况，并填写《临时冻结申请表》，报告中国人民银行。中国人民银行行长或者主管副行长批准采取临时冻结措施的，中国人民银行应当制作《临时冻结通知书》，加盖中国人民银行公章后正式通知金融机构按要求执行。临时冻结期限为48小时，自金融机构接到《临时冻结通知书》之时起计算。侦查机关认为不需要继续冻结的，中国人民银行在接到侦查机关不需要继续冻结的通知后，应当立即制作《解除临时冻结通知书》，并加盖中国人民银行公章后正式通知金融机构解除临时冻结。有下列情形之一的，金融机构应当立即解除临时冻结：（1）接到中国人民银行的《解除临时冻结通知书》的；（2）在按照中国人民银行的要求采取临时冻结措施后48小时内未接到侦查机关继续冻结通知的。

【关联规范】

《中华人民共和国中国人民银行法》第三十二条；《中华人民共和国刑事诉讼法》第八十四条；《行政执法机关移送涉嫌犯罪案件的规定》第三条。

第五章　反洗钱国际合作

> 第四十六条　【反洗钱国际合作的依据】中华人民共和国根据缔结或者参加的国际条约，或者按照平等互惠原则，开展反洗钱国际合作。

【条文主旨】

本条是关于反洗钱国际合作的依据的规定。

【条文解读】

依据原反洗钱法第二十七条规定，中华人民共和国根据缔结或者参加的国际条约，或者按照平等互惠原则，开展反洗钱国际合作。新反洗钱法中关于本条的规定，相较于原法第二十七条的规定没有变化。

反洗钱国际合作，是指各国之间围绕反洗钱所开展的国家之间的合作。近年来，随着国际化和网络化的发展，犯罪所得及其收益的跨境流动日益频繁，很多洗钱犯罪集团也出现了国际化的趋势。特别是在电子货币、虚拟货币、网络支付广泛应用的背景下，各国之间只有积极开展反洗钱的国际合作，才能够有效打击和应对洗钱违法犯罪行为。由此，反洗钱法专门设置"反洗钱国际合作"专章，规定了反洗钱国际合作的依据、反洗钱国际合作的职能机关、反洗钱国际刑事司法协助等内容。本条是"反洗钱国际合作"专章的第一条，规定了反洗钱国际合作的依据。

根据本条之规定，我国开展反洗钱国际合作的依据包括两个方面：一是我国缔结或参加的国际条约；二是平等互惠原则。对于这两方面的依据，《中华人民共和国刑事诉讼法》第十八条也做了相关规定，即根据中华人民共和国缔结或者参加的国际条约，或者按照互惠原则，我国司法机关和外国司法机关可以相互请求刑事司法协助。根据该条，我国刑事诉讼中国际刑事司法协助的依据是国际条约和互惠原则。与此相应，反洗钱法对于反洗钱国际合作也规定了这两类依据：

（1）国际条约。这是国际法的首要渊源。反洗钱国际合作是国与国之间开展的合作，必须遵守国与国之间所缔结或者参加的国际条约。国际条约分为多边条约和双边条约，多边条约是指由多个缔约国缔结的条约，双边条约是指由两个国家缔结的条约。国际条约对于缔约国具有约束力，所以缔结或者参加国际条约，就成为国际条约对于缔约国具有法律约束力的前提。作为我国反洗钱国际合作依据的国际条约，就包括我国缔结或者参加的多边条约和双边条约。我国开展反洗钱国际合作首先要以我国缔结或参加的国际条约为前提，严格履行国际条约规定的法定义务。

（2）平等互惠原则。这是处理国家关系的一项基本原则，包括平等和互惠两方面的含义。和平共处五项基本原则是我国处理国际关系的基本原则，平等互利就是其中的一个重要原则。平等互惠原则是平等互利原则在国际司法合作领域的重要体现。我国在和他国开展反洗钱国际合作的时候，要坚持和其他国家之间的平等、互利互惠的关系。一方面要坚持国与国之间的平等对话，尊重国家主权，平等对待各方主体，主张相互匹配的权利和义务。另一方面要坚持互惠互利，即如果双方之间没有国际条约作为合作的依据，那么合作的一方在请求对方提供协助的时候，也要曾经向对方提供或者承诺未来向对方提供对等的协助，实现对双方的互利互惠。关于国际合作的依据，除前述我国刑事诉讼法的规定外，其他法律也有类似规定。例如《中华人民共和国反有组织犯罪法》第五十四条规定，中华人民共和国根据缔结或者参加的国际条约，或者按照平等互惠原则，与其他国家、地区、国际组织开展反有组织犯罪合作；《中华人民共和国引渡法》第三条第一款规定，中华人民共和国和外国在平等互惠的基础上进行引渡合作；《中华人民共和国国际刑事司法协助法》第四条第一款规定，中华人民共和国和外国按照平等互惠原则开展国际刑事司法协助。

综上所述，根据本条规定，我国的反洗钱国际合作首先依据我国缔结或者参加的国际条约的规定。如果没有国际条约，就依据平等互惠原则开展国际合作。

【关联规范】

《中华人民共和国刑事诉讼法》第十八条；《中华人民共和国引渡法》第三条；《中华人民共和国国际刑事司法协助法》第四条；《中华人民共和国反有组织犯罪法》第五十四条；《中华人民共和国对外关系法》第三十

四条、第三十九条；《中华人民共和国反恐怖主义法》第六十八条；《中华人民共和国禁毒法》第五十三条；《金融机构反洗钱规定》第四条。

> **第四十七条　【反洗钱国际合作的职权部门】**国务院反洗钱行政主管部门根据国务院授权，负责组织、协调反洗钱国际合作，代表中国政府参与有关国际组织活动，依法与境外相关机构开展反洗钱合作，交换反洗钱信息。
>
> 国家有关机关依法在职责范围内开展反洗钱国际合作。

【条文主旨】

本条是关于我国负责反洗钱国际合作的职权部门的规定。

【条文解读】

原反洗钱法第二十八条规定，国务院反洗钱行政主管部门根据国务院授权，代表中国政府与外国政府和有关国际组织开展反洗钱合作，依法与境外反洗钱机构交换与反洗钱有关的信息和资料。本法对此进行了修改，在国内方面，明确了由国务院反洗钱行政主管部门负责组织、协调反洗钱国际合作；在国际方面，明确由该部门代表中国政府参与有关国际组织活动，并依法与境外相关机构开展反洗钱合作，交换反洗钱信息。其他国家有关机关则在职责范围内开展反洗钱国际合作工作。

各国之间开展反洗钱国际合作和交换反洗钱信息，是《联合国反腐败公约》所规定的一项国际义务，该公约第十四条规定，缔约国应当努力为打击洗钱而在司法机关、执法机关和金融监管机关之间开展和促进全球、区域、分区域及双边合作。在不影响本公约第四十六条的情况下，确保行政、管理、执法和专门打击洗钱的其他机关（在本国法律许可时可以包括司法机关）能够根据本国法律规定的条件，在国家和国际一级开展合作和交换信息，并应当为此目的考虑建立金融情报机构，作为国家中心收集、分析和传递关于潜在洗钱活动的信息。此外，《联合国打击跨国有组织犯罪公约》第七条也有类似的规定。一方面，原反洗钱法规定了国务院反洗钱行政主管部门在反洗钱国际合作中的职权，虽然明确了国务院反洗钱行政主管部门是反洗钱国际合作的对外代表机关，却没有对其他国家机关在反洗钱合作中的职能作出规定，也没有明确国务院反洗钱行政主管部门与其他国家机关在反洗钱国际合作中的关系；另一方面，原反洗钱法对于反洗钱信息和资料的交换主体限定为境外的反洗钱机构，同时在交换的对象明确为信息与资料。总体来说，本条的修改完善主要体现在以下三个方面：

（1）明确反洗钱国际合作的对内组织协调机制与对外代表机构。一方面，在内部关系上，国务院反洗钱行政主管部门根据国务院授权，负责组织、协调反洗钱国际合作。《金融机构反洗钱规定》第三条规定，中国人民银行是国务院反洗钱行政主管部门，依法对金融机构的反洗钱工作进行监督管理。第四条规定，中国人民银行根据国务院授权代表中国政府开展反洗钱国际合作。中国人民银行可以和其他国家或者地区的反洗钱机构建立合作机制，实施跨境反洗钱监督管理。上述规定实际上明确了在我国，中国人民银行根据国务院的授权，在反洗钱国际合作中承担组织、协调职能。另外，在外部关系上，国务院反洗钱行政主管部门具有三个方面的职能：一是代表我国政府参与有关国际组织活动；二是依法与境外有关机构开展反洗钱合作；三是与境外相关机构交换反洗钱信息。

（2）明确其他国家有关机关在反洗钱国际合作中的职责。原反洗钱法第二十八条只规定了国务院反洗钱行政主管部门在反洗钱国际合作中的职责，却没有提及其他国家机关在反洗钱国际合作中的职责和作用。事实上，反洗钱国际合作涉及多个国家的多个部门，不可能由一个国家的一个部门完成，所以此次修改专门增加了其他国家有关机关在反洗钱国际合作中的职责和作用，强调其他国家机关依法在职责范围内开展反洗钱国际合作。

（3）修改反洗钱合作中与境外交换反洗钱信息的范围。这里面有两处修改：一是修改了与境外交换信息的主体。原反洗钱法规定的交换主体是境外反洗钱机构，本法规定的交换主体为境外相关机构，扩展了和境外机构交换信息的主体范围。二是将交换的对象由"与反洗钱有关的信息和资料"调整为"反洗钱信息"。这种调整实质上与本法第七条关于反洗钱信息的提供和使用规定的调整具有一致性。原反洗钱法第五条规定，对依法履行反洗钱职责或者义务获得的客户身份资料和交易信息，应当予以保密。本法将该规定调整为"对依法履行反洗钱职责或者义务获得的客户身份资料和交易信息、反洗钱调查信息等反洗钱信息，应当予以保密"，将应当保密的信息范围从"客户身份资料和交易信息"调整为"客户身份资料和交易信息、反洗钱调查信息等反洗钱信息"。这意味着将客户身份资料、交易信息以及反洗钱调查信息等都纳入反洗钱信息的范畴。因此，本条中的反洗钱信息包括了客户身份资料、交易信息以及反洗钱调查信息等。

需要注意的是，与境外相关机构交换反洗钱信息，需要"依法"进行，也就是严格依照我国法律特别是个人信息保护法的相关规定，从而平衡个人信息保护与反洗钱要求之间的关系。在我国相关法律中，规定对于国家秘密和个人信息的保密或者审查规定。例如，依据《中华人民共和国保守国家秘密法》第三十七条的规定，机关、单位向境外或者向境外在中国境内设立的组织、机构提供国家秘密，按照国家有关规定办理。根据《中华人民共和国个人信息保护法》第三十六条的规定，国家机关处理的个人信息应当在中国境内存储，确需向境外提供的，应当进行安全评估。根据《中华人民共和国数据安全法》第二十四条和第三十六条，反洗钱涉及的相关数据处理活动若影响或可能影响国家安全的，需要进行安全审查。非经我国主管机关批准，境内的组织、个人不得向外国司法或者执法机构提供存储于中华人民共和国境内的数据。根据《中华人民共和国网络安全法》第三十七条之规定，关键信息基础设施在我国境内运营中收集和产生的个人信息和重要数据应当在境内存储。因业务需要，确需向境外提供的，应当进行安全评估。对于上述关于信息保密的规定，在与境外相关机构交换反洗钱信息中，都应当严格依照我国相关法律的规定进行。

【关联规范】

《中华人民共和国反恐怖主义法》第六十九条；《中华人民共和国保守国家秘密法》第十三条、第三十七条；《中华人民共和国个人信息保护法》第三十六条；《中华人民共和国数据安全法》第三十四条、第三十六条；《中华人民共和国网络安全法》第三十七条；《金融机构反洗钱规定》第三条、第四条；《金融机构反洗钱和反恐怖融资监督管理办法》第四条。

第四十八条　【洗钱犯罪的司法协助】 涉及追究洗钱犯罪的司法协助，依照《中华人民共和国国际刑事司法协助法》以及有关法律的规定办理。

【条文主旨】

本条是关于涉及追究洗钱犯罪的司法协助的规定。

【条文解读】

相较于原反洗钱法第二十九条的规定,本条的变化主要在于删除了协助主体的规定,并增加列明《中华人民共和国国际刑事司法协助法》作为洗钱犯罪司法协助的主要法律依据。

依法惩治洗钱犯罪是反洗钱的重要内容,而追究洗钱犯罪的司法协助,则是反洗钱国际合作的重要组成部分。当洗钱犯罪的行为人逃往境外,或者行为人所清洗的犯罪所得及其收益流往境外,都需要我国与其他国家开展国际刑事司法协助,追回外逃人员和外流资金。本法规定,涉及追究洗钱犯罪的司法协助,依照国际刑事司法协助法以及有关法律的规定办理,这也说明本条所规定涉及洗钱犯罪的司法协助,主要是国际刑事司法协助。对于本条的理解要注意以下问题:

第一,涉及追究洗钱犯罪司法协助的外延。《中华人民共和国国际刑事司法协助法》第二条规定,本法所称国际刑事司法协助,是指中华人民共和国和外国在刑事案件调查、侦查、起诉、审判和执行等活动中相互提供协助,包括送达文书,调查取证,安排证人作证或者协助调查,查封、扣押、冻结涉案财物,没收、返还违法所得及其他涉案财物,移管被判刑人以及其他协助。涉及追究洗钱犯罪的司法协助主要是在追究洗钱犯罪的国际刑事司法协助,主要包括我国在追究洗钱犯罪中与其他国家之间在刑事诉讼中的相互协助,包括送达文书,调查取证,安排证人作证或者协助调查,查封、扣押、冻结涉案财物,没收、返还违法所得及其他涉案财物,移管被判刑人等措施。除此之外,在我国 2018 年通过国际刑事司法协助法之前,在 2000 年已经通过引渡法,故国际刑事司法协助法没有再规定引渡的相关内容。但是,引渡作为最传统的境外追逃措施,也是广义国际刑事司法协助的组成部分。对于追究洗钱犯罪的国际刑事司法协助来说,应当也包括引渡在内,否则在其他条文中更不可能涵盖涉及洗钱犯罪的引渡合作问题。

第二,关于司法协助的职能机关。原反洗钱法规定司法协助的办理机关是"司法机关",但仅仅司法机关已经难以涵盖当前我国国际刑事司法协助中的相关职能部门。一方面,根据《中华人民共和国国际刑事司法协助法》第五条和第六条的规定,我国国际刑事司法协助中的职能机关包括对外联系机关、主管机关和办案机关。具体来说，不仅包括作为司法机关的最高人民法院、最高人民检察院以及各级人民法院、人民检察院，还包括国家监察委员会、公安部、国家安全部等其他机关。因此，原反洗钱法条文中关于司法机关的表述，不能涵盖当前所有国际刑事司法协助中的职能机关。新洗钱法规定为"有关法律的规定"，这种规定方式也与《中华人民共和国反有组织犯罪法》的规定类似，该法第五十六条规定涉及有组织犯罪的刑事司法协助、引渡，依照有关法律的规定办理。类似的规定还有《中华人民共和国反恐怖主义法》第七十条。

第三，关于司法协助的依据。原反洗钱法条文中只规定对于司法协助依照有关法律的规定办理，并没有明确所适用法律的名称。新洗钱法将国际刑事司法协助法列明。国际刑事司法协助法是我国刑事司法协助依据的最为主要的法律之一，反洗钱国际刑事司法协助也不例外。该法于2018年通过，所以在原反洗钱法中没有规定该法的名称。但是在修法过程中，国际刑事司法协助法已经通过，而且作为规定国际刑事司法协助最为主要的法律，有必要将其明确规定在条文中。为全面贯彻实施国际刑事司法协助法，规范国际刑事司法协助程序，2024年4月22日，国家监察委员会、最高人民法院、最高人民检察院、外交部、公安部、国家安全部、司法部还制定实施了《关于实施〈中华人民共和国国际刑事司法协助法〉若干问题的规定（试行）》。虽然刑事诉讼法也是开展国际刑事司法协助所依据的法律之一，在该法第十八条对于刑事司法协助进行了规定，但是该法中专门的国际刑事司法协助条款较少。因此，最终通过的条文只保留了明确规定了国际刑事司法协助法，把刑事诉讼法以及其他法律涵盖在"以及有关法律"当中。

第四，关于洗钱犯罪。本条是关于追究洗钱犯罪的司法协助，所以应当明确洗钱犯罪的范围。我国刑法中洗钱犯罪的罪名包括第一百九十一条规定的洗钱罪，第三百一十二条规定的掩饰、隐瞒犯罪所得、犯罪所得收益罪和第三百四十九条规定的窝藏、转移、隐瞒毒品、毒赃罪。那么，本条所规定的洗钱犯罪，是指第一百九十一条的洗钱罪，还是包括上述三个罪名，值得思考。笔者认为，应当包括三个罪名，也就是从广义上理解洗钱犯罪。其原因在于本法第二条明确将洗钱的上游犯罪扩充到了所有的犯罪，而不仅仅是第一百九十一条洗钱罪的上游犯罪，因此，本法所称的洗钱实际上是针对所有能够产生犯罪所得的犯罪，洗钱犯罪就不能只理解为洗钱罪，而是包括了三个涉及洗钱的犯罪。

【关联规范】

《中华人民共和国国际刑事司法协助法》；《中华人民共和国引渡法》；《中华人民共和国刑事诉讼法》第十八条；《中华人民共和国监察法》第五十一条、第五十二条；《中华人民共和国刑法》第六条至第九条、第一百九十一条、第三百一十二条、第三百四十九条；《中华人民共和国反有组织犯罪法》第五十六条；《中华人民共和国反恐怖主义法》第七十条；《中华人民共和国禁毒法》第五十五条；《公安机关办理刑事案件程序规定》第三百七十四条至第三百八十四条；《公安机关反有组织犯罪工作规定》第五十八条至第六十一条。

> **第四十九条　【境外金融机构的配合义务】** 国家有关机关在依法调查洗钱和恐怖主义融资活动过程中，按照对等原则或者经与有关国家协商一致，可以要求在境内开立代理行账户或者与我国存在其他密切金融联系的境外金融机构予以配合。

【条文主旨】

本条是关于境外金融机构在反洗钱和反恐怖融资中的配合义务的规定。

【条文解读】

本条的适用主体为国家有关机关，即国家有关机关在反洗钱的职责范围内均可依法要求境外金融机构配合履行。

在本条适用的范围方面，将境外金融机构的配合义务限制在洗钱和恐怖主义融资活动中。根据本法第二条、第四十条的规定，预防和遏制恐怖主义融资活动适用反洗钱的相关规定。恐怖主义活动危害巨大，资金流向控制非常必要，在国际社会上容易达成规制共识。但是，恐怖主义融资活动所体现的"白钱变黑"与洗钱活动的"黑钱变白"并不完全相同，因此，在反洗钱国际合作上，需要将洗钱与恐怖主义融资活动并列，明确二者虽然资金流向不同、性质有所差异，但都需要严格监管。

在本条适用的标准方面，以对等原则或者经有关国家协商一致为标准。对等原则是国际法当中的重要原则，指在国际关系中国家间在某一方面相互给予平等的待遇，目的是达到国与国之间的相互尊重和平等互利。如果有一方违反这一原则，可能会导致对方的限制性或报复性措施。"经与有关国家协商一致"，既是双方对等的一种体现，同时也反映了对国家主权的尊重。同时，在一些特殊情况下，即使双方基于各种原因没有体现对等，但是只要双方协商一致，也可以开展合作。

本条适用的对象，是在我国境内开立代理行账户或者与我国存在其他密切金融联系的境外金融机构。根据该规定，我国要求配合调查的境外金融机构的主要标准是与我国存在密切金融联系。具体来说包括以下两类：

（1）在我国境内开立代理银行账户的境外金融机构，这是该金融机构与我国存在密切金融联系的主要表现。在《中国人民银行关于金融机构在跨境业务合作中加强反洗钱工作的通知》第一条，对于金融机构建立与境外金融机构之间的代理行关系作出限制，不得为在注册地无实质性经营管理活动、没有受到良好监管的外国金融机构开立代理银行账户或与其发展可能危及自身声誉的其他业务关系。代理行关系的确立意味着境内金融机构为境外金融机构提供开户、结算等业务服务，该境外金融机构也就因此能够实质性影响我国金融管理秩序和金融安全。

（2）虽然在我国境内没有开立代理银行账户，但是和我国存在其他密切金融联系。这是本条能够适用于境外金融机构的"兜底"规定。当前，金融产品繁多，金融创新增多，金融活动全部纳入监管，难以通过列举的方式确定与境外金融机构之间存在密切金融联系的标准，就需要采取"兜底"形式对该标准进行规定。事实上，境外金融机构在我国境内开立代理行以及与我国存在其他金融密切联系，代表着该境外金融机构实际参与我国金融市场活动。因此，在反洗钱国际合作方面，我国有权对于实际在我国境内开展金融活动的境外金融机构，以及与该金融活动密切相关的境外金融机构提出配合要求，境外金融机构应当予以配合。同时，本条规定也充分体现了尊重各国国情的价值蕴含。虽然本法规定的我国境内反洗钱工作机制将特定非金融机构纳入监管，但对于境外的机构，本条仍然将配合义务的范畴限制在金融机构的范围内，没有扩张到非金融机构。

此外，根据本法第五十七条第二款的规定，境外金融机构不依法配合的，可由国务院反洗钱行政主管部门依照本法第五十四条、第五十六条规定对其实施罚款、限制或者禁止其从事相关业务等行政处罚，并可将该境外金融机构列入本法第四十条第一款第三项所规定的，国务院反洗钱行政主管部门认定或者会同国家有关机关认定的，具有重大洗钱风险、不采取措施可能造成严重后果的组织和人员名单。任何单位和个人应当按照国家有关机关要求对该名单所列对象及其代理人、受其指使的组织和人员、其直接或者间接控制的组织，采取立即停止提供金融等服务或者资金、资产，立即限制相关资金、资产转移等特别预防措施。

【关联规范】

《中华人民共和国商业银行法》第十九条、第四十三条；《中国银保监会外资银行行政许可事项实施办法》第五十二条、第六十二条；《银行业金融机构反洗钱和反恐怖融资管理办法》第四条、第二十七条；《金融机构客户身份识别和客户身份资料及交易记录保存管理办法》第四条、第六条。

第五十条　【境内金融机构的报告义务】 外国国家、组织违反对等、协商一致原则直接要求境内金融机构提交客户身份资料、交易信息，扣押、冻结、划转境内资金、资产，或者作出其他行动的，金融机构不得擅自执行，并应当及时向国务院有关金融管理部门报告。

除前款规定外，外国国家、组织基于合规监管的需要，要求境内金融机构提供概要性合规信息、经营信息等信息的，境内金融机构向国务院有关金融管理部门和国家有关机关报告后可以提供或者予以配合。

前两款规定的资料、信息涉及重要数据和个人信息的，还应当符合国家数据安全管理、个人信息保护有关规定。

【条文主旨】

本条是关于我国境内金融机构对外国国家、组织配合要求的报告义务及行动标准的规定。

【条文解读】

本条规定在外国国家和组织对境内金融机构提出配合要求的情况下，

境内金融机构负有向金融管理部门报告的义务，在实质上是要求境内金融机构配合阻断外国法律和措施的不当域外适用。

本条第一款是关于境内金融机构不得擅自向外国提供信息、协助，并向金融管理部门报告的义务。每个国家都拥有自己的司法主权，一国不得在他国领域内开展司法活动，这是尊重他国司法主权的基本要求。《中华人民共和国国际刑事司法协助法》第四条第三款明确规定，非经中华人民共和国主管机关同意，外国机构、组织和个人不得在中华人民共和国境内进行本法规定的刑事诉讼活动，中华人民共和国境内的机构、组织和个人不得向外国提供证据材料和本法规定的协助。由此禁止我国境内的机构、组织和个人未经主管机关同意向外国提供证据材料和协助。本条第一款的规定，事实上是国际刑事司法协助法的上述规定在反洗钱领域的重要体现。外国国家、组织违反对等、协商一致原则直接要求境内金融机构提交客户身份资料、交易信息，扣押、冻结、划转境内资金、资产，或者作出其他行动的，实质上就是违反我国的有关规定要求我国境内金融机构向外国提供资料和相关的协助，对此本法规定不得擅自执行，并及时向国务院有关金融管理部门报告。当然，如果外国国家、组织按照对等原则与我国协商一致的情况下，境内金融机构可以提供相应的信息和协助。

根据本条规定，外国国家、组织直接提出的要求包括两种情形：一是要求境内金融机构向其提供客户身份资料、交易信息；二是要求境内金融机构采取扣押、冻结、划转境内资产或者其他行动。对于这两类种情形都要求境内金融机构不得擅自执行，需要履行报告义务。第一种情形是不得擅自提交反洗钱信息。该规定和本法第七条对于反洗钱信息的提供和使用的规定是一致的。根据该条规定，对依法履行反洗钱职责或者义务获得的客户身份资料和交易信息、反洗钱调查信息等反洗钱信息，应当予以保密。非依法律规定，不得向任何单位和个人提供。所以，在没有法律规定的情况下，对于外国国家、组织违反对等、协商一致原则要求境内金融机构提交客户身份资料、交易信息的，不得擅自提交。第二种情形涉及对于我国境内资产的扣押、冻结和划转，在没有法律依据的情况下，更不能擅自执行。

本条第二款规定对于第一款的例外情形，即规定能否提供概要性合规信息、经营信息等合规监管信息的问题。此类信息是不同于第一款规定的客户身份资料和交易信息的一种信息。对于该款的理解，需要注意以下两个方面：第一，对于外国国家、组织要求提供的概要性合规信息和经营信息等信息，境内金融机构在履行报告义务后，可以提供。这赋予境内金融机构一定的自主决策权，既可以拒绝，也可以在报告后予以配合。第二，外国国家、组织要求提供上述信息的目的必须是合规监管的需要，而不是基于其他需要。对于企业进行合规监管是部分国家、组织的职责，相关企业的概要性合规信息和经营信息，是判断企业是否合规合法经营的重要依据，基于合规监管而要求我国境内金融机构提供此类信息的，在报告有关部门后可以配合。

本条第三款是对于境内金融机构提供前两款规定的资料、信息在涉及重要数据和个人信息情况下的特殊规定。根据该款规定，前两款规定的资料、信息在涉及重要数据和个人信息的情况下，在判断是否提交的时候还应当符合国家数据安全管理、个人信息保护有关规定。一方面，这意味着相关法律不以数据安全法和个人信息保护法为限，只要是关于国家数据安全管理和个人信息保护的法律及其条文，都应当遵守；另一方面，重要数据是数据安全法中的专有概念。根据《中华人民共和国数据安全法》第二十一条的规定，在数据分类分级保护的情形下，重要数据受到更为严格的管理和保护。但这并不意味着一般数据或个人隐私等该款表述规定之外的资料和信息，不需要遵守其他相关法律法规。该款规定在性质上属于立法者特别提醒的注意规定而非法律拟制，即使删去该款规定，对于重要数据和个人信息，以及国家秘密、商业秘密、一般数据、个人隐私等的提交也都需要遵守相关法律法规的规定进行保护。

此外，针对金融机构违反本条之规定擅自采取行动的，本法第五十七条第一款规定了相应的行政处罚，由国务院有关金融管理部门处以罚款。对负有责任的董事、监事、高级管理人员或者其他直接责任人员，可以由国务院有关金融管理部门给予警告或者罚款。

【关联规范】

《中华人民共和国国际刑事司法协助法》第四条；《互联网保险业务监管办法》第四十条；《证券期货业反洗钱工作实施办法》第十四条、第十五条；《金融机构反洗钱和反恐怖融资监督管理办法》第八条、第十七条；《金融机构客户身份识别和客户身份资料及交易记录保存管理办法》第五条、第六条、第二十九条；《银行业金融机构反洗钱和反恐怖融资管理办法》第二十六条、第二十八条、第四十六条、第四十八条；《非银行支付机构监督管理条例实施细则》第十五条。

第六章 法律责任

> 第五十一条 【未依法履行反洗钱监管职责的责任】反洗钱行政主管部门和其他依法负有反洗钱监督管理职责的部门从事反洗钱工作的人员有下列行为之一的,依法给予处分:
> （一）违反规定进行检查、调查或者采取临时冻结措施;
> （二）泄露因反洗钱知悉的国家秘密、商业秘密或者个人隐私、个人信息;
> （三）违反规定对有关机构和人员实施行政处罚;
> （四）其他不依法履行职责的行为。
> 其他国家机关工作人员有前款第二项行为的,依法给予处分。

【条文主旨】

本条是关于从事反洗钱工作的人员未依法履行反洗钱监管职责,以及其他国家机关工作人员泄露因反洗钱知悉的国家秘密、商业秘密或者个人隐私、个人信息后承担处分的规定。

【条文解读】

反洗钱工作具有复杂性、系统性。各国家机构在参与反洗钱治理过程中,反洗钱信息不可避免地在各单位之间流动共享。随之产生的问题是,反洗钱行政主管部门之外的其他国家机关工作人员,完全有可能泄露相关的秘密或信息。然而,原反洗钱法并未规定其他国家机关工作人员的相应责任。此外,新反洗钱法的第二章至第四章进一步明确了反洗钱主管部门在监督管理、调查以及临时强制措施等方面的权限,新增了大量关于保护反洗钱个人信息的规定。为督促反洗钱行政主管部门规范行使上述职能，规避权力滥用，需要同步规定与之配套的法律责任条款，以实现对侵犯反洗钱个人信息行为的有效惩戒。最后，随着国家监察体制改革的深入推进，原反洗钱法所使用的"行政处分"这一表述也不再符合实际情况，有必要及时更新法条用语。

基于上述考虑，本条在原反洗钱法第三十条规定的基础上，进行了如下修订完善：

（1）在承担的法律责任的问题上，删去"行政"二字，从原有的"行政处分"拓展至"处分"。一方面，此修改回应了国家监察体制改革后对公务人员的惩戒形式的变化。在《中华人民共和国监察法》第十一条第三项明确了监察委员会对违法的公职人员依法作出政务处分决定的职责后，原反洗钱法所采用的"行政处分"的表述不再与监察法的要求相适应。新反洗钱法删去"行政"二字后，"处分"作为属概念，语义范围更广、解释力更强，当然可以包括"政务处分"这一下位种概念，从而实现了与监察法的良性衔接。另一方面，"处分"扩展了对相关违规工作人员追究责任的最大范围。

（2）本条第一款第二项增列监管部门人员泄露因反洗钱知悉的个人信息的情形。制定原反洗钱法时，理论界与实务界对于个人信息性质的讨论尚未完全展开，区分个人隐私与个人信息缺乏必要的理论供给与法律依据。2021年施行的《中华人民共和国民法典》在第一千零三十二条与第一千零三十四条分别明确了隐私权与个人信息的概念范畴，《中华人民共和国个人信息保护法》第四条则规定了个人信息及其处理方式，个人信息已经成了独立于隐私权的法律概念。在这一背景下，新反洗钱法更为强调对反洗钱相关个人信息的保护，进一步规范了金融机构及监管部门对个人信息与个人隐私的处理流程。新增的对于泄露反洗钱相关个人信息的规定，与本法第七条关于反洗钱信息的提供与使用、第十九条关于受益所有人制度等条文相对应，为惩治违反信息保护要求的国家监管工作人员提供了"武器"与"牙齿"。

（3）新增第二款关于其他国家机关工作人员泄露因反洗钱知悉的国家秘密、商业秘密或者个人隐私、个人信息的规定。《中华人民共和国公务员法》第十四条第五项要求公务员应当保守国家秘密和工作秘密。在反洗钱实践中，从事反洗钱工作之外的其他国家机关工作人员基于其职务上的交流契机或便利条件，存在一定程度的工作联系，完全有可能接触到反洗钱过程中涉及的国家秘密、商业秘密或者个人隐私、个人信息。本款新增规定填补了原反洗钱法存在的规制漏洞，明确要求全体国家机关工作人员必须严守保密纪律，进一步加强了对反洗钱过程中的重要信息的保护力度。

最后，在具体适用本条规定时，需要从本条的处分对象与本条的处分方式加以理解。对于本条的处分对象，本条第一项对应本法第十三条关于国务院反洗钱行政主管部门的职责的规定、第四十五条第二款至第四款关于国务院反洗钱主管部门采取临时冻结措施的规定；第二项对应本法第七条关于保护反洗钱个人信息的规定、第十六条关于设立反洗钱监测机构的规定、第十七条国务院反洗钱主管部门向有关机关获取信息的规定、第四十四条关于反洗钱调查的规定、第四十七条关于与境外反洗钱机构交换反洗钱信息的规定；第三项意在规制反洗钱主管部门工作人员违规作出本法第六章相关处罚的情形；第四项在性质上属于本条的"兜底"条款，旨在避免出现可能的处罚漏洞从而实现全面规制。

在本条的处分方式问题上，根据《中华人民共和国公职人员政务处分法》第七条的规定，政务处分的种类为警告、记过、记大过、降级、撤职、开除。

【关联规范】

《中华人民共和国民法典》第一千零三十二条、第一千零三十四条；《中华人民共和国监察法》第十一条；《中华人民共和国个人信息保护法》第四条；《中华人民共和国公务员法》第十四条；《中华人民共和国公职人员政务处分法》第七条；《中华人民共和国中国人民银行法》第五十条、第五十一条；《中华人民共和国银行业监督管理法》第四十三条。

第五十二条　【未依法建立、施行反洗钱内控机制的责任】金融机构有下列情形之一的，由国务院反洗钱行政主管部门或者其设区的市级以上派出机构责令限期改正；情节较重的，给予警告或者处二十万元以下罚款；情节严重或者逾期未改正的，处二十万元以上二百万元以下罚款，可以根据情形在职责范围内或者建议有关金融管理部门限制或者禁止其开展相关业务：

（一）未按照规定制定、完善反洗钱内部控制制度规范；

（二）未按照规定设立专门机构或者指定内设机构牵头负责反洗钱工作；

（三）未按照规定根据经营规模和洗钱风险状况配备相应人员；

（四）未按照规定开展洗钱风险评估或者健全相应的风险管理制度；

（五）未按照规定制定、完善可疑交易监测标准；

（六）未按照规定开展反洗钱内部审计或者社会审计；

（七）未按照规定开展反洗钱培训；

（八）应当建立反洗钱相关信息系统而未建立，或者未按照规定完善反洗钱相关信息系统；

（九）金融机构的负责人未能有效履行反洗钱职责。

【条文主旨】

本条是关于金融机构未依法建立、施行本法规定的反洗钱内部控制机制的处罚规定。

【条文解读】

金融行动特别工作组《建议》建议 18 提出，金融机构应当建立反洗钱与反恐怖融资机制，（a）制定内部制度、程序和控制措施，包括适当的合规管理安排、全面的筛选措施以确保录用具有较高水准的员工。（b）持续的员工培训计划。（c）独立的审计功能，以审查反洗钱与反恐怖融资机制的有效性。[1] 在反洗钱实践过程中，尽管我国金融业已经基本建立了反洗钱合规与风险管理体系，但金融机构的反洗钱合规水平良莠不齐，法律法规中关于反洗钱制度建设的规定也较为概括。

从立法说明看，本次反洗钱法修订总体坚持问题导向，加强反洗钱监

---

[1] 参见中国人民银行反洗钱局编译：《打击洗钱、恐怖融资与扩散融资的国际标准：FATF 建议》，中国金融出版社 2024 年版，第 151 页。

督管理，按照"风险为本"原则合理确定相关各方义务。[①] 以"风险为本"的思考方法必然要求立法与执法皆应在风险发展的过程中的前端进行有效规制。在反洗钱的语境下，就必须要求金融机构承担建设系统的预防体系与洗钱风险管控制度，对异常资金流动进行穿透监测，研究洗钱违法犯罪的最新进展，培养反洗钱人才等义务。进一步而言，为了确保金融机构能够切实履行上述义务，就必须明确金融机构在违反反洗钱合规与风险管理建设义务时的法律责任。然而，原反洗钱法第三十一条的规定较为简单，情形较为单一。此外，本条仅规定了对金融机构的限期改正与对直接负责的董事、高级管理人员和其他直接责任人员的纪律处分，缺乏行政处罚的相关规定，从而导致无法对金融机构的违规行为予以充分惩戒。

基于上述背景，本条在原反洗钱法第三十一条规定的基础上进行了如下修订完善：

（1）在行政处罚的主体问题上，删去"授权"二字，将作出本条行政行为的权限一般性地下放至设区的市级以上派出机构，实现了对行政资源的合理配置。制定原反洗钱法时，由于基层金融执法力量仍然较为薄弱，出于确保执法质量、限制处罚权力的考虑，仅允许得到授权的市级派出机构开展反洗钱执法活动。随着基层执法队伍的快速建设，新反洗钱法不再实施"授权制"并下放处罚权限，呈现为"国务院反洗钱行政主管部门、省级派出机构、设区的市级派出机构"三级阶层结构，实现了执法资源的高效利用与合理配置，有效解决了"管得了的看不见，看得见的管不了"的执法窘境。

（2）在责令限期改正与情节严重的双层处罚档次的基础上，增设情节较重的处罚档次，修改了情节严重情形的惩戒方式。经过修订后，对于情节较重与情节严重情形的处罚，在处罚的种类、处罚的幅度与处罚的方式方面形成了严格工整的阶层结构。一方面，对情节较重情形的处罚方式为警告与罚款的选处，罚款金额上限为二十万元；另一方面，在情节严重或逾期未改正的情形下，对金融机构处二十万元以上二百万元以下的罚款，辅之以资格罚的裁量并处，极大地提升了对金融机构的威慑力。值得注意的是，尽管从形式上看，本条删去了情节严重情形下对直接负责的董事、高级管理人员和其他直接责任人员的责令纪律处分的相关规定，但根据本

[①] 参见潘功胜：《关于〈中华人民共和国反洗钱法（修订草案）〉的说明——2024年4月23日在第十四届全国人民代表大会常务委员会第九次会议上》，载中国人大网，http：//www.npc.gov.cn/c2/c30834/202411/t20241108_440871.html，最后访问日期：2025年2月27日。

法第五十六条的相关规定，仍然可以对金融机构的主要责任人员进行处罚。上述修改本质是以整序法条逻辑为目的而进行的立法上的技术性调整。

（3）将"行为"修改为含义更丰富、更具解释力的"情形"，细化了本条的规制情形。其中，第三、四、五、六、八、九项规定为本次修订新增的情形。第三项对应本法第二十七条第一款关于建立健全反洗钱内部控制制度的规定，第四、八项对应第二十七条第二款关于风险评估与信息管理的规定，第六项对应第二十七条第三款关于内部审计与内部控制的规定，第九项对应第二十七条第四款关于金融机构负责人对内部控制制度的有效实施的规定，第五项则对应第三十五条第二款关于可疑交易报告制度的规定。

在具体适用本条时，还需要注意对作为本条处罚对象的"金融机构"的理解。新反洗钱法第六十三条不再以"从事金融业务"为标准采取半封闭式的列举性规定，而是以"机构"的行业领域为标准，明确银行业、证券期货业、保险业金融机构、非银行支付机构以及国务院反洗钱行政主管部门确定并公布的其他从事金融业务的机构为履行金融机构反洗钱义务的主体。

【关联规范】

《中华人民共和国中国人民银行法》第四十六条；《金融机构反洗钱和反恐怖融资监督管理办法》第三十六条；《金融机构大额交易和可疑交易报告管理办法》第十二条、第十三条、第二十四条。

第五十三条　【未依法履行反洗钱义务的一般情形及其责任】 金融机构有下列行为之一的，由国务院反洗钱行政主管部门或者其设区的市级以上派出机构责令限期改正，可以给予警告或者处二十万元以下罚款；情节严重或者逾期未改正的，处二十万元以上二百万元以下罚款：

（一）未按照规定开展客户尽职调查；
（二）未按照规定保存客户身份资料和交易记录；
（三）未按照规定报告大额交易；
（四）未按照规定报告可疑交易。

【条文主旨】

本条是关于金融机构未依法履行反洗钱义务的一般情形的处罚规定。

【条文解读】

原反洗钱法第三十二条第一款既规制不履行、不保存、不报告等可能存在过失或疏于履行积极义务等行为，也规制泄露、拒绝、阻碍等能够充分显示相对人故意违反相应规范乃至滥用职权的行为。但是，同一法条所规制的行为样态在违法程度上应具有近似的等质性，将上述二类违法程度不同的行为规定在同一法条并配置同样的处罚，难以实现处罚均衡。同时，由于新反洗钱法在反洗钱风险监测管理等方面对金融机构提出了更高的要求，也使分类规制金融机构的违规行为成为可能。基于上述考虑，新反洗钱法将原反洗钱法第三十二条第一款的规定一分为二，通过第五十三条、第五十四条分别加以规制，以实现对金融机构违规行为的精准规制。

就本条而言，新反洗钱法在原法第三十二条第一款前三项情形的基础上，主要进行了如下修改完善：

（1）在行政处罚的主体问题上，取消"授权"的限制，将有权作出本条行政行为的权限一般性地下放至设区的市级派出机构，实现了金融执法资源的高效配置。还需要明确的是，"国务院反洗钱行政主管部门或者其设区的市级以上派出机构"的表述，实际包含了"国务院反洗钱行政主管部门、省级的派出机构、设区的市级以上派出机构"三级行政机构。

（2）增设"情节较重"的处罚档次。在表述某一条文的处罚档次时，行政法规范通常采用"情节较重""情节严重"的表述顺序。原反洗钱法在要求主管部门责令金融机构限期改正的基础上，径直规定了"情节严重"情形，跳过了"情节较重"这一处罚档次，导致当金融机构的违规行为尚未达到情节严重时，难以对其进行有效的规制。新法通过增加"情节较重"的相关规定，填补了原有的基本情节与情节严重之间的处罚间隙，使处罚档次更为完整，条文逻辑更为顺畅。此外，情节严重情形下采取的是一种"得罚"式规定，赋予行政处罚机关依据具体案情决定是否进行处罚的裁量权，充分体现了本次修订在加强对金融机构违法行为的打击力度的同时，对于情节相对轻微的情形采取相对弹性的处罚方式，贯彻了行政执法"宽严相济"的基本理念。

（3）提高对金融机构违规情节严重情形下的处罚上限，并增加"逾期未改正"的处罚条件。新法修订后，对金融机构违法情节严重或者逾期未改正的处罚，由原法的最高五十万元修改为二百万元。需要注意的是，在理解与适用对单位的相关处罚时，不能孤立地依据本条规定，认为本法对金融机构违法的处罚完全转向了仅处罚单位的"单罚制"，必须结合本法其他规定进行全面理解。根据本法第五十六条的规定，对于金融机构负有责任的董事、监事、高级管理人员或者其他直接责任人员仍然可以进行处罚，但此时由"并处"这一"当罚"表述修改为"可以处"这一"得罚"表述，实现了从双罚制到"裁量双罚制"的转向。第三款还规定了金融机构的"董监高"或其他责任人员的尽职免责条款，对于能够证明自己业已勤勉尽责的责任人员可以不予处罚。为此，可以认为新反洗钱法对金融机构的处罚采取了"原则单罚，酌情双罚，得反证可单罚"的处罚模式。

在我国既有的法律体系中，对于单位违法行为的处罚主要存在以下模式：《中华人民共和国刑法》第三十一条规定，对单位犯罪的处罚以双罚制为原则、以单罚制为例外；《中华人民共和国治安管理处罚法》第十八条则采取了原则上仅处罚单位主管人员的单罚制；《中华人民共和国税收征收管理法》则将自然人与单位皆置于纳税人与扣缴义务人的概念下规定法律责任，实际采取了仅处罚单位的单罚制。处罚模式的选择需要与违法行为的危害程度相适应。从整体的法秩序角度来看，无论单位是违反行政规范还是违反刑法规范，实际皆为对法律所保护的法益的侵害，为此应当根据行为对法益的侵害严重程度进行具体判断。在我国"行政违法+刑事犯罪"的二元规制模式下，犯罪是对秩序的严重违反，采取双罚制可以有效地起到惩戒作用。与之相对，行政法理论上的相对人一般不局限于自然人，以单位作为处罚对象不存在任何困难；从行为的违法程度来看，行政违法一般不具备过高的违法程度。既然如此，采取裁量的双罚制乃至单罚制对单位违法行为加以处罚，就是合乎逻辑的。《中华人民共和国行政处罚法》第五条第二款规定，实施行政处罚必须以事实为依据，与违法行为的事实、性质、情节以及社会危害程度相当。新反洗钱法不再坚持严格的双罚制、允许行政机关根据具体案情决定是否对相关责任人员处罚的做法，更为符合处罚程度与危害程度相适应的基本原则。

【关联规范】

《中华人民共和国中国人民银行法》第四十六条；《中华人民共和国商业银行法》第八十条；《中华人民共和国银行业监督管理法》第四十七条；《金融机构大额交易和可疑交易报告管理办法》第五条、第十一条、第三十六条；《金融机构反洗钱和反恐怖融资监督管理办法》第三十六条。

第五十四条 【未依法履行反洗钱义务的加重情形及其责任】 金融机构有下列行为之一的，由国务院反洗钱行政主管部门或者其设区的市级以上派出机构责令限期改正，处五十万元以下罚款；情节严重的，处五十万元以上五百万元以下罚款，可以根据情形在职责范围内或者建议有关金融管理部门限制或者禁止其开展相关业务：

（一）为身份不明的客户提供服务、与其进行交易，为客户开立匿名账户、假名账户，或者为冒用他人身份的客户开立账户；

（二）未按照规定对洗钱高风险情形采取相应洗钱风险管理措施；

（三）未按照规定采取反洗钱特别预防措施；

（四）违反保密规定，查询、泄露有关信息；

（五）拒绝、阻碍反洗钱监督管理、调查，或者故意提供虚假材料；

（六）篡改、伪造或者无正当理由删除客户身份资料、交易记录；

（七）自行或者协助客户以拆分交易等方式故意逃避履行反洗钱义务。

【条文主旨】

本条是关于金融机构未依法履行反洗钱义务的加重情形的处罚规定。

【条文解读】

新反洗钱法将原反洗钱法的第三十二条第一款的相关规定一分为二，本条规制的是金融机构较为严重的违规情形。新反洗钱法采取此种立法技术与条文安排的原因大致有三：第一，原反洗钱法第三十二条第一款规定的各项情形在违法程度上存在差异。本条规定的情形或者属于金融机构严重不负责任，即明知存在盖然性的洗钱行为却不采取风险管理或预防措施，仍然为客户提供服务或开设账户；或者属于金融机构主动、故意违反本法规定的消极义务，例如阻碍、篡改、伪造及泄露等行为。相比第五十三条，上述行为的违法程度显然存在明显的升高。第二，危害程度较高的违规行为显然更有可能构成犯罪，通过将较为严重的违规行为独立成条，能够更为高效地审查具体案件中是否存在犯罪情形。第三，在近年的反洗钱实践中，出现了一系列高发的违规类型，如果将所有的具体违规行为规定于同一法条，会导致法条体量过于庞大、内容过于冗杂。

有鉴于此，新反洗钱法在原法第三十二条第一款后四项规定的基础上，主要进行了如下修改完善：

（1）在本条基本规定中增设了对金融机构的行政处罚。原反洗钱法在本条的基本规定中仅规定了"限期改正"。一般认为，"限期改正"属于对违法行为人发出的要求其作为的行政命令，不具备惩罚性。但是，违反本条规定的金融机构具有显著的应受谴责性，对其应进行明确的否定性评价。基于此，新反洗钱法允许反洗钱行政主管部门对违规金融机构处五十万元以下的罚款，对金融机构的违法行为予以明确谴责，督促警告其以此为戒不再违法。

（2）大幅提高情节严重情形下对金融机构可处罚款的最高限度，在增设新的处罚类型的基础上明确了作出处罚的主体及衔接程序，对金融机构的处罚方式由严格双罚调整为裁量双罚。修订后，新反洗钱法除了可以对违反本条规定情形的金融机构最高处二百万元罚款之外，还可以根据具体案情对其处"限制或者禁止其开展相关业务"这一行为罚，极大地提高了处罚的威慑力。这是因为，对具有资金密集性特征的金融机构而言，限制或禁止其开展相关业务所造成的影响要远超对其处固定金额的罚款。金融行动特别工作组《建议》建议 27 指出，监管机构应当有权要求金融机构提交任何与合规监管有关的信息，对不遵守该要求的情形实施处罚。监管机构应当有实施一系列纪律惩戒和经济处罚的权力，包括在适当情形下吊销、限制或中止金融机构执照的权力。[①] 由此可见，对金融机构的严重违法行为规定行为罚的做法也完全符合国际标准的要求。

还需注意的是，本次修订之所以增设对相关部门的建议的规定，是由于根据《中华人民共和国银行业监督管理法》第四十六条的规定，可以作出责令停业整顿或者吊销其经营许可证的主体为国务院银行业监督管理机构，反洗钱行政主管部门一般不具有做出此类行政处罚的权限。新反洗钱法明确规定反洗钱行政主管部门可以根据情形在职责范围内或者建议有关

[①] 参见中国人民银行反洗钱局编译：《打击洗钱、恐怖融资与扩散融资的国际标准：FATF 建议》，中国金融出版社 2024 年版，第 197 页。

金融管理部门限制或者禁止其开展相关业务，妥善处理了不同职责部门之间的执法衔接问题。此外，尽管本条不再规定对金融机构的违规行为直接负责的董事、高级管理人员和其他直接责任人员的处罚，但由于新反洗钱法在第五十六条对相关责任人员的责任进行了集中规制，为此对金融机构仍然采取了双罚制，具体适用问题请参照本书对第五十六条的相关解读。

（3）整合细化本条规制的行为类型。作为金融机构最容易触犯的规定之一，本次修订还针对第一项情形增设了"提供服务"以及"为冒用他人身份的客户开立账户"的表述。规定前者的考虑在于，金融机构除了开展基础的交易业务外，还有可能为客户提供诸如投资理财等服务。当客户身份不明时，金融机构当然不应再提供相关服务；在后者的情形下，由于实施了冒用行为的客户往往具有实施违法或者犯罪行为的高度风险，如果金融机构仍然为其开通账户，则可以认为其具有主观上的过错。第二项与第三项则分别对应本法第三十条关于风险管理措施与第六条关于反洗钱特别措施的规定。第四项则增设了"查询"这一行为类型，极大地提高了对反洗钱相关信息的保护力度。第五项则明确将拒绝、阻碍监督管理行为也纳入规制范围。此外，第五项还明确强调了提供虚假材料行为必须是基于故意。这是一种基于相对人主观状况所进行的处罚限缩。根据《中华人民共和国行政处罚法》第三十三条第二款的规定，当事人有证据足以证明没有主观过错的，不予行政处罚。法律、行政法规另有规定的，从其规定。这就意味着，行政处罚机关本不承担对相对人具有过错的证明责任，过失行为原则上同样可罚。本条之所以例外地要求提交虚假材料的行为必须基于故意，是由于能够将金融机构因怠于审查材料的真实性而提交错误材料的情形，严格排除在处罚范围之外。第六项与第七项则是针对近年来司法实践中存在的金融机构高发违规情形作出的回应性规定。

【关联规范】

《中华人民共和国行政处罚法》第三十三条；《中华人民共和国商业银行法》第七十七条；《中华人民共和国中国人民银行法》第四十六条；《中华人民共和国银行业监督管理法》第四十六条；《金融机构反洗钱和反恐怖融资监督管理办法》第三十六条。

> **第五十五条 【未依法履行反洗钱义务造成实际后果的责任】** 金融机构有本法第五十三条、第五十四条规定的行为,致使犯罪所得及其收益通过本机构得以掩饰、隐瞒的,或者致使恐怖主义融资后果发生的,由国务院反洗钱行政主管部门或者其设区的市级以上派出机构责令限期改正,涉及金额不足一千万元的,处五十万元以上一千万元以下罚款;涉及金额一千万元以上的,处涉及金额百分之二十以上二倍以下罚款;情节严重的,可以根据情形在职责范围内实施或者建议有关金融管理部门实施限制、禁止其开展相关业务,或者责令停业整顿、吊销经营许可证等处罚。

【条文主旨】

本条是关于因金融机构在具体业务中,违反本法规定的反洗钱义务,进而造成犯罪所得及其收益通过本机构得以掩饰、隐瞒,或者致使恐怖主义融资后果发生的处罚规定。

【条文解读】

恐怖融资是恐怖活动的"血液",反恐怖融资是反对恐怖主义、践行总体国家安全观的重要抓手。金融行动特别工作组《建议》建议1提出,各国应要求金融机构与特定非金融行业识别、评估并采取有效行动,以降低其洗钱、恐怖融资与扩散融资风险。[①]《国务院办公厅关于完善反洗钱、反恐怖融资、反逃税监管体制机制的意见》也要求充分重视和发挥反洗钱义务机构在预防洗钱、恐怖融资和逃税方面的"第一道防线"作用。为适应反洗钱新形势的要求,修订后的反洗钱法加强了风险防控与监督管理。作为法律责任条款中的实际严重后果条款,本条应具有显著的惩戒性特征,但原反洗钱法将严重后果的适用范围严格限制为"洗钱",致使无法对导致恐怖主义融资的情形进行明确有效的规制。此外,以当前的经济发展水平来看,原反洗钱法规定的罚款数额也过低,无法适应当前的金融执

[①] 参见中国人民银行反洗钱局编译:《打击洗钱、恐怖融资与扩散融资的国际标准:FATF建议》,中国金融出版社2024年版,第15页。

法需要。

为此，在将原反洗钱法第三十二条第二款规定为独立法条的基础上，本条总体进行了如下修订补充：

（1）适度限缩本条的适用范围。原反洗钱法所使用的"有前款行为"这一表述，实际包括了本法的第五十二条至第五十四条的情形。本法第五十五条则强调仅在金融机构在违反第五十三条、第五十四条的情形下方得适用本条规定，对金融机构因未依法建立、施行反洗钱内控机制而后产生严重后果的情形不再依据本条进行处罚，一定程度上限缩了本条的适用范围。

（2）明确了实际后果的具体含义。新反洗钱法将原反洗钱法中的"洗钱"表述，扩展细化为"犯罪所得及其收益通过本机构得以掩饰、隐瞒的，或者致使恐怖主义融资后果发生"，从而与本法第二条关于反洗钱的定义的规定保持一致。

（3）大幅提高了可处罚款金额的上限，并以涉及金额是否达到一千万元为标准，采取了阶梯式的区分处罚模式。对于涉及金额不足一千万元的情形，新法在维持了固定数额罚的基础上，将最大处罚数额提高至一千万元；对于超过一千万元的情形，新法则采取比例罚，最高可科处二倍于涉及金额的罚款，极大地提升了处罚的威慑力。

（4）扩充情节严重情形下的处罚类型。原法仅允许相关机关实施吊销经营许可证这一资格罚。修订后，不仅可采取的处罚类型扩展至限制、禁止金融机构开展相关业务等方式，还增加了"等处罚"这一兜底性规定，为后续根据反洗钱的实际需要，采取新的处罚方式留出了充足的解释空间。

在上述修改中，仍然需要对第一点修改进行进一步解释。同样是以金融机构存在违规现象为前提，为何在第五十二条的情形下就不得适用第五十五条的相关规定？这有必要从第五十二条至第五十四条的规范属性入手加以阐释。在第五十二条的情形下，金融机构事前消极履行制度建设义务，此时距离发生本条结果仍然具有较为遥远的距离；第五十三条主要指的是一般情形下金融机构不履行义务的情形，此时虽然违反了行政法规对金融机构积极履行义务的要求，但并不具有导致洗钱或恐怖融资结果的高度可能性。正因如此，新反洗钱法对第五十二条与第五十三条所配置的处罚档次、处罚方式与处罚力度基本相同。与之相对，第五十四条所规制的行为则具有导致本条结果的高度风险，故对违反第五十四条规定的处罚，相比第五十二条、第五十三条存在明显的加重。由此可见，若从行为本身的危险程度角度加以分析，可以认为在第五十二条至第五十四条规定的情形下，导致犯罪所得收益得以掩饰、隐瞒或发生恐怖主义融资后果的危险程度逐渐升高；第五十二条所规制的违规行为属于事前的、抽象的制度建设的情形，而第五十三条、第五十四条规制的是实际业务行为过程中金融机构不履行义务、滥用职权的情形。根据因果关系的一般原理，只有在金融机构进行实际业务活动中的违规行为，才可能与最终结果之间存在因果关系。换言之，金融机构虽然可能疏于制度建设，但其在为客户办理业务时，完全可能谨慎周到地进行了审查（不存在违反本法第五十三条、第五十四条的情形），此时即使发生了本条后果，也不能认为是金融机构不履行反洗钱制度建设的行为所致。

最后，本条与第五十三条、第五十四条规定的关系为并列关系。当金融机构因业务上的违规行为导致本条后果发生时，需要同时适用本条与第五十三条或第五十四条的规定。这是因为第五十三条与第五十四条旨在规制金融机构的业务违规行为，而本条规定则以评价嗣后出现的严重后果为宗旨，同时适用此二法条并不会造成对金融机构的重复评价。

【关联规范】

《中华人民共和国反恐怖主义法》第二十四条；《中华人民共和国银行业监督管理法》第四十八条；《金融机构反洗钱和反恐怖融资监督管理办法》第三十六条。

> **第五十六条　【金融机构管理人员的法律责任】**国务院反洗钱行政主管部门或者其设区的市级以上派出机构依照本法第五十二条至第五十四条规定对金融机构进行处罚的，还可以根据情形对负有责任的董事、监事、高级管理人员或者其他直接责任人员，给予警告或者处二十万元以下罚款；情节严重的，可以根据情形在职责范围内实施或者建议有关金融管理部门实施取消其任职资格、禁止其从事有关金融行业工作等处罚。
>
> 国务院反洗钱行政主管部门或者其设区的市级以上派出机构依照本法第五十五条规定对金融机构进行处罚的，还可以根据情形对负有责任的董事、监事、高级管理人员或者其他

> 直接责任人员，处二十万元以上一百万元以下罚款；情节严重的，可以根据情形在职责范围内实施或者建议有关金融管理部门实施取消其任职资格、禁止其从事有关金融行业工作等处罚。
> 　　前两款规定的金融机构董事、监事、高级管理人员或者其他直接责任人员能够证明自己已经勤勉尽责采取反洗钱措施的，可以不予处罚。

【条文主旨】

　　本条是关于金融机构中管理人员法律责任，管理人员包括董事、监事、高级管理人员或者其他直接责任人员，处罚方式包括罚款或者取消其任职资格、禁止其从事有关金融行业工作等，处罚的条件是其所任职的金融机构违反反洗钱义务而被主管机关处罚，且管理人员负有个人责任。

【条文解读】

　　本条是对原反洗钱法第三十二条的修改、扩充和细化，规范了对金融机构管理人员的处罚制度。

　　原反洗钱法第三十二条第一款规定，金融机构有下列行为之一的，由国务院反洗钱行政主管部门或者其授权的设区的市一级以上派出机构责令限期改正；情节严重的，处二十万元以上五十万元以下罚款，并对直接负责的董事、高级管理人员和其他直接责任人员，处一万元以上五万元以下罚款：（一）未按照规定履行客户身份识别义务的；（二）未按照规定保存客户身份资料和交易记录的；（三）未按照规定报送大额交易报告或者可疑交易报告的；（四）与身份不明的客户进行交易或者为客户开立匿名账户、假名账户的；（五）违反保密规定，泄露有关信息的；（六）拒绝、阻碍反洗钱检查、调查的；（七）拒绝提供调查材料或者故意提供虚假材料的。第二款规定，金融机构有前款行为，致使洗钱后果发生的，处五十万元以上五百万元以下罚款，并对直接负责的董事、高级管理人员和其他直接责任人员处五万元以上五十万元以下罚款；情节特别严重的，反洗钱行政主管部门可以建议有关金融监督管理机构责令停业整顿或者吊销其经营许可证。第三款规定，对有前两款规定情形的金融机构直接负责的董事、高级管理人员和其他直接责任人员，反洗钱行政主管部门可以建议有关金融监督管理机构依法责令金融机构给予纪律处分，或者建议依法取消其任职资格、禁止其从事有关金融行业工作。

本条完善了对违法金融机构的管理人员处罚制度，表现为：第一，增加并细化可以对金融机构管理人进行职业资格处罚的情形，由原反洗钱法第三十二条的 7 项违法情形增加到现在 20 项违法情形；第二，明确国务院反洗钱行政主管部门或者其设区的市级以上派出机构作为对金融机构管理人进行职业资格处罚的主体；第三，将"监事"列入职业资格处罚的对象，通过对监事的处罚促使其积极履行监督职责；第四，根据经济社会发展水平，提高了对违法金融机构的管理人员的罚款金额；第五，取消"责令金融机构给予纪律处分"；第六，增加管理人员尽职免责事由，强调管理人员尽职可免除被处罚的后果，督促金融机构的管理人员积极履行管理责任。

《建议》建议 35 是关于违法行为的处罚建议，该项建议主要是倡导各国应确保有一系列有效、适当和劝诫性的处罚措施，包括刑事、民事和行政处罚，以处理违反《建议》建议 6、建议 8 至建议 23 所涵盖的不符合反洗钱/反恐融资要求的自然人或法人。处罚不仅适用于金融机构、非金融商业机构或者专业机构，也适用于其董事和高级管理层。[①] 由此可见，《建议》对违法行为采用双罚制，包括对违法的金融机构和金融机构高级管理人员的处罚。新反洗钱法第五十六条规定对金融机构管理人员的法律责任，与《建议》建议 35 的要求一致。

本条细化对违反反洗钱义务的金融机构和负有责任的自然人均予以处罚，从以下六个方面加以修订完善：

（1）增加并细化对金融机构的管理人员处罚制度。

首先，增加了对金融机构的管理人员处罚的违法情形。本条第一款规定，依照本法第五十二条至第五十四条规定对金融机构进行处罚的，还可以根据情形对负有责任的董事、监事、高级管理人员或者其他直接责任人员进行处罚。本条第二款规定依照本法第五十五条规定对金融机构进行处罚的，还可以根据情形对负有责任的董事、监事、高级管理人员或者其他直接责任人员进行处罚。新反洗钱法第五十二条至第五十四条一共规定了 20 项具体违反反洗钱义务的情形，原反洗钱法第三十二条第一款仅仅规定了 7 项违反反洗钱义务的情形。由此可见，新反洗钱法新增了 13 项具体违

---

① 参见中国人民银行反洗钱局编译：《打击洗钱、恐怖融资与扩散融资的国际标准：FATF 建议》，中国金融出版社 2024 年版，第 229 页。

反反洗钱义务的情形，更有利于高效打击形形色色违反反洗钱法的行为。

其次，对罚款设置两级处罚标准，明确不同级别处罚的适用条件。本条将对金融机构管理人员的处罚细化为两层，根据违反新反洗钱法第五十二条至第五十四条是否造成严重洗钱后果进行分层，将造成严重洗钱后果的情况进行单独规范，明确对此情况处以更重的处罚。具体而言，本条第一款是金融机构存在违法行为但未造成严重洗钱后果时对负有责任的董事、监事、高级管理人员或者其他直接责任人员的处罚，第二款是金融机构存在违法行为且造成严重洗钱后果时对负有责任的董事、监事、高级管理人员或者其他直接责任人员的处罚。造成严重洗钱后果是指金融机构存在违反新反洗钱法"第五十二条至第五十四条"行为且已经造成后果，即致使犯罪所得及其收益通过本机构得以掩饰、隐瞒的，或者致使恐怖主义融资后果发生。原反洗钱法第三十二条第二款简单表述为"金融机构有前款行为，致使洗钱后果发生的"，易造成法律适用困难。因为"洗钱后果"无明确定义和标准，有待进一步细化。新反洗钱法的条文规范克服了原反洗钱法相关法律条文语言的模糊性，清晰将洗钱后果概括为致使犯罪所得及其收益通过本机构得以掩饰、隐瞒的，或者致使恐怖主义融资后果发生的情形，便于执法人员和司法人员清晰把握"造成严重洗钱后果"的认定标准。

最后，细化对金融机构管理人员取消其任职资格、禁止其从事有关金融行业工作的程序。取消任职资格、禁止从事有关金融行业工作的依据，主要有《银行业金融机构董事（理事）和高级管理人员任职资格管理办法》。《银行业金融机构董事（理事）和高级管理人员任职资格管理办法》第七条至第十三条规定金融机构拟任、现任董事（理事）和高级管理人员的条件，第二十五条至第三十条规定金融机构董事（理事）和高级管理人员任职资格终止的情形，其中包括违法违规经营，情节较为严重或造成损失数额较大的；内部管理与控制制度不健全或执行监督不力，造成损失数额较大或引发较大金融犯罪案件的；违反审慎经营规则，造成损失数额较大或引发较大金融犯罪案件的；未按照规定向监管机构提供报表、报告等文件或资料，经监管机构书面提示，拒不改正的。

（2）明确对管理人员职业资格处罚权的行使主体。

原反洗钱法第三十二条第三款规定，规定反洗钱行政主管部门可以建议有关金融监督管理机构依法责令金融机构给予纪律处分，或者建议依法取消其任职资格、禁止其从事有关金融行业工作。反洗钱行政主管部门的建议权，意味着其反洗钱行政主管部门对违反反洗钱法的行为没有处罚决定权，处罚决定权由金融监督管理机构享有。依据该规定，反洗钱行政主管部门只享有处罚建议权，且未明确中央反洗钱行政主管部门与其派出机构权限划分，两级部门履行反洗钱义务时权责划分易混淆，行政相对方发现洗钱现象亦无法判断主管单位。

新反洗钱法修改为"国务院反洗钱行政主管部门或者其设区的市级以上派出机构依照本法……规定对金融机构进行处罚"，情节严重的，可以根据情形在职责范围内实施或者建议有关金融管理部门实施取消其任职资格、禁止其从事有关金融行业工作等处罚，明确国务院反洗钱行政主管部门或者其设区的市级以上派出机构可以作为金融机构管理人员职业资格处罚的行政主体。在我国，国务院反洗钱行政主管部门是中国人民银行，其负责组织、协调全国的反洗钱工作，并在法律授权范围内进行监督检查。中国人民银行的设区的市级以上派出机构在国务院反洗钱行政主管部门的授权范围内，对金融机构履行反洗钱义务的情况进行监督检查。

本条明确国务院反洗钱行政主管部门或者其设区的市级以上派出机构作为对金融机构管理人员进行处罚的主管机关，具有以下优点：第一，简化对洗钱行为的决策过程，有利于提高打击洗钱行为的质效。洗钱行为一旦被发现，从调查到最后决定处罚，由一个主管机关进行，可以提高办案效率，避免因为建议权与决定权分离导致调查过程低效，有时甚至出现不同机关之间交接案件出现推诿塞责等极端现状，导致违法行为主体趁机伪造证据、逃往境外、转移违法资金等情况。第二，明确上下两级行政主体可以对违法行为进行处罚，符合司法规律。我国三大诉讼法（民事诉讼法、刑事诉讼法、行政诉讼法）和行政处罚法等程序法律，均规定不同层级机关共同行使权利，针对违法犯罪行为进行立案、调查、行政处罚、司法判决等均由上下级机关进行。不同层级机关对管辖的违法行为分工协作，下级机关主要承担具体违法行为办理职责，上级机关主要承担监督和管理职责以及重大疑难复杂案件的办理。第三，金融机构进行处罚决定主体与金融机构管理人员处罚决定主体保持一致。原反洗钱法规定对金融机构管理人员进行处罚由反洗钱行政主管部门建议其他主管部门进行处罚，但是对金融机构进行处罚却由国务院反洗钱行政主管部门或者其授权的设区的市一级以上派出机构直接决定。这样的规定会导致对机构与管理人员的处罚由不同主管单位作出，影响执法效率，也增加了不同主管单位的沟通成本。本条克服了上述弊端，将对金融机构和管理人员的处罚决定权均授权于国务院反洗钱行政主管部门或者其设区的市级以上派出机构，同时保留了国务院反洗钱行政主管部门或者其设区的市级以上派出机构建议其他单位进行处罚的建议权。

(3) 增加职业资格处罚的对象类型。

与原反洗钱法第三十二条第一款第三项相比，本条将"监事"作为金融机构高级管理人员纳入处罚对象。将监事作为金融机构应负责任的管理人员，不仅强化了金融机构内部治理的责任，也提升了反洗钱工作的全面性和法律的威慑力，对于提高金融机构的合规水平和有效预防洗钱活动具有重要的进步意义。

第一，强化了金融机构内部治理结构的责任。监事作为公司治理结构中的重要一环，负责监督公司的财务活动和董事、高级管理人员的行为。将其纳入处罚对象，意味着监事在反洗钱工作中的责任得到了法律的明确，有助于提高监事对反洗钱工作的重视，从而加强金融机构内部的监督和制衡机制。第二，提升了反洗钱工作的全面性。通过将监事纳入处罚对象，法律明确了所有关键管理人员在反洗钱工作中的责任，这不仅包括执行层面的高级管理人员，也包括监督层面的监事。这种全面性有助于构建一个更加完善的反洗钱责任体系，确保金融机构在各个层面都能有效地执行反洗钱措施。第三，增强了法律的威慑力。监事的纳入使得法律的威慑力进一步增强，因为监事作为监督者，其法律责任的明确化可以促使其更加积极地履行监督职责，防止和发现洗钱行为，从而在源头上遏制洗钱活动的发生。第四，促进了反洗钱法规的执行。监事的法律责任明确化有助于促进反洗钱法规的执行，因为监事需要确保公司遵守相关法律法规，否则可能面临法律责任。这种压力可以转化为动力，推动监事更加积极地参与到反洗钱工作中。第五，提高了金融机构的合规水平。监事的纳入有助于提高金融机构的整体合规水平，因为监事需要对公司的合规状况进行监督，确保公司不违反反洗钱法规。这有助于提升金融机构的合规意识和合规操作，减少洗钱风险。

(4) 提高对金融机构管理人员的罚款数额。

提高对金融机构管理人员的违法罚款金额是与时俱进，适应经济社会发展的现状。原反洗钱法第三十二条第一款针对存在违法行为但未造成洗钱后果的金融机构管理人员，只有金融机构违法行为情节严重的，才对金融机构直接负责的董事、高级管理人员和其他直接责任人员，处一万元以上五万元以下罚款。原反洗钱法第三十二条第二款针对存在违法行为且已经造成洗钱后果的金融机构管理人员，规定金融机构存在违法行为且致使洗钱后果发生的，对金融机构直接负责的董事、高级管理人员和其他直接责任人员处五万元以上五十万元以下罚款。

新反洗钱法将存在违法行为但未造成洗钱后果的金融机构管理人员的罚款提高为"二十万元以下",将存在违法行为且已经造成洗钱后果的金融机构管理人员的罚款提高为"二十万元以上一百万元以下",提高了违法行为的违法成本。

(5)取消"责令金融机构给予纪律处分"。

金融机构既有国有资本亦有私有资本,既有国内金融机构亦有外国金融机构,"责令金融机构给予纪律处分"不具有普遍适用性,新反洗钱法修订时将该处罚规定予以删除。当然,删除并非意味着管理人员违反反洗钱法不会受到纪律处分。金融机构从业人员,尤其是国有金融机构从业人员,履职过程中存在违反反洗钱法的行为依然会受到纪律处分,只是处罚依据不是反洗钱法,而是《金融违法行为处罚办法》等其他规范性文件。

《金融违法行为处罚办法》规定了专门针对金融机构从业人员和高级管理人员的纪律处分,具体包括警告、记过、记大过、降级、撤职、留用察看、开除,由所在金融机构或者上级金融机构决定。根据该办法第二条规定,金融机构是指在境内依法设立和经营金融业务的机构,包括银行、信用合作社、财务公司、信托投资公司、金融租赁公司等。根据该办法第三条规定,金融机构的工作人员依照本办法受到开除的纪律处分的,终身不得在金融机构工作,由中国人民银行通知各金融机构不得任用,并在全国性报纸上公告。金融机构的高级管理人员依照本办法受到撤职的纪律处分的,由中国人民银行决定在一定期限内直至终身不得在任何金融机构担任高级管理职务或者与原职务相当的职务,通知各金融机构不得任用,并在全国性报纸上公告。其中高级管理人员,是指金融机构的法定代表人和其他主要负责人,包括银行及其分支机构的董事长、副董事长、行长、副行长、主任、副主任;信用合作社的理事长、副理事长、主任、副主任;财务公司、信托投资公司、金融租赁公司等金融机构的董事长、副董事长、总经理、副总经理等。

(6)增加尽职免责事由。

本条第三款规定金融机构管理人员尽职免责事由,具体内容是指在金融机构或特定非金融机构违反本条规定,金融机构的董事、监事、高级管理人员或其他直接责任人员能够证明自己已经勤勉尽责地采取了反洗钱措施,可以不被处罚。该规定可以从以下几个方面进行理解:

第一,勤勉尽责的标准。该条款要求金融机构的相关人员在反洗钱工作中必须展现出勤勉尽责的态度。这意味着他们需要积极履行自己的职责，采取必要的措施来预防和打击洗钱活动。这些措施可能包括但不限于制定和执行反洗钱政策、进行员工培训、监控可疑交易等。

第二，证明责任。规定中提到的"能够证明自己已经勤勉尽责"意味着相关人员需要提供证据来证明他们已经采取了适当的反洗钱措施。这可能包括文件记录、监控报告、内部审计结果等，以显示他们已经尽到了应有的注意义务。

第三，免责的可能性。如果相关人员能够满足上述条件，即使所在机构发生了洗钱风险管理上的瑕疵，他们也有机会不被追究个人责任。这体现了法律对于个人责任的区分，即在集体责任中区分个人责任，鼓励个人积极履行反洗钱职责。

第四，法律效果。这一规定为金融机构的董事、监事和高级管理人员提供了一种法律保护机制。在他们已经尽到合理注意义务的情况下，即使发生了洗钱行为，他们也不会因此受到行政处罚。这有助于激励这些关键人员更加积极地参与到反洗钱工作中，同时也保护了那些已经尽责行事的人员不受不公正的处罚。

增加尽职免责事由反映了法律与实践的结合。在实际操作中，金融机构需要建立起一套有效的反洗钱内部控制体系，并且要求相关人员严格执行。这样，即使在面对复杂的洗钱风险时，也能够通过合理的措施来降低风险，保护金融机构及其人员的合法权益。本条的规定旨在鼓励和保护那些在反洗钱工作中已经尽到勤勉尽责义务的金融机构人员，同时也强调了个人在反洗钱工作中的责任和作用。通过这种方式，法律旨在提高反洗钱工作的效率和效果，同时保护那些已经尽责行事的个人不受不公正的处罚。

【关联规范】

《银行业金融机构董事（理事）和高级管理人员任职资格管理办法》第七条至第十三条、第二十五条至第三十条；《金融违法行为处罚办法》第二条、第三条。

> **第五十七条　【境内金融机构擅自采取行动和境外金融机构拒不配合的法律责任】** 金融机构违反本法第五十条规定擅自采取行动的，由国务院有关金融管理部门处五十万元以下罚款；情节严重的，处五十万元以上五百万元以下罚款；造成损失的，并处所造成直接经济损失一倍以上五倍以下罚款。对负有责任的董事、监事、高级管理人员或者其他直接责任人员，可以由国务院有关金融管理部门给予警告或者处五十万元以下罚款。
>
> 　　境外金融机构违反本法第四十九条规定，对国家有关机关的调查不予配合的，由国务院反洗钱行政主管部门依照本法第五十四条、第五十六条规定进行处罚，并可以根据情形将其列入本法第四十条第一款第三项规定的名单。

【条文主旨】

本条是关于境内金融机构擅自采取行动和境外金融机构拒不配合的法律责任，两种违法行为均不要求产生危害结果，且对违法的金融机构和负有责任的管理人员进行双罚。

【条文解读】

本条是新反洗钱法的新增条文，是对境内外金融机构违反反洗钱行政主管部门监管措施的处罚措施，包括境内金融机构违反新反洗钱法第五十条规定的行为和境外金融机构违反新反洗钱法第四十九条规定的行为。

该新增条文主要内容是：

（1）本条第一款规定境内金融机构未经报告批准而擅自作为的违法行为，即境内金融机构违反新反洗钱法第五十条规定的行为，具体表现为：第一，未经报告而擅自配合外国国家、组织并提交客户身份资料、交易信息、扣押、冻结、划转境内资金、资产，或者作出其他行动；第二，未经报告而擅自向外国国家、组织提供概要性合规信息、经营信息等信息的行为；第三，资料、信息涉及重要数据和个人信息，向外国国家、组织提供数据和个人信息违反国内数据安全管理、个人信息保护有关规定的行为。

（2）本条第二款规定境外金融机构经要求提供而拒不配合的违法行

为，表现为经我国有关机关要求境外金融配合而该境外金融机构拒不配合。新反洗钱法第四十九条规定，国家有关机关在依法调查洗钱和恐怖主义融资活动过程中，按照对等原则或者经与有关国家协商一致，可以要求在境内开立代理行账户或者与我国存在其他密切金融联系的境外金融机构予以配合。境外金融机构拒不提供我国有关机关的要求，即构成对新反洗钱法第五十七条第二款的违反，可以根据该条第二款规定处罚，由国务院反洗钱行政主管部门依照新反洗钱法第五十四条、第五十六条规定进行处罚，并可以根据情形将其列入新反洗钱法第四十条第一款第三项规定的名单。

金融行动特别工作组《建议》建议33是关于数据统计的建议，其提出，各国应当保存与本国反洗钱与反恐怖融资体系有效性相关的全面数据，包括接受与分发的可疑交易报告数据，洗钱与恐怖融资调查数据，起诉与判决数据，资产冻结、扣押和没收数据，以及双边司法协助或其他国际合作请求的数据。[①] 新反洗钱法第五十七条第二款规定与《建议》建议33相互契合。我国主管机关要求境外机构按照要求提供相关数据，是为了履行本国反洗钱与反恐怖融资义务，境外金融机构应当按照要求予以提供，否则将被按照新反洗钱法第五十七条规定予以处罚。

《建议》建议37、38规定了双边司法协助的内容[②]，新反洗钱法第五章规定了反洗钱国际合作，但是国际合作是有限度的，必须遵守平等互惠的原则和对等原则，在不危害我国国家和公民权益的基础上进行。新反洗钱法第五十七条第一款规定了境内金融机构按照平等互惠的原则和对等原则为境外国家或地区、组织提供协助时，需要保护信息和数据的安全，要遵守先报告后配合的程序要求。这与金融行动特别工作组对《建议》建议40释义契合，即主管当局应对任何交换信息的请求保持适当的保密措施，以保护调查的真实可信，并符合双方在隐私和数据保护方面的义务。我国在反洗钱法中规定金融机构配合境外国家或地区、组织的协助要求需要先报告后执行，也是基于数据和信息安全考虑。

此外，本条细化对境内外金融机构的信息提供规则，明确境内金融机构擅自采取行动和境外金融机构拒不配合的法律责任，具有积极的进步意义，主要表现有四个方面：

[①] 参见中国人民银行反洗钱局编译：《打击洗钱、恐怖融资与扩散融资的国际标准：FATF建议》，中国金融出版社2024年版，第225页。

[②] 参见中国人民银行反洗钱局编译：《打击洗钱、恐怖融资与扩散融资的国际标准：FATF建议》，中国金融出版社2024年版，第233、237页。

第一，明确对境内金融机构跨境转移数据和信息的监管要求。

根据《中华人民共和国数据安全法》第三条规定，数据是指任何以电子或者其他方式对信息的记录。数据处理，包括数据的收集、存储、使用、加工、传输、提供、公开等。数据安全是指通过采取必要措施，确保数据处于有效保护和合法利用的状态，以及具备保障持续安全状态的能力。该法第三十六条规定，中华人民共和国主管机关根据有关法律和中华人民共和国缔结或者参加的国际条约、协定，或者按照平等互惠原则，处理外国司法或者执法机构关于提供数据的请求。非经中华人民共和国主管机关批准，境内的组织、个人不得向外国司法或者执法机构提供存储于中华人民共和国境内的数据。

《网络数据安全管理条例》的立法目的是规范网络数据处理活动，保障网络数据安全，促进网络数据依法合理有效利用，保护个人、组织的合法权益，维护国家安全和公共利益。该条例第三十七条规定，网络数据处理者在中华人民共和国境内运营中收集和产生的重要数据确需向境外提供的，应当通过国家网信部门组织的数据出境安全评估。第三十八条规定，通过数据出境安全评估后，网络数据处理者向境外提供个人信息和重要数据的，不得超出评估时明确的数据出境目的、方式、范围和种类、规模等。

跨境转移数据和信息，需要考虑信息安全风险以及国际外交的政治、外交等因素，上述因素是单个金融机构无法准确判断的。新反洗钱法第五十七条体现了我国数据安全法和网络数据安全管理条例的规范要求，首次规定了对境内金融机构配合境外国家或地区、组织提供协助和信息等义务时需要先报告后执行。外国国家、组织基于合理监管的需要，要求中国境内金融机构提交概要性合规信息、经营信息或者提出其他合理要求的，中国境内金融机构可以按照要求采取适当行动，但应当事先向国务院有关金融监督管理机构报告，对于可能影响中国国家主权、安全和利益或者公民、法人或其他组织利益的，应当事先获得国务院有关金融监督管理机构批准。

第二，明确境外金融机构配合我国主管单位的法定义务。

新反洗钱法规定了境外金融机构的配合义务，即按照对等原则或者经与有关国家协商一致后，有关机关、部门在依法调查洗钱和恐怖主义融资活动过程中，可以要求在中国境内开立代理行账户或者与中国存在其他密切金融联系的境外金融机构予以配合。

这里的有关机关包括但不限于"国务院反洗钱行政主管部门或者其设

区的市一级以上派出机构"，还包括境内的司法机关、监察机关以及其他行政机关。在我国，从广义上理解，司法机关主要指负责司法审判和法律监督的国家机关，具体包括：人民法院、人民检察院、公安机关、司法行政机关、国家安全机关。监察机关是指行使国家监察职能的专责机关，依照《中华人民共和国监察法》对所有行使公权力的公职人员进行监察，调查职务违法和职务犯罪，开展廉政建设和反腐败工作，维护宪法和法律的尊严。其他行政机关包括除反洗钱行政主管部门之外的其他行政执法机关，例如国家金融管理局、国家外汇管理局等。

第三，反洗钱"黑名单"适用于违反配合义务的境外金融机构。

反洗钱"黑名单"是中国反洗钱法律体系中的一个重要组成部分，主要针对那些不遵守中国反洗钱法律法规的境外金融机构。这些机构可能在境内开立代理行账户或者与我国存在其他密切金融联系。被列入"黑名单"的境外金融机构将面临一系列监管措施和法律后果。根据新反洗钱法第四十条第三款规定，被列入反洗钱"黑名单"是反洗钱特别预防措施，包括立即停止向名单所列对象及其代理人、受其指使的组织和人员、对其直接或者间接控制的组织提供金融等服务或者资金、资产，立即限制相关资金、资产转移等。被列入反洗钱"黑名单"的境外金融机构，可能被采取反洗钱特别预防措施。这些措施可能包括限制或禁止与这些机构的金融交易，增加对其业务的审查和监控，以及要求其他金融机构在与其业务往来时采取额外的预防措施。此外，对金融机构而言，被列入反洗钱"黑名单"的境外金融机构将面临严重的信誉和业务损失。

在跨境监管执法中，新反洗钱法特别强调了对等原则和协商一致原则，并对涉及国家安全、数据安全和个人信息保护的内容进行了重点规范。这意味着依据本条实施反洗钱"黑名单"制度，目的是确保相关数据、信息的安全管理和个人信息保护符合国家法律法规的要求。境外金融机构列入反洗钱"黑名单"的法律依据是本条，该条款明确授权国务院反洗钱行政主管部门对违反反洗钱法规的境外金融机构采取包括列入黑名单在内的处罚措施。

第四，强调国际合作与数据安全同等重要。

新反洗钱法强调反洗钱国际合作需遵循平等互惠的原则和对等原则。这意味着在进行国际合作时，中国将与其他国家在反洗钱领域进行平等的合作，互相尊重对方的法律和司法主权，实现互利共赢。具体表现为鼓励建立跨境合作与信息共享机制，新反洗钱法对境内金融机构配合外国国家、组织履行反洗钱义务作出了专门规定。外国国家、组织基于合规监管的需要，要求境内金融机构提供概要性合规信息、经营信息等信息的，境内金融机构向有关金融管理部门和国家有关机关报告后可以提供或者予以配合。这体现了在国际合作中对信息共享的需求和机制。

数据安全和个人信息保护更是新反洗钱法关注的重点。新反洗钱法增加对个人隐私的保护，明确要求提供反洗钱服务的机构及其工作人员对于因提供服务获得的数据、信息，应当依法妥善处理，确保数据、信息安全。此外，新反洗钱法还增加规定在公司内部、集团成员之间共享反洗钱信息，应当符合有关信息保护的法律规定。对于跨境转移数据和信息更是采用审慎的态度，要求金融机构应当及时向国务院有关金融管理部门报告后方可根据对等、协商一致原则向境外国家或地区、组织提供。

【关联规范】

《中华人民共和国数据安全法》第三十六条；《网络数据安全管理条例》第三十七条。

> **第五十八条** 【特定非金融机构及有关负责人的法律责任】特定非金融机构违反本法规定的，由有关特定非金融机构主管部门责令限期改正；情节较重的，给予警告或者处五万元以下罚款；情节严重或者逾期未改正的，处五万元以上五十万元以下罚款；对有关负责人，可以给予警告或者处五万元以下罚款。

【条文主旨】

本条是关于特定非金融机构及有关负责人法律责任方面的规定。

【条文解读】

原反洗钱法第三条初步划定了反洗钱义务主体的范围，规定金融机构与特定非金融机构两大类主体，并主要明确了金融机构的定义与范畴。但是对于特定非金融机构的范围及法律责任并未得到明确。将特定非金融行业纳入反洗钱监管的主体当中，有助于反洗钱工作的有效开展，但其缺乏明确具体规制，难以适应当下新的反洗钱形势。

在支付形式多元化的背景之下，犯罪形式逐渐地从依附于银行等金融机构的单一属性中脱离出来，涌向非金融机构。而原反洗钱法在"法律责任"一章中仅对反洗钱行政主管部门、其他依法负有反洗钱监督管理职责的部门、机构从事反洗钱工作的人员以及金融机构四类主体进行了明确，针对非金融机构只在第三十五条进行了原则性规定，其具体范围及法律责任留待有关部门制定。基于此，新反洗钱法在法律层面对特定非金融机构进行规范。

本条从以下三个方面加以修订完善：

（1）针对特定非金融机构的性质和履行反洗钱义务的实际能力，对其违法行为设置了不同于金融机构的更为科学合理的具体处罚标准。之所以特定非金融机构不"参照金融机构进行处罚"而设置独立的处罚标准，一方面在于"参照处罚"不便操作，另一方面金融机构与特定非金融机构在行业特点、经营规模、洗钱风险状况等方面存在较大差异。金融机构主要从事直接金融交易，如银行吸收存款、发放贷款，证券公司承销证券、代理买卖证券，保险公司提供保险产品及理赔服务等，其业务活动直接与资金融通相关，该业务性质导致其面临多种洗钱风险。而特定非金融机构的主营业务并非金融业务，只是在运营过程中会涉及相关活动或交易，如房地产中介促成房屋买卖过程中的资金收付，贵金属交易商涉及贵金属的买卖及资金结算等，其核心业务仍围绕各自的专业领域展开，金融活动只是其业务的一部分，洗钱风险的传播和影响范围相对有限。因此，在法律责任条款的设计上应当本着求同存异的原则，适当区分两者的处罚标准。本次修订考虑到特定非金融机构与金融机构相比风险较低、规模较小，故处罚程度也相应地轻于金融机构，在严厉打击洗钱行为的同时确保了罚责相称。

（2）对单位和个人分别规定处罚标准，以便于做到过罚相当。本条采取行政处罚领域的双罚制，在单位违法的前提下，既处罚单位，也处罚负有责任的个人。对单位的处罚规定了责令限期改正、警告和罚款（上限为五十万元），侧重于对其业务限制和经济制裁，目的是促使其投入更多的资源和精力建立健全反洗钱内部管理制度。而对个人的处罚主要是警告和罚款（上限为五万元），更注重对个人的惩戒威慑，目的是使其认识到失职行为的违法性和严重性。从处罚目的和效果来看，此次修订充分考虑了单位及其责任人员违法成本、经济能力的差异，有利于确保处罚的合理性和有效性。

（3）对个人的处罚范围，不是宽泛地表述为"相关从业人员"而是明确规定为"有关负责人",以实现责任认定精准化。一方面,"相关从业人员"包括机构内不同层级、不同岗位的所有工作人员,而在反洗钱工作中,基层员工和管理层在决策参与度、管理职责等方面有着本质区别,将不知情的基层员工也纳入打击范围有违比例原则;另一方面,将法律责任的主体明确为"有关负责人",能够更精准地锁定那些在反洗钱工作中具有关键责任的人员,使责任认定更加具体和明确,从而避免因责任主体不清晰而导致的处罚不当或责任逃避问题。

关于本条的适用从以下三个方面进行说明:

首先,本条规定的责任主体为特定非金融机构。根据本次修订,特定非金融机构主要包括房地产开发企业或房地产中介机构,提供特定服务的会计师事务所、律师事务所、公证机构,从事规定金额以上贵金属、宝石现货交易的交易商和其他经确定履行反洗钱义务的机构。本法第六十四条授权国务院反洗钱行政主管部门和国务院有关部门可以结合我国反洗钱工作的实际需要,适时确定和公布新的反洗钱义务主体。

其次,根据本条规定,特定非金融机构负有下列反洗钱义务:依法采取预防、监控措施,建立健全反洗钱内部控制制度,履行客户尽职调查、客户身份资料和交易记录保存、大额交易和可疑交易报告、反洗钱特别预防措施等。如未能依法履行,将由主管部门给予行政处罚。

最后,关于处罚方式,本条规定了三个档次:第一,责令限期改正。该档属于情节较轻的违法行为,本着教育与惩罚相结合的原则,尽可能地要求其在规定的期限内予以整改。第二,情节较重的,给予警告或者处五万元以下罚款。第三,情节严重或者逾期未改正的,对单位处五万元以上五十万元以下罚款,对有关负责人可以给予警告或者处五万元以下罚款。"情节较重"和"情节严重"的标准,需要总结实践经验予以确定。

【关联规范】

《中华人民共和国中国人民银行法》第三十二条、第四十六条;《中华人民共和国反恐怖主义法》第十四条、第二十四条、第八十三条。

> **第五十九条 【金融机构、特定非金融机构以外的单位和个人未依法履行反洗钱特别预防措施义务的处罚】** 金融机构、特定非金融机构以外的单位和个人未依照本法第四十条规定履行反洗钱特别预防措施义务的，由国务院反洗钱行政主管部门或者其设区的市级以上派出机构责令限期改正；情节严重的，对单位给予警告或者处二十万元以下罚款，对个人给予警告或者处五万元以下罚款。

【条文主旨】

本条是关于金融机构、特定非金融机构以外的单位和个人未依法履行反洗钱特别预防措施义务处罚方面的规定。

【条文解读】

随着反洗钱工作的深入推进，为了拓宽监管范围使单位和个人的洗钱活动得到及时有效的遏制，本法第四十条引入了针对特定黑名单对象的反洗钱特别预防措施，是原有单一监管模式走向监督主体多元化的体现，不仅有助于完善反洗钱监督体系，以便监测和遏制各种形式的洗钱活动，还能让群众参与到监督中，充分推动反洗钱全方位监督落地。为使特别预防措施义务条款在反洗钱工作中发挥实效，本条为其专门配套了相关法律责任。对此，本条从以下三个方面加以修订完善：

（1）扩大反洗钱义务主体范围。本条明确规定金融机构、特定非金融机构以外的单位和个人在未履行反洗钱特别预防措施义务时应承担的法律责任，将反洗钱的义务主体进一步扩展到更广泛的社会层面，不再局限于传统的金融机构和特定非金融机构，体现了反洗钱工作的全面性和系统性，有助于形成全社会共同参与、共同防范洗钱活动的良好局面。

（2）明确法律责任与处罚措施。本条款清晰地界定了违法行为的后果，即情节较轻时责令限期改正，情节严重的则对单位和个人分别给予警告或相应罚款，使法律责任具有可操作性和确定性。这为执法部门提供了明确的执法依据，也让单位和个人清楚知晓不履行义务可能面临的法律后果，从而起到警示和威慑作用，促使其积极履行反洗钱特别预防措施义务。相较于本法第五十八条规定，本条取消了"情节严重"的罚款下限，相关主体的处罚金额不再有最低限制,使得适用范围更加广泛。这一变化有助于提高反洗钱行政处罚的惩戒性和威慑力。

(3)体现适度原则。在处罚力度上,本条根据单位和个人的不同情况,设定了相对合理的罚款额度,既能够对违法行为起到一定的惩戒作用,又不会过于严苛而给当事人造成过重的负担,体现了法律责任与违法行为的性质、情节及社会危害程度相适应的适度原则,保证了法律的公平性和合理性。

关于本条的适用从以下三个方面进行说明:

第一,本条规范的对象是金融机构、特定非金融机构以外的任何单位和个人。

执行反洗钱特别预防措施义务,并不仅仅限于金融机构和特定非金融机构,而是扩展至了"任何单位和个人",这对一般社会公众的反洗钱义务要求进行了大幅度提高。由于金融机构、特定非金融机构未依法履行义务的法律责任在本章其他条款已经明确,故本条针对其他单位和个人规定了独立的法律责任。此举有利于督促企业和个人将建立客户尽职调查程序和名单筛查流程作为一项基本工作。当然,新反洗钱法并未对黑名单中的对象采取"一刀切"的制裁措施,而是保留了相应的救济途径。对于涉及洗钱或恐怖融资的资金与资产,不能不加区分地一概采取特别预防措施,而应秉持具体问题具体分析的原则:"黑名单"所列对象如有基本开支或其他必要费用支出的需要,可按规定向国家有关机关申请使用被限制的资金和资产;同时,善意第三人若认为特别预防措施侵犯了自身合法权益,也能够依法进行权利救济。

第二,本条规定的违法行为是未依法履行反洗钱特别预防措施义务。本法第四十条规定的"反洗钱特别预防措施"又称为我国针对"黑名单"的制裁措施,"黑名单"包括我国认定的恐怖组织和人员名单、联合国安理会制裁名单和中国监管部门认定的重大洗钱风险名单。对于名单上的组织和人员,义务机构应按照要求采取反洗钱特别预防措施,包括立即停止向名单所列对象及其代理人、受其指使的组织和人员、其直接或者间接控制的组织提供金融等服务或者资金、资产,立即限制相关资金、资产转移等。

第三,关于本条规定的责任方式。针对情节较轻的行为,有关单位和个人应当在接到国务院反洗钱行政主管部门或者其设区的市级以上派出机构限期改正的通知后,在规定的期间内依法履行特定义务,并对相关后果给予积极有效的弥补。情节严重的,对单位给予警告或者处二十万元以下罚款，对个人给予警告或者处五万元以下罚款。上述"情节严重"包括延期改正、拒不改正、因不履行义务造成反洗钱工作严重障碍等情形。同时应当区分单位责任和个人责任，根据其主观过错、违法情形、经济能力等处以不同程度的处罚。

总之，本条规定与反洗钱法中关于金融机构和特定非金融机构的反洗钱义务及法律责任的规定相辅相成，共同构建了完整的反洗钱法律责任体系。这种全面而系统的规定，使得反洗钱义务的落实在各个层面都有法可依，无论是金融领域还是非金融领域的不同主体，都被纳入反洗钱的监管框架之中，明确法律责任避免了监管空白和处罚漏洞，进一步强化了反洗钱义务承担的法律防线。

【关联规范】

《中华人民共和国中国人民银行法》第三十二条、第四十六条；《中华人民共和国反恐怖主义法》第十二条至第十六条。

第六十条　【备案主体违反受益所有人制度的行政处罚】
法人、非法人组织未按照规定向登记机关提交受益所有人信息的，由登记机关责令限期改正；拒不改正的，处五万元以下罚款。向登记机关提交虚假或者不实的受益所有人信息，或者未按照规定及时更新受益所有人信息的，由国务院反洗钱行政主管部门或者其设区的市级以上派出机构责令限期改正；拒不改正的，处五万元以下罚款。

【条文主旨】

本条是关于备案主体违反受益所有人制度行政处罚的规定。

【条文解读】

一、我国受益所有人制度的立法演进

金融行动特别工作组《建议》术语表中的"受益所有人"将受益所有人定义为：最终拥有或控制某个客户的一个或多个自然人，及/或某项交易的被代理人（自然人）。受益所有人还包括对某一法人或法律安排享有

最终有效控制权的人。[1]

我国最早有关反洗钱领域受益所有人的规定是 2007 年颁布的《金融机构客户身份识别和客户身份资料及交易记录保存管理办法》，其第三条规定，金融机构应遵循"了解你的客户"的原则，针对具有不同洗钱或者恐怖融资风险特征的客户、业务关系或者交易，采取相应的措施，了解客户及其交易目的和交易性质，了解实际控制客户的自然人和交易的实际受益人。"实际控制客户的自然人和交易的实际受益人"是受益所有人的内涵，但该规范没能明确引入受益所有人概念且未就受益所有人的概念和识别规则作进一步说明。

2017 年 10 月，中国人民银行出台《中国人民银行关于加强反洗钱客户身份识别有关工作的通知》（以下简称 235 号文），第一次明确提出对非自然人受益所有人识别的具体要求。2018 年 6 月，中国人民银行印发《中国人民银行关于进一步做好受益所有人身份识别工作有关问题的通知》（以下简称 164 号文），进一步对受益所有人身份识别事项作出规定，包括受益所有人身份识别工作应当遵循的主要原则、制度保障、判定规则等。但是，二者作为规范性文件，层级较低，且配套制度机制有待进一步建立。

2024 年 4 月中国人民银行、国家市场监督管理总局联合印发的《受益所有人信息管理办法》，是完善我国受益所有人制度的重大举措，其规定的受益所有人识别标准是根据国际通行做法与我国实践对现有反洗钱监管规定的进一步完善。2024 年 11 月新反洗钱法出台，首次以法律的形式规定受益所有人制度，其第十九条、第二十九条以及第六十条共同构建起我国受益所有人制度体系。

《受益所有人信息管理办法》和反洗钱法的进步之处在于：第一，明确了受益所有人的概念；第二，增加受益所有人制度的原则性规定，首次以法律的形式规范受益所有人制度；第三，《受益所有人信息管理办法》细化并整合 235 号文、164 号文中识别受益所有人的要求；第四，新增了备案主体及时更新受益所有人信息的要求；第五，规定备案主体违反受益所有人信息制度的行政处罚。

二、备案主体应当遵守受益所有人制度

新反洗钱法第十九条第二款规定了法人、非法人组织在受益所有人制

---

[1] 参见中国人民银行反洗钱局编译：《打击洗钱、恐怖融资与扩散融资的国际标准：FATF 建议》，中国金融出版社 2024 年版，第 259 页。

度中的反洗钱义务。一方面，法人、非法人组织应当保存并及时更新受益所有人信息；另一方面，法人、非法人组织应当按照规定向登记机关如实提交并及时更新受益所有人信息。新反洗钱法第六十条规定了违反第十九条第二款义务的行政处罚。对于法人、非法人组织未按规定提交受益所有人信息或及时更新受益所有人信息的，均先由登记机关责令限期改正，拒不改正的处五万元以下罚款。在理解本法对法人、非法人组织违反受益所有人制度中的反洗钱义务时，应当注意以下几点：

第一，法人、非法人组织应当准确识别"受益所有人"。《受益所有人信息管理办法》第六条确定了识别受益所有人的一般标准，对于国有独资公司、国有控股公司则应将法定代表人视为受益所有人进行备案。

第二，这里的"规定"主要是指国务院、中国人民银行、市场监管总局等颁布的行政法规、部门规章以及规范性文件，包括但不限于：《中华人民共和国市场主体登记管理条例》《受益所有人信息管理办法》《受益所有人信息备案指南》等。法人、非法人组织履行受益所有人制度的反洗钱义务必须依照相应规定。

第三，在"登记机关"的确定上，备案主体应当通过《中华人民共和国市场主体登记管理条例》第六条规定的县级以上地方人民政府承担市场主体登记工作的部门，即当地的市场监督管理局注册系统进行受益所有人信息备案。

第四，根据《受益所有人信息备案指南》问题2.1与5.1的规定，备案主体需要备案的受益所有人信息包括：受益所有人姓名，性别，国籍，出生日期，经常居住地或者工作单位地址，联系方式，身份证件或者身份证明文件种类、号码、有效期限，受益所有权关系类型以及形成日期、终止日期（如有）。对于符合《受益所有人信息管理办法》第六条第一款第一项标准的受益所有人（通过直接方式或者间接方式最终拥有备案主体25%以上股权、股份或者合伙权益的自然人），还应当填报持有股权、股份或者合伙权益的比例。对于符合《受益所有人信息管理办法》第六条第一款第二项标准的受益所有人（不满足《受益所有人信息管理办法》第六条第一款第一项标准但最终享有备案主体25%以上收益权、表决权的自然人），还应当填报收益权、表决权的比例。对于符合《受益所有人信息管理办法》第六条第一款第三项标准的受益所有人（不满足《受益所有人信息管理办法》第六条第一款第一项标准但单独或者联合对备案主体进行实际控制的自然人），还应当填报实际控制的方式，例如决定法定代表人、董事、监事、高级管理人员或者执行事务合伙人的任免，决定重大经营、管理决策的制定或者执行，决定财务收支，长期实际支配使用重要资产或者主要资金等。

【关联规范】

《中华人民共和国市场主体登记管理条例》第六条；《金融机构客户身份识别和客户身份资料及交易记录保存管理办法》第三条；《受益所有人信息管理办法》第六条、第七条。

> **第六十一条　【制定反洗钱领域行政处罚裁量基准】** 国务院反洗钱行政主管部门应当综合考虑金融机构的经营规模、内部控制制度执行情况、勤勉尽责程度、违法行为持续时间、危害程度以及整改情况等因素，制定本法相关行政处罚裁量基准。

【条文主旨】

本条是关于制定反洗钱领域行政处罚裁量基准的规定。

【条文解读】

一、制定反洗钱领域行政处罚裁量基准的意义

行政处罚裁量基准是指按照当事人违法行为涉及的不同事实和情节，对法律、行政法规、规章中的原则性规定或者具有一定弹性的执法权限、裁量幅度等内容进行细化量化，形成的具体执法尺度和标准。其法律依据是《中华人民共和国行政处罚法》第三十四条。新反洗钱法引入制定反洗钱领域行政处罚裁量基准的规定，这对于防止行政裁量权滥用、增强反洗钱监管效能具有重大意义。

（一）贯彻落实党中央、国务院决策部署

《中华人民共和国行政处罚法》第三十四条规定，"行政机关可以依法制定行政处罚裁量基准，规范行使行政处罚裁量权。行政处罚裁量基准应当向社会公布"。2021年底国务院发布《关于进一步贯彻实施〈中华人民共和国行政处罚法〉的通知》，进一步要求"全面推行行政裁量基准制度，规范行政处罚裁量权，确保过罚相当，防止畸轻畸重"。因此，制定反洗钱领域行政处罚裁量基准，是贯彻落实党中央国务院决策部署的重要举措。

（二）满足金融监管工作的实际需求

对监管对象的违法行为实施有效的行政处罚，是强化金融监管、严格依法履职的必要手段。对于如何有效实施行政处罚，切实做到与"违法行为的事实、性质、情节以及社会危害程度相当"，是实践工作中面临的突出问题。制定反洗钱领域行政处罚裁量基准，明确对不同违法行为应给予的行政处罚幅度，是落实行政处罚法要求、提升金融监管透明度和有效性的必要手段，也是促进公平合理地实施行政处罚的重要保障。[①]

二、制定反洗钱领域行政处罚裁量基准的要求

规范反洗钱行政处罚裁量权，应当遵循以下原则：（1）合法原则。在法律、法规、规章规定的种类和幅度内，依照法定权限，遵守法定程序，保障当事人合法权益。（2）合理原则。符合立法目的，考虑相关事实因素和法律因素，作出的行政处罚决定与违法行为的事实、性质、情节、社会危害程度相当，与本地的经济社会发展水平相适应。（3）公平公正原则。对事实、性质、情节及社会危害程度等因素基本相同的反洗钱行政违法行为，所适用的行政处罚种类和幅度应当基本相同。（4）公开原则。按规定公开行政处罚依据和行政处罚信息。（5）程序正当原则。依法保障当事人的知情权、参与权和救济权等各项法定权利。

反洗钱行政处罚裁量基准应当在法定范围内制定，并符合以下要求：（1）法律、法规、规章规定可予以行政处罚的，应当明确是否予以行政处罚的适用条件和具体标准；（2）法律、法规、规章规定可以选择行政处罚种类的，应当明确不同种类行政处罚的适用条件和具体标准；（3）法律、法规、规章规定行政处罚幅度的，应当根据违法事实、性质、情节、社会危害程度等因素确定适用条件和具体标准；（4）法律、法规、规章规定可以单处也可以并处行政处罚的，应当明确单处或者并处行政处罚的适用条件和具体标准。

制定行政处罚裁量基准需要考虑的因素：（1）金融机构的经营规模。裁量时要考量企业的生产经营规模以及处罚对其生产经营活动的影响和破坏程度。（2）内部控制制度执行情况。金融机构应当依照反洗钱法建立反洗钱内部控制制度并制定相应规范，进行处罚裁量时需要考虑其内控制度

[①] 参见《〈中国人民银行行政处罚裁量基准暂行规定（征求意见稿）〉起草说明》，载中国人民银行网站，http://www.pbc.gov.cn/tiaofasi/144941/144979/3941920/5360379/index.html，最后访问日期：2024年11月10日。

执行情况。(3) 勤勉尽责程度。勤勉尽责义务是指提供反洗钱咨询、技术、专业能力评价等服务的机构及其工作人员，应当勤勉尽责、恪尽职守地提供服务。新反洗钱法第五十六条规定金融机构董事、监事、高级管理人员或者其他直接责任人员能证明勤勉尽责的可免予处罚。(4) 违法行为持续时间。即反洗钱行政违法行为从实施到结束的时间。(5) 危害程度以及整改情况。危害程度是指行为人的反洗钱违法行为给行政法所保护法益造成的现实侵害事实或可能发生的危害状态的程度。在整改情况方面，裁量应当考虑金融机构整改方案的可执行性、实施情况、完成时间，评估整改成果总结与应用情况等。

三、对"应当"制定裁量基准的理解

《中华人民共和国行政处罚法》第三十四条赋予了行政机关制定行政处罚裁量基准的权利，采用"可以"的立法表述。一方面，这说明制定裁量基准是行政机关的权限，是否规范裁量基准可以自行决定；另一方面，这说明制定裁量基准不是行政机关必须履行的义务，行政机关也可以不制定裁量基准。新反洗钱法增加了"内部控制制度执行情况"的考量因素，强调"应当"一词，使得反洗钱主管部门综合考虑诸多因素制定行政处罚的裁量基准成为必须。这是因为制定行政处罚裁量基准在反洗钱领域有其必要性。这表现为：

第一，对于新反洗钱法设定的自由裁量空间，必须制定具体的裁量基准予以控制。例如，新反洗钱法有十处将"情节"作为裁量标准的规定，第五十二条还涉及"情节较重""情节严重"的判断。但这些既未作出定性规定，也没制定具体量化标准，情节严重与否主要依赖反洗钱行政主管部门及其派出机构工作人员的自由裁量。又如新反洗钱法第五十三条对金融机构有相应行为且情节严重或者逾期未改正的，处二十万元以上二百万元以下罚款，二十万元到二百万元处罚跨度较大，若缺乏行政处罚自由裁量标准，可能存在滥用行政权力的风险。

第二，实践中对反洗钱违法行为必须个别地评价各类事实构成。譬如，存在将违法问题发生比例作为裁量依据的情况：某金融机构在一定期限内发生十笔违法行为，对于业务发生基数大的金融机构按比例可能属于不予处罚的行为，但是对于业务基数小的金融机构按比例可能要罚款处理。此外，反洗钱行政违法行为的违法性可能因地域发展程度而有差异，对于经济较发达地区的裁量标准一般会比经济欠发达地区高。正是由于对反洗钱违法行为必须个别地评价各类事实构成，通过裁量基准限制处罚权的恣意才显得尤为必要。

【关联规范】

《中华人民共和国反洗钱法》第五十二条、第五十三条；《中华人民共和国行政处罚法》第三十四条。

> **第六十二条　【刑事责任】** 违反本法规定，构成犯罪的，依法追究刑事责任。
>
> 　　利用金融机构、特定非金融机构实施或者通过非法渠道实施洗钱犯罪的，依法追究刑事责任。

【条文主旨】

本条是关于违反本法追究刑事责任的规定。

【条文解读】

中国人民银行发布的《2022年中国反洗钱报告》中指出，根据最高人民法院通报，2022年，全国人民法院审结洗钱案件38044起，生效判决69177人。其中，以刑法第一百九十一条"洗钱罪"为主罪审结案件697起，生效判决834人；以刑法第三百一十二条"掩饰、隐瞒犯罪所得、犯罪所得收益罪"审结案件37332起，生效判决68282人。[1] 2024上半年检察机关持续加大反洗钱工作力度，起诉洗钱罪1391人，同比上升28.4%。[2] 针对洗钱犯罪的严峻形势，第六十二条进一步完善反洗钱法与刑法的衔接。一方面，要求司法机关严格依照法律查处洗钱犯罪，维护金融市场稳定和健康发展。另一方面，要求反洗钱义务主体严格履行反洗钱义务，加强内部控制和监管，相关工作人员违反规定实施洗钱行为的，依法追究其刑事责任。

原反洗钱法主要规定国务院有关主管部门的监督管理职责以及金融机

---

[1] 《2022年中国反洗钱报告》，载中国人民银行网站，http://www.pbc.gov.cn/fanxiqianju/resource/cms/2024/07/20240701154929244117.pdf，最后访问日期：2024年11月1日。

[2] 《"数"读上半年检察成绩单——从办案数据看检察工作新进展》，载最高人民检察院网站，https://www.spp.gov.cn//zdgz/202407/t20240729_661848.shtml，最后访问日期：2024年11月3日。

构反洗钱义务等，重点关注对严重反洗钱失职行为的规制，未对一般主体以及监管义务主体通过金融机构、特定非金融机构以及其他非法渠道实施洗钱犯罪进行刑事责任规定。

对此，本条从以下三个方面进行完善：

1. 区分反洗钱失职行为与洗钱行为。本条第一款规制的是严重的反洗钱失职行为。本章节第五十一条到第六十一条规定了相关部门未履行反洗钱义务所需承担的行政责任。本条第一款认为，应当履行而未依法履行或者未能有效履行反洗钱监督管理职责或反洗钱义务，情节严重、符合刑事立案标准的行为，应当依法追究刑事责任。第二款规制的是涉嫌洗钱的犯罪行为。一般主体以及反洗钱义务主体通过金融机构、特定非金融机构以及其他非法渠道实施洗钱行为，依照刑法追究刑事责任。

2. 扩大处罚范围。一方面，扩大处罚事项的范围。原反洗钱法只针对反洗钱失职行为与刑法的相应罪名进行衔接，对于直接实施洗钱行为的刑事责任并未作出前置法上的特别规定，洗钱罪由刑法直接规定。另一方面，扩大了"洗钱"的上游犯罪范围。原反洗钱法规定洗钱活动的上游犯罪包括"毒品犯罪、黑社会性质的组织犯罪、恐怖活动犯罪、走私犯罪、贪污贿赂犯罪、破坏金融管理秩序犯罪、金融诈骗犯罪"七类上游犯罪，新反洗钱法保留了七类上游犯罪的表述，同时增加兜底规定，即明确掩饰、隐瞒"其他犯罪"的犯罪所得及其收益的来源、性质也属于洗钱行为。针对本条的洗钱犯罪的理解需要结合本法第二条对于洗钱活动的界定作出体系性解释。需要注意的是，针对七类上游犯罪实施的洗钱认定为洗钱罪，针对其他犯罪实施的洗钱认定为刑法第三百一十二条掩饰、隐瞒犯罪所得、犯罪所得收益罪与第三百四十九条窝藏、转移、隐瞒毒品、毒赃罪等。

3. 完善行刑衔接。本次修法强调加强监管，扩张了监管机构权力的同时，也加大了监管机构的义务和责任。责任层面的扩张主要体现在责任主体、责任事项、责任轻重。一方面，严格区分反洗钱失职行政违法与反洗钱失职刑事犯罪。另一方面，轻微违法行为在中国人民银行检查前主动消除或者减轻违法行为危害后果的，依法减轻处罚；中国人民银行检查结束前主动消除或减轻违法行为危害后果的，依法从轻处罚。反洗钱失职违法行为轻微时，不作为犯罪进行处罚；反洗钱失职行为情节严重或者造成严重后果时，才需要由刑法进行规制。广义上我国刑法关于洗钱犯罪的罪名体系包括第一百九十一条、第三百一十二条、第三百四十九条，涵盖所有上游犯罪所得及其收益的掩饰、隐瞒行为。新反洗钱法对"洗钱"的内涵与外延采取广义定义，对上游犯罪范围采取七类上游犯罪列举+"其他犯罪"兜底的立法模式，将所有犯罪所得及其收益的掩饰、隐瞒行为都作为洗钱行为认定。因此，对于实施电信诈骗、赌博、传销、逃税、侵犯知识产权等犯罪所得同样纳入反洗钱法上游犯罪的认定范围，明确特定七类上游犯罪之外的其他犯罪所得进行掩饰、隐瞒的洗钱行为性质。

对于本条的适用从以下三个方面进行理解：

1. 本条第一款适用对象为反洗钱行政主管部门和其他依法负有反洗钱监督管理职责部门、金融机构与特定非金融机构等反洗钱义务主体，第二款适用对象为一般主体。违反本法规定涉嫌的犯罪罪名主要包括如下情形：

（1）反洗钱行政主管部门和其他依法负有反洗钱监督管理职责部门中从事反洗钱工作的人员、金融机构、特定非金融机构工作人员违反本法第七条、第五十一条第一款第二项、第五十四条第四项等，泄露国家秘密、商业秘密、个人隐私、个人信息的可能构成刑法第三百九十八条故意泄露国家秘密罪、过失泄露国家秘密罪，第二百一十九条侵犯商业秘密罪、第二百五十三条之一侵犯公民个人信息罪。

（2）反洗钱行政主管部门和其他依法负有反洗钱监督管理职责部门中从事反洗钱工作的人员、金融机构、特定非金融机构的工作人员与洗钱犯罪分子通谋，故意不履行反洗钱职责的可能构成刑法第一百九十一条洗钱罪、第三百一十二条掩饰、隐瞒犯罪所得、犯罪所得收益罪、第三百四十九条窝藏、转移、隐瞒毒品、毒赃罪的共犯。

（3）反洗钱行政主管部门和其他依法负有反洗钱监督管理职责部门中从事反洗钱工作的人员未依法履行职责，有第五十一条第一款第一项、第三项、第四项行为，违反规定进行检查、调查或者采取临时冻结措施的可能构成刑法第三百九十七条滥用职权罪、玩忽职守罪。

（4）金融机构、特定非金融机构工作人员违反国家规定，篡改、伪造或者无正当理由删除客户身份资料、交易记录，后果严重的，可能构成刑法第二百八十六条破坏计算机信息系统罪。金融机构、特定非金融机构工作人员违反国家规定，超越职权侵入反洗钱信息系统，获取数据或者对信息系统实施非法控制，或者明知他人实施侵入、非法控制反洗钱信息系统的违法犯罪行为而为其提供程序、工具，情节严重的，可能构成刑法第二百八十五条非法侵入计算机信息系统罪，非法获取计算机信息系统数据、非法控制计算机信息系统罪，提供侵入、非法控制计算机信息系统程序、工具罪。

（5）国有金融机构和国有特定非金融机构工作人员未依法履行职责，致使国家利益遭受重大损失的，可能构成刑法第一百六十八条国有公司、企业、事业单位人员失职罪，国有公司、企业、事业单位人员滥用职权罪。

此外，国际上针对严重反洗钱失职行为制定了专门的刑事制裁措施。《建议》建议35对未能遵守反洗钱与反恐怖融资要求的自然人和法人实施一系列包括民事、行政以及刑事在内的处罚措施，处罚对象不仅包括金融机构和特定非金融机构，也包括其董事和高级管理人员。[①] 结合我国洗钱罪司法实践，需谨慎增设反洗钱失职罪名，在我国打击洗钱犯罪罪名框架体系内确保洗钱犯罪惩治的效果。

2. 增加对一般主体洗钱案件惩处的特别规定。根据《金融机构涉刑案件管理办法》第八条第一款的规定，案件是指金融机构从业人员在业务经营过程中，利用职务便利实施侵犯所在机构或者客户合法权益的行为，已由公安、司法、监察等机关立案查处的刑事案件。除一般主体外，金融机构、特定非金融机构工作人员利用职务便利实施洗钱行为，也属于本条第二款规制的洗钱行为，应依法追究刑事责任。除了惩罚直接洗钱行为，为洗钱行为人提供便利的金融机构与特定非金融机构也可能构成洗钱犯罪的帮助犯，进一步督促义务主体切实履行本法规定的反洗钱义务。另外，将洗钱行为模式分为利用金融机构、特定非金融机构与其他非法渠道三个类型，不局限于本法所规定的金融机构与特定非金融机构的监管范围，可以将"地下钱庄"等非法渠道洗钱以及金融科技手段发展衍生出来的新型洗钱手法纳入刑法规制范围。

3. 为国际合作提供法律基础。结合本法第十二条，境外实施的洗钱行为侵犯中华人民共和国公民、法人和其他组织合法权益，或者扰乱境内金融秩序的，也可依照我国刑法追究其刑事责任。本条规定有助于促进国际合作，共同打击跨国洗钱犯罪。

【典型案例】

邮包里的秘密

谭某是某银行客户服务部主任，2005年12月至2007年4月，谭某与其兄及北京某医疗器械公司法人代表陈某串谋，利用快件渠道采取伪报品

[①] 参见中国人民银行反洗钱局编译：《打击洗钱、恐怖融资与扩散融资的国际标准：FATF建议》，中国金融出版社2024年版，第229页。

名、瞒报价格、分期邮寄中转等手段，从美国将价值人民币1112.11万元的心脏支架等医疗器械分别以323个包裹走私入境，偷逃应缴税款人民币199.76万元。其间，谭某在直接参与走私医疗器械犯罪的同时，利用在银行工作的有利条件，采用邮政汇兑、提取现金、借他人银行卡转账、境内外对冲等手段，接收和转移走私资金达1100.85万元，直接构成洗钱罪的洗钱数额为80.03万元，2007年12月7日，当地人民法院对谭某等人走私及洗钱一案一审宣判，认定被告人谭某犯走私罪和洗钱罪，依法判处有期徒刑3年，并处罚金105万元。①

【关联规范】

《中华人民共和国刑法》第一百九十一条、第二百一十九条、第三百一十二条、第三百四十九条、第三百九十八条；《最高人民法院、最高人民检察院关于办理洗钱刑事案件适用法律若干问题的解释》第十二条。

---

① 参见《反洗钱案例（三）：邮包里的秘密》，载中国人民银行网站，http://guiyang.pbc.gov.cn/guiyang/113337/114075/2270476/index.html，最后访问日期：2024年11月2日。

第七章　附　则

> 第六十三条　【金融机构反洗钱义务主体】在境内设立的下列机构，履行本法规定的金融机构反洗钱义务：
> （一）银行业、证券基金期货业、保险业、信托业金融机构；
> （二）非银行支付机构；
> （三）国务院反洗钱行政主管部门确定并公布的其他从事金融业务的机构。

【条文主旨】

本条是关于金融机构反洗钱义务主体的规定。

【条文解读】

原反洗钱法第三十四条规定，本法所称金融机构，是指依法设立的从事金融业务的政策性银行、商业银行、信用合作社、邮政储汇机构、信托投资公司、证券公司、期货经纪公司、保险公司以及国务院反洗钱行政主管部门确定并公布的从事金融业务的其他机构。

随着反洗钱工作形势不断变化，上述条文所列举的金融机构难以完全覆盖洗钱风险高发领域，履行金融机构反洗钱义务的主体范围亟待拓宽完善。特别是，当前实践中经常为洗钱分子所利用的非银行支付机构在性质上不属于与银行业、证券基金期货业、保险业、信托业金融机构相并列的金融机构。为了积极应对新形势下开展反洗钱工作的现实需求，此次法律修订对金融机构反洗钱义务主体的规定进行完善，不仅将原列举式规定简化表述为"银行业、证券基金期货业、保险业、信托业金融机构"，而且将非银行支付机构作为金融机构反洗钱义务主体,在此基础上,规定"国务院反洗钱行政主管部门确定并公布的其他从事金融业务的机构"以便日后将新兴的从事金融业务的机构纳入反洗钱义务主体。

就银行业金融机构而言,根据《中华人民共和国银行业监督管理法》第二条第二款的规定,银行业金融机构,是指在中华人民共和国境内设立的商业银行、城市信用合作社、农村信用合作社等吸收公众存款的金融机构以及政策性银行。根据《中华人民共和国商业银行法》第二条、第九十三条、第九十四条的规定,商业银行是指依照本法和《中华人民共和国公司法》设立的吸收公众存款、发放贷款、办理结算等业务的企业法人。城市信用合作社、农村信用合作社办理存款、贷款和结算等业务,邮政企业办理商业银行的有关业务,均适用本法有关规定。实践中,银行业金融机构由于能快捷、大量、安全地放置和转移资金,最容易被洗钱分子所利用。基于此,银行业金融机构是反洗钱监管体系重要的组成部分,我国反洗钱工作始于银行业金融机构。

就证券基金期货业金融机构而言,根据《中华人民共和国证券法》第六条的规定,证券业和银行业、信托业、保险业实行分业经营、分业管理,证券公司与银行、信托、保险业务机构分别设立。国家另有规定的除外。设立证券公司,应当具备一定条件,并经国务院证券监督管理机构批准。根据《中华人民共和国证券投资基金法》第九条第一款、第二款的规定,基金管理人、基金托管人管理、运用基金财产,基金服务机构从事基金服务活动,应当恪尽职守,履行诚实信用、谨慎勤勉的义务。基金管理人运用基金财产进行证券投资,应当遵守审慎经营规则,制定科学合理的投资策略和风险管理制度,有效防范和控制风险。设立管理公开募集基金的基金管理公司,应当具备一定条件,并经国务院证券监督管理机构批准。根据《期货交易管理条例》第二条第二款、第五条第一款、第十五条第一款的规定,期货交易,是指采用公开的集中交易方式或者国务院期货监督管理机构批准的其他方式进行的以期货合约或者期权合约为交易标的的交易活动。国务院期货监督管理机构对期货市场实行集中统一的监督管理。期货公司是依照《中华人民共和国公司法》和本条例规定设立的经营期货业务的金融机构。设立期货公司,应当在公司登记机关登记注册,并经国务院期货监督管理机构批准。

就保险业金融机构而言,根据《中华人民共和国保险法》第二条、第六条、第八条、第九条第一款、第六十七条第一款的规定,保险,是指投保人根据合同约定,向保险人支付保险费,保险人对于合同约定的可能发生的事故因其发生所造成的财产损失承担赔偿保险金责任，或者当被保险人死亡、伤残、疾病或者达到合同约定的年龄、期限等条件时承担给付保险金责任的商业保险行为。保险业务由依照本法设立的保险公司以及法律、行政法规规定的其他保险组织经营，其他单位和个人不得经营保险业务。保险业和银行业、证券业、信托业实行分业经营、分业管理，保险公司与银行、证券、信托业务机构分别设立。国家另有规定的除外。国务院保险监督管理机构依法对保险业实施监督管理。设立保险公司应当经国务院保险监督管理机构批准。

就信托业金融机构而言，根据《中华人民共和国信托法》第二条的规定，信托，是指委托人基于对受托人的信任，将其财产权委托给受托人，由受托人按委托人的意愿以自己的名义，为受益人的利益或者特定目的，进行管理或者处分的行为。根据《信托公司管理办法》第二条、第五条的规定，信托公司，是指依照《中华人民共和国公司法》和本办法设立的主要经营信托业务的金融机构；信托业务，是指信托公司以营业和收取报酬为目的，以受托人身份承诺信托和处理信托事务的经营行为。中国银行业监督管理委员会对信托公司及其业务活动实施监督管理。根据《中华人民共和国银行业监督管理法》第二条第三款规定，对在中华人民共和国境内设立的信托投资公司适用本法对银行业金融机构监督管理的规定。

此外，相比于原反洗钱法所列举的金融机构，此次法律修订明确将非银行支付机构作为义务主体，要求其履行金融机构反洗钱义务。实际上，近年来的部门规范性文件中已有关于非银行支付机构对标金融机构履行反洗钱义务的细则性规定。例如，为了督促金融机构有效履行反洗钱和反恐怖融资义务，中国人民银行于2021年4月15日印发《金融机构反洗钱和反恐怖融资监督管理办法》，自2021年8月1日起施行，在优化反洗钱监管措施和手段的同时，完善了反洗钱监管对象范围，在适用范围中增加非银行支付机构、网络小额贷款公司以及消费金融公司、贷款公司、银行理财子公司等机构类型。根据《金融机构反洗钱和反恐怖融资监督管理办法》第二条第二款规定，非银行支付机构、银行卡清算机构、资金清算中心、网络小额贷款公司以及从事汇兑业务、基金销售业务、保险专业代理和保险经纪业务的机构，适用本办法关于金融机构的监督管理规定。

结合前述规定和实践情况，为了规范非银行支付机构行为，保护当事人合法权益，防范化解风险，促进非银行支付行业健康发展，《非银行支付机构监督管理条例》于2023年12月9日通过并公布，自2024年5月1日起施行，对非银行支付机构的范围和相关监管工作予以明确规定。其中，第二条规定，非银行支付机构，是指在中华人民共和国境内依法设立，除银行业金融机构外，取得支付业务许可，从事根据收款人或者付款人提交的电子支付指令转移货币资金等支付业务的有限责任公司或者股份有限公司。中华人民共和国境外的非银行机构拟为境内用户提供跨境支付服务的，应当依照本条例规定在境内设立非银行支付机构，国家另有规定的除外。第三条规定，非银行支付机构开展业务，应当遵守法律、行政法规的规定，遵循安全、高效、诚信和公平竞争的原则，以提供小额、便民支付服务为宗旨，维护国家金融安全，不得损害国家利益、社会公共利益和他人合法权益。第五条规定，非银行支付机构应当遵守反洗钱和反恐怖主义融资、反电信网络诈骗、防范和处置非法集资、打击赌博等规定，采取必要措施防范违法犯罪活动。此后，根据《非银行支付机构监督管理条例》等法律、行政法规，中国人民银行制定《非银行支付机构监督管理条例实施细则》，于2024年7月9日发布并施行。其中，第九条规定，申请设立非银行支付机构的，申请人应当向住所所在地中国人民银行的分支机构申请，并提交包含"反洗钱和反恐怖融资措施材料"在内的各项材料。第十五条规定，本细则第九条所称反洗钱和反恐怖融资措施材料应当包括反洗钱内部控制制度文件、反洗钱岗位设置和职责说明、开展大额和可疑交易监测的技术条件说明以及洗钱风险自评估制度等。

新反洗钱法第六十三条对金融机构反洗钱义务主体的规定与国际通行的反洗钱标准契合。根据《建议》术语表"金融机构"规定，金融机构指为客户或代表客户从事以下一种或多种活动或业务的自然人或法人：（i）接受公共存款和其他可偿付资金；（ii）贷款；（iii）融资租赁；（iv）资金或价值转移服务；（v）发行和管理支付工具（如信用卡和借记卡、支票、旅行支票、现金汇票和银行本票、电子货币）；（vi）财务担保和承诺；（vii）从事以下业务：货币市场工具（支票、汇票、存单、衍生品等），外汇，汇率、利率和指数工具，可转让证券，商品期货交易；（viii）参与证券发行和提供与发行有关的金融服务；（ix）个人或集体的投资组合管理；（x）代表他人保管和管理现金或流动证券；（xi）除投资以外，代表他人管理资金或现金；（xii）人寿保险及其他投资连结保险的承销和分保；（xiii）现金和货币兑换。[1]

总体上看，新反洗钱法第六十四条延续了原反洗钱法的立法思路，对

---

[1] 参见中国人民银行反洗钱局编译：《打击洗钱、恐怖融资与扩散融资的国际标准：FATF建议》，中国金融出版社2024年版，第271~273页。

应当履行金融机构反洗钱义务的主体范围的规定采取"列举+兜底"的方式，在明确列举银行业、证券基金期货业、保险业、信托业金融机构以及非银行支付机构的基础上保留"兜底条款"，这主要是出于稳定性和可操作性的考量。一方面，考虑到当前反洗钱工作的现实需求，此次法律修订对洗钱风险相对集中且执法成本相对可控的银行业、证券基金期货业、保险业、信托业金融机构和非银行支付机构应当履行金融机构反洗钱义务作出明确规定。另一方面，随着市场经济改革的不断深入和金融创新的不断发展，势必出现越来越多新类型的从事金融业务的机构，这些新兴的从事金融业务的机构所应当履行的反洗钱义务需要根据实际情况进行判断，因此，本条授权国务院反洗钱行政主管部门确定并公布应当履行金融机构反洗钱义务的从事金融业务的机构。

【关联规范】

《中华人民共和国人民银行法》第五十二条；《中华人民共和国银行业监督管理法》第二条；《中华人民共和国商业银行法》第二条、第九十三条、第九十四条；《中华人民共和国信托法》第二条；《中华人民共和国保险法》第二条、第六条、第八条、第六十七条；《中华人民共和国证券法》第六条、第一百一十八条、第一百二十条；《中华人民共和国证券投资基金法》第九条、第十三条；《期货交易管理条例》第二条、第五条、第六条、第十五条；《非银行支付机构监督管理条例》第二条、第五条；《信托公司管理办法》第二条、第五条、第七条；《金融机构反洗钱规定》第二条；《金融机构反洗钱和反恐怖融资监督管理办法》第二条；《金融机构大额交易和可疑交易报告管理办法》第二条；《非银行支付机构监督管理条例实施细则》第九条。

第六十四条　【特定非金融机构反洗钱义务主体】 在境内设立的下列机构，履行本法规定的特定非金融机构反洗钱义务：

（一）提供房屋销售、房屋买卖经纪服务的房地产开发企业或者房地产中介机构；

> （二）接受委托为客户办理买卖不动产，代管资金、证券或者其他资产，代管银行账户、证券账户，为成立、运营企业筹措资金以及代理买卖经营性实体业务的会计师事务所、律师事务所、公证机构；
> （三）从事规定金额以上贵金属、宝石现货交易的交易商；
> （四）国务院反洗钱行政主管部门会同国务院有关部门根据洗钱风险状况确定的其他需要履行反洗钱义务的机构。

【条文主旨】

本条是关于特定非金融机构反洗钱义务主体的规定。

【条文解读】

原反洗钱法第三十五条规定，应当履行反洗钱义务的特定非金融机构的范围、其履行反洗钱义务和对其监督管理的具体办法，由国务院反洗钱行政主管部门会同国务院有关部门制定。作为前提性内容，原反洗钱法第三条规定，在中华人民共和国境内设立的金融机构和按照规定应当履行反洗钱义务的特定非金融机构，应当依法采取预防、监控措施，建立健全客户身份识别制度、客户身份资料和交易记录保存制度、大额交易和可疑交易报告制度，履行反洗钱义务。

可见，在原反洗钱法中，特定非金融机构应当履行反洗钱义务并接受监管，但没有明确列举应当履行特定非金融机构反洗钱义务的主体范围，而是对国务院反洗钱行政主管部门和国务院有关部门进行了授权，由国务院反洗钱行政主管部门会同国务院有关部门根据反洗钱工作的实际需要，适时制定应当履行反洗钱义务的特定非金融机构的范围、其履行反洗钱义务和对其监督管理的具体办法。

随着社会经济活动的发展变化，部分不法分子绕开银行等金融机构实施洗钱活动，房地产开发企业等特定非金融机构成为洗钱犯罪的管道和工具。例如，在2021年3月，最高人民检察院和中国人民银行联合发布6个惩治洗钱犯罪典型案例，其中"林某娜、林某吟等人洗钱案"的"典型意义"指出，"将毒品犯罪所得及收益用于公司注册、公司运营、投资房地产等，使资金直接'合法化'，是上游毒品犯罪分子试图漂白资金的惯用手法"。"诉讼过程"中指出，本案中，林某娜、林某吟、黄某平、陈某真明知林某永、蔡某璇提供的资金是毒品犯罪所得及收益，仍使用上述资金购买房产、土地使用权，投资经营酒行、车行，提供本人和他人银行账户转移资金，符合刑法第一百九十一条的规定，构成洗钱罪。①

在新型洗钱风险越发严峻的现实背景下，遵循原反洗钱法的立法精神，针对特定非金融行业反洗钱监管制度不完善等问题，新反洗钱法第六条规定，在中华人民共和国境内设立的金融机构和依照本法规定应当履行反洗钱义务的特定非金融机构，应当依法采取预防、监控措施，建立健全反洗钱内部控制制度，履行反洗钱义务。为了积极回应打击新型洗钱犯罪的现实需求，有效预防和制止不法分子利用特定非金融机构清洗资金，此次法律修订的一个重要变化亮点就是在新反洗钱法第六十四条中将符合相应限定条件的房地产开发企业或者中介机构、会计师事务所、律师事务所、公证机构以及贵重金属交易商等作为特定非金融机构反洗钱义务主体，加强对特定非金融行业履行反洗钱义务的监管。

近年的部门规范性文件中已经有针对特定非金融机构应当履行反洗钱义务的细则性规定。例如，中国人民银行于2018年7月公布《中国人民银行办公厅关于加强特定非金融机构反洗钱监管工作的通知》，其中第一条规定："根据《中华人民共和国反洗钱法》第三十五条、第三十六条规定，下列机构在开展以下各项业务时属于《中华人民共和国反洗钱法》、《中华人民共和国反恐怖主义法》规定的特定非金融机构，应当履行反洗钱和反恐怖融资义务。具体包括：（一）房地产开发企业、房地产中介机构销售房屋、为不动产买卖提供服务。（二）贵金属交易商、贵金属交易场所从事贵金属现货交易或为贵金属现货交易提供服务。（三）会计师事务所、律师事务所、公证机构接受客户委托为客户办理或准备办理以下业务，包括：买卖不动产，代管资金、证券或其他资产，代管银行账户、证券账户，为成立、运营企业筹集资金，以及代客户买卖经营性实体业务。（四）公司服务提供商为客户提供或准备提供以下服务，包括：为公司的设立、经营、管理等提供专业服务，担任或安排他人担任公司董事、合伙人或持有公司股票，为公司提供注册地址、办公地址或通讯地址等。"此外，第三条规定："特定非金融机构应当遵守法律法规等规章制度，开展

---

① 参见《最高人民检察院 中国人民银行惩治洗钱犯罪典型案例》，载最高人民检察院网站，https://www.spp.gov.cn/xwfbh/wsfbt/202103/t20210319_513155.shtml#2，最后访问日期：2024年12月20日。

反洗钱和反恐怖融资工作。如有对特定非金融机构开展反洗钱和反恐怖融资工作更为具体或者严格的规范性文件，特定非金融机构应从其规定；如没有更为具体或者严格规定的，特定非金融机构应参照适用金融机构的反洗钱和反恐怖融资规定执行。"

结合上述规定和实践经验，新反洗钱法第六十四条对特定非金融机构反洗钱义务主体的规定设置了多种限定条件，这实质上是对义务主体范围的一种合理限缩，意在强调反洗钱工作集中在机构巨额资金流转业务上，体现了立法机构寻求反洗钱活动与正常交易活动辩证平衡的过程。例如，第六十四条第三项对"从事规定金额以上贵金属、宝石现货交易的交易商"规定"规定金额以上"的限定性表述，以免履行特定非金融机构反洗钱义务的主体范围过于庞大，给从事小额贵金属、宝石现货交易的交易商造成负担，甚至影响正常的经济交易活动。此外，考虑到难以实现对特定非金融机构反洗钱义务主体的穷尽列举，新反洗钱法第六十四条第四项规定"国务院反洗钱行政主管部门会同国务院有关部门根据洗钱风险状况确定的其他需要履行反洗钱义务的机构"作为"兜底条款"，通过对国务院反洗钱行政主管部门和国务院有关部门进行授权，由国务院反洗钱行政主管部门会同国务院有关部门根据洗钱风险状况确定的其他需要履行反洗钱义务的机构，便于日后将其他新兴的特定非金融机构纳入反洗钱义务主体。

应当指出的是，特定非金融机构是国际通行标准中的义务主体。此次法律修订以"列举+兜底"的方式明确规定特定非金融机构反洗钱义务主体，改变了反洗钱监管义务主体相对单一的情况，有助于及时有效地监测和遏制各种形式的洗钱和恐怖融资活动。

第六十五条 【施行日期】本法自 2025 年 1 月 1 日起施行。

【条文主旨】

本条是关于施行日期的规定。

【条文解读】

原反洗钱法第三十七条规定，本法自 2007 年 1 月 1 日起施行。

法律施行日期，即法律生效日期。根据《中华人民共和国立法法》第六十一条规定，法律应当明确规定施行日期。《中华人民共和国反洗钱法》于 2006 年 10 月 31 日第十届全国人民代表大会常务委员会第二十四次会议通过，于 2024 年 11 月 8 日第十四届全国人民代表大会常务委员会第十二次会议修订。根据新反洗钱法第六十五条规定，2025 年 1 月 1 日即新反洗钱法的生效日期。

法律施行日期，一般是由该法律的具体性质和实际需要决定的，我国实践中通常有两种做法：一是法律公布的时间与法律施行的时间相一致，即法律自公布之日起施行。二是法律公布的时间与法律施行的时间不一致，即法律公布后经过一段时间方才施行，以便给法律施行提供必要的准备时间。这种做法又可以分为两种，第一种是规定该法律公布后一定期限届至之后施行，具体时间为期限届至之时，第二种是直接规定该法律的具体施行日期，本法采用了这一方法。

此外，需要注意以下两点内容：第一，本法具有高于行政法规、地方性法规、规章的效力。根据《中华人民共和国立法法》第九十九条第一款规定，法律的效力高于行政法规、地方性法规、规章。基于此，自 2025 年 1 月 1 日《中华人民共和国反洗钱法》生效时起，其他法律、行政法规、地方性法规、规章有关反洗钱监督管理工作的规定，凡与本法内容相抵触的，应于本法施行之日起失效。第二，本法不具溯及力。法律的溯及力是指法律溯及既往的效力，即法律不仅适用于施行后所发生的行为，还对其施行前发生的行为有约束力。根据《中华人民共和国立法法》第一百零四条规定，法律、行政法规、地方性法规、自治条例和单行条例、规章不溯及既往，但为了更好地保护公民、法人和其他组织的权利和利益而作的特别规定除外。考虑到《中华人民共和国反洗钱法》并未作出特别规定，本法对于其施行前的事件和行为不具有溯及力。

【关联规范】

《中华人民共和国立法法》第六十一条、第九十九条、第一百零四条。

附录

中华人民共和国反洗钱法

（2006年10月31日第十届全国人民代表大会常务委员会第二十四次会议通过　2024年11月8日第十四届全国人民代表大会常务委员会第十二次会议修订　2024年11月8日中华人民共和国主席令第38号公布　自2025年1月1日起施行）

第一章　总　则

第一条　为了预防洗钱活动，遏制洗钱以及相关犯罪，加强和规范反洗钱工作，维护金融秩序、社会公共利益和国家安全，根据宪法，制定本法。

第二条　本法所称反洗钱，是指为了预防通过各种方式掩饰、隐瞒毒品犯罪、黑社会性质的组织犯罪、恐怖活动犯罪、走私犯罪、贪污贿赂犯罪、破坏金融管理秩序犯罪、金融诈骗犯罪和其他犯罪所得及其收益的来源、性质的洗钱活动，依照本法规定采取相关措施的行为。

预防恐怖主义融资活动适用本法；其他法律另有规定的，适用其规定。

第三条　反洗钱工作应当贯彻落实党和国家路线方针政策、决策部署，坚持总体国家安全观，完善监督管理体制机制，健全风险防控体系。

第四条　反洗钱工作应当依法进行，确保反洗钱措施与洗钱风险相适应，保障正常金融服务和资金流转顺利进行，维护单位和个人的合法权益。

第五条　国务院反洗钱行政主管部门负责全国的反洗钱监督管理工作。国务院有关部门在各自的职责范围内履行反洗钱监督管理职责。

国务院反洗钱行政主管部门、国务院有关部门、监察机关和司法机关在反洗钱工作中应当相互配合。

第六条　在中华人民共和国境内（以下简称境内）设立的金融机构和依照本法规定应当履行反洗钱义务的特定非金融机构，应当依法采取预防、监控措施，建立健全反洗钱内部控制制度，履行客户尽职调查、客户身份资料和交易记录保存、大额交易和可疑交易报告、反洗钱特别预防措施等反洗钱义务。

第七条 对依法履行反洗钱职责或者义务获得的客户身份资料和交易信息、反洗钱调查信息等反洗钱信息，应当予以保密；非依法律规定，不得向任何单位和个人提供。

反洗钱行政主管部门和其他依法负有反洗钱监督管理职责的部门履行反洗钱职责获得的客户身份资料和交易信息，只能用于反洗钱监督管理和行政调查工作。

司法机关依照本法获得的客户身份资料和交易信息，只能用于反洗钱相关刑事诉讼。

国家有关机关使用反洗钱信息应当依法保护国家秘密、商业秘密和个人隐私、个人信息。

第八条 履行反洗钱义务的机构及其工作人员依法开展提交大额交易和可疑交易报告等工作，受法律保护。

第九条 反洗钱行政主管部门会同国家有关机关通过多种形式开展反洗钱宣传教育活动，向社会公众宣传洗钱活动的违法性、危害性及其表现形式等，增强社会公众对洗钱活动的防范意识和识别能力。

第十条 任何单位和个人不得从事洗钱活动或者为洗钱活动提供便利，并应当配合金融机构和特定非金融机构依法开展的客户尽职调查。

第十一条 任何单位和个人发现洗钱活动，有权向反洗钱行政主管部门、公安机关或者其他有关国家机关举报。接受举报的机关应当对举报人和举报内容保密。

对在反洗钱工作中做出突出贡献的单位和个人，按照国家有关规定给予表彰和奖励。

第十二条 在中华人民共和国境外（以下简称境外）的洗钱和恐怖主义融资活动，危害中华人民共和国主权和安全，侵犯中华人民共和国公民、法人和其他组织合法权益，或者扰乱境内金融秩序的，依照本法以及相关法律规定处理并追究法律责任。

第二章　反洗钱监督管理

第十三条 国务院反洗钱行政主管部门组织、协调全国的反洗钱工作，负责反洗钱的资金监测，制定或者会同国务院有关金融管理部门制定金融机构反洗钱管理规定，监督检查金融机构履行反洗钱义务的情况，在职责范围内调查可疑交易活动，履行法律和国务院规定的有关反洗钱的其他职责。

国务院反洗钱行政主管部门的派出机构在国务院反洗钱行政主管部门的授权范围内，对金融机构履行反洗钱义务的情况进行监督检查。

第十四条 国务院有关金融管理部门参与制定所监督管理的金融机构反洗钱管理规定，履行法律和国务院规定的有关反洗钱的其他职责。

有关金融管理部门应当在金融机构市场准入中落实反洗钱审查要求，在监督管理工作中发现金融机构违反反洗钱规定的，应当将线索移送反洗钱行政主管部门，并配合其进行处理。

第十五条 国务院有关特定非金融机构主管部门制定或者国务院反洗钱行政主管部门会同其制定特定非金融机构反洗钱管理规定。

有关特定非金融机构主管部门监督检查特定非金融机构履行反洗钱义务的情况，处理反洗钱行政主管部门提出的反洗钱监督管理建议，履行法律和国务院规定的有关反洗钱的其他职责。有关特定非金融机构主管部门根据需要，可以请求反洗钱行政主管部门协助其监督检查。

第十六条 国务院反洗钱行政主管部门设立反洗钱监测分析机构。反洗钱监测分析机构开展反洗钱资金监测，负责接收、分析大额交易和可疑交易报告，移送分析结果，并按照规定向国务院反洗钱行政主管部门报告工作情况，履行国务院反洗钱行政主管部门规定的其他职责。

反洗钱监测分析机构根据依法履行职责的需要，可以要求履行反洗钱义务的机构提供与大额交易和可疑交易相关的补充信息。

反洗钱监测分析机构应当健全监测分析体系，根据洗钱风险状况有针对性地开展监测分析工作，按照规定向履行反洗钱义务的机构反馈可疑交易报告使用情况，不断提高监测分析水平。

第十七条 国务院反洗钱行政主管部门为履行反洗钱职责，可以从国家有关机关获取所必需的信息，国家有关机关应当依法提供。

国务院反洗钱行政主管部门应当向国家有关机关定期通报反洗钱工作情况，依法向履行与反洗钱相关的监督管理、行政调查、监察调查、刑事诉讼等职责的国家有关机关提供所必需的反洗钱信息。

第十八条 出入境人员携带的现金、无记名支付凭证等超过规定金额的，应当按照规定向海关申报。海关发现个人出入境携带的现金、无记名支付凭证等超过规定金额的，应当及时向反洗钱行政主管部门通报。

前款规定的申报范围、金额标准以及通报机制等，由国务院反洗钱行政主管部门、国务院外汇管理部门按照职责分工会同海关总署规定。

第十九条 国务院反洗钱行政主管部门会同国务院有关部门建立法人、非法人组织受益所有人信息管理制度。

法人、非法人组织应当保存并及时更新受益所有人信息，按照规定向登记机关如实提交并及时更新受益所有人信息。反洗钱行政主管部门、登记机关按照规定管理受益所有人信息。

反洗钱行政主管部门、国家有关机关为履行职责需要，可以依法使用受益所有人信息。金融机构和特定非金融机构在履行反洗钱义务时依法查询核对受益所有人信息；发现受益所有人信息错误、不一致或者不完整的，应当按照规定进行反馈。使用受益所有人信息应当依法保护信息安全。

本法所称法人、非法人组织的受益所有人，是指最终拥有或者实际控制法人、非法人组织，或者享有法人、非法人组织最终收益的自然人。具体认定标准由国务院反洗钱行政主管部门会同国务院有关部门制定。

第二十条 反洗钱行政主管部门和其他依法负有反洗钱监督管理职责的部门发现涉嫌洗钱以及相关违法犯罪的交易活动，应当将线索和相关证据材料移送有管辖权的机关处理。接受移送的机关应当按照有关规定反馈处理结果。

第二十一条 反洗钱行政主管部门为依法履行监督管理职责，可以要求金融机构报送履行反洗钱义务情况，对金融机构实施风险监测、评估，并就金融机构执行本法以及相关管理规定的情况进行评价。必要时可以按照规定约谈金融机构的董事、监事、高级管理人员以及反洗钱工作直接负责人，要求其就有关事项说明情况；对金融机构履行反洗钱义务存在的问题进行提示。

第二十二条 反洗钱行政主管部门进行监督检查时，可以采取下列措施：

（一）进入金融机构进行检查；

（二）询问金融机构的工作人员，要求其对有关被检查事项作出说明；

（三）查阅、复制金融机构与被检查事项有关的文件、资料，对可能被转移、隐匿或者毁损的文件、资料予以封存；

（四）检查金融机构的计算机网络与信息系统，调取、保存金融机构的计算机网络与信息系统中的有关数据、信息。

进行前款规定的监督检查，应当经国务院反洗钱行政主管部门或者其设区的市级以上派出机构负责人批准。检查人员不得少于二人，并应当出示执法证件和检查通知书；检查人员少于二人或者未出示执法证件和检查通知书的，金融机构有权拒绝接受检查。

第二十三条 国务院反洗钱行政主管部门会同国家有关机关评估国

家、行业面临的洗钱风险，发布洗钱风险指引，加强对履行反洗钱义务的机构指导，支持和鼓励反洗钱领域技术创新，及时监测与新领域、新业态相关的新型洗钱风险，根据洗钱风险状况优化资源配置，完善监督管理措施。

第二十四条　对存在严重洗钱风险的国家或者地区，国务院反洗钱行政主管部门可以在征求国家有关机关意见的基础上，经国务院批准，将其列为洗钱高风险国家或者地区，并采取相应措施。

第二十五条　履行反洗钱义务的机构可以依法成立反洗钱自律组织。反洗钱自律组织与相关行业自律组织协同开展反洗钱领域的自律管理。

反洗钱自律组织接受国务院反洗钱行政主管部门的指导。

第二十六条　提供反洗钱咨询、技术、专业能力评价等服务的机构及其工作人员，应当勤勉尽责、恪尽职守地提供服务；对于因提供服务获得的数据、信息，应当依法妥善处理，确保数据、信息安全。

国务院反洗钱行政主管部门应当加强对上述机构开展反洗钱有关服务工作的指导。

第三章　反洗钱义务

第二十七条　金融机构应当依照本法规定建立健全反洗钱内部控制制度，设立专门机构或者指定内设机构牵头负责反洗钱工作，根据经营规模和洗钱风险状况配备相应的人员，按照要求开展反洗钱培训和宣传。

金融机构应当定期评估洗钱风险状况并制定相应的风险管理制度和流程，根据需要建立相关信息系统。

金融机构应当通过内部审计或者社会审计等方式，监督反洗钱内部控制制度的有效实施。

金融机构的负责人对反洗钱内部控制制度的有效实施负责。

第二十八条　金融机构应当按照规定建立客户尽职调查制度。

金融机构不得为身份不明的客户提供服务或者与其进行交易，不得为客户开立匿名账户或者假名账户，不得为冒用他人身份的客户开立账户。

第二十九条　有下列情形之一的，金融机构应当开展客户尽职调查：

（一）与客户建立业务关系或者为客户提供规定金额以上的一次性金融服务；

（二）有合理理由怀疑客户及其交易涉嫌洗钱活动；

（三）对先前获得的客户身份资料的真实性、有效性、完整性存在疑问。

客户尽职调查包括识别并采取合理措施核实客户及其受益所有人身份，了解客户建立业务关系和交易的目的，涉及较高洗钱风险的，还应当了解相关资金来源和用途。

金融机构开展客户尽职调查，应当根据客户特征和交易活动的性质、风险状况进行，对于涉及较低洗钱风险的，金融机构应当根据情况简化客户尽职调查。

第三十条 在业务关系存续期间，金融机构应当持续关注并评估客户整体状况及交易情况，了解客户的洗钱风险。发现客户进行的交易与金融机构所掌握的客户身份、风险状况等不符的，应当进一步核实客户及其交易有关情况；对存在洗钱高风险情形的，必要时可以采取限制交易方式、金额或者频次，限制业务类型，拒绝办理业务，终止业务关系等洗钱风险管理措施。

金融机构采取洗钱风险管理措施，应当在其业务权限范围内按照有关管理规定的要求和程序进行，平衡好管理洗钱风险与优化金融服务的关系，不得采取与洗钱风险状况明显不相匹配的措施，保障与客户依法享有的医疗、社会保障、公用事业服务等相关的基本的、必需的金融服务。

第三十一条 客户由他人代理办理业务的，金融机构应当按照规定核实代理关系，识别并核实代理人的身份。

金融机构与客户订立人身保险、信托等合同，合同的受益人不是客户本人的，金融机构应当识别并核实受益人的身份。

第三十二条 金融机构依托第三方开展客户尽职调查的，应当评估第三方的风险状况及其履行反洗钱义务的能力。第三方具有较高风险情形或者不具备履行反洗钱义务能力的，金融机构不得依托其开展客户尽职调查。

金融机构应当确保第三方已经采取符合本法要求的客户尽职调查措施。第三方未采取符合本法要求的客户尽职调查措施的，由该金融机构承担未履行客户尽职调查义务的法律责任。

第三方应当向金融机构提供必要的客户尽职调查信息，并配合金融机构持续开展客户尽职调查。

第三十三条 金融机构进行客户尽职调查，可以通过反洗钱行政主管部门以及公安、市场监督管理、民政、税务、移民管理、电信管理等部门依法核实客户身份等有关信息，相关部门应当依法予以支持。

国务院反洗钱行政主管部门应当协调推动相关部门为金融机构开展客

户尽职调查提供必要的便利。

第三十四条 金融机构应当按照规定建立客户身份资料和交易记录保存制度。

在业务关系存续期间，客户身份信息发生变更的，应当及时更新。

客户身份资料在业务关系结束后、客户交易信息在交易结束后，应当至少保存十年。

金融机构解散、被撤销或者被宣告破产时，应当将客户身份资料和客户交易信息移交国务院有关部门指定的机构。

第三十五条 金融机构应当按照规定执行大额交易报告制度，客户单笔交易或者在一定期限内的累计交易超过规定金额的，应当及时向反洗钱监测分析机构报告。

金融机构应当按照规定执行可疑交易报告制度，制定并不断优化监测标准，有效识别、分析可疑交易活动，及时向反洗钱监测分析机构提交可疑交易报告；提交可疑交易报告的情况应当保密。

第三十六条 金融机构应当在反洗钱行政主管部门的指导下，关注、评估运用新技术、新产品、新业务等带来的洗钱风险，根据情形采取相应措施，降低洗钱风险。

第三十七条 在境内外设有分支机构或者控股其他金融机构的金融机构，以及金融控股公司，应当在总部或者集团层面统筹安排反洗钱工作。为履行反洗钱义务在公司内部、集团成员之间共享必要的反洗钱信息的，应当明确信息共享机制和程序。共享反洗钱信息，应当符合有关信息保护的法律规定，并确保相关信息不被用于反洗钱和反恐怖主义融资以外的用途。

第三十八条 与金融机构存在业务关系的单位和个人应当配合金融机构的客户尽职调查，提供真实有效的身份证件或者其他身份证明文件，准确、完整填报身份信息，如实提供与交易和资金相关的资料。

单位和个人拒不配合金融机构依照本法采取的合理的客户尽职调查措施的，金融机构按照规定的程序，可以采取限制或者拒绝办理业务、终止业务关系等洗钱风险管理措施，并根据情况提交可疑交易报告。

第三十九条 单位和个人对金融机构采取洗钱风险管理措施有异议的，可以向金融机构提出。金融机构应当在十五日内进行处理，并将结果答复当事人；涉及客户基本的、必需的金融服务的，应当及时处理并答复当事人。相关单位和个人逾期未收到答复，或者对处理结果不满意的，可以向反洗钱行政主管部门投诉。

前款规定的单位和个人对金融机构采取洗钱风险管理措施有异议的，也可以依法直接向人民法院提起诉讼。

第四十条 任何单位和个人应当按照国家有关机关要求对下列名单所列对象采取反洗钱特别预防措施：

（一）国家反恐怖主义工作领导机构认定并由其办事机构公告的恐怖活动组织和人员名单；

（二）外交部发布的执行联合国安理会决议通知中涉及定向金融制裁的组织和人员名单；

（三）国务院反洗钱行政主管部门认定或者会同国家有关机关认定的，具有重大洗钱风险、不采取措施可能造成严重后果的组织和人员名单。

对前款第一项规定的名单有异议的，当事人可以依照《中华人民共和国反恐怖主义法》的规定申请复核。对前款第二项规定的名单有异议的，当事人可以按照有关程序提出从名单中除去的申请。对前款第三项规定的名单有异议的，当事人可以向作出认定的部门申请行政复议；对行政复议决定不服的，可以依法提起行政诉讼。

反洗钱特别预防措施包括立即停止向名单所列对象及其代理人、受其指使的组织和人员、其直接或者间接控制的组织提供金融等服务或者资金、资产，立即限制相关资金、资产转移等。

第一款规定的名单所列对象可以按照规定向国家有关机关申请使用被限制的资金、资产用于单位和个人的基本开支及其他必需支付的费用。采取反洗钱特别预防措施应当保护善意第三人合法权益，善意第三人可以依法进行权利救济。

第四十一条 金融机构应当识别、评估相关风险并制定相应的制度，及时获取本法第四十条第一款规定的名单，对客户及其交易对象进行核查，采取相应措施，并向反洗钱行政主管部门报告。

第四十二条 特定非金融机构在从事规定的特定业务时，参照本章关于金融机构履行反洗钱义务的相关规定，根据行业特点、经营规模、洗钱风险状况履行反洗钱义务。

第四章 反洗钱调查

第四十三条 国务院反洗钱行政主管部门或者其设区的市级以上派出机构发现涉嫌洗钱的可疑交易活动或者违反本法规定的其他行为，需要调查核实的，经国务院反洗钱行政主管部门或者其设区的市级以上派出机构负责人批准，可以向金融机构、特定非金融机构发出调查通知书，开展反洗钱调查。

反洗钱行政主管部门开展反洗钱调查，涉及特定非金融机构的，必要时可以请求有关特定非金融机构主管部门予以协助。

金融机构、特定非金融机构应当配合反洗钱调查，在规定时限内如实提供有关文件、资料。

开展反洗钱调查，调查人员不得少于二人，并应当出示执法证件和调查通知书；调查人员少于二人或者未出示执法证件和调查通知书的，金融机构、特定非金融机构有权拒绝接受调查。

第四十四条 国务院反洗钱行政主管部门或者其设区的市级以上派出机构开展反洗钱调查，可以采取下列措施：

（一）询问金融机构、特定非金融机构有关人员，要求其说明情况；

（二）查阅、复制被调查对象的账户信息、交易记录和其他有关资料；

（三）对可能被转移、隐匿、篡改或者毁损的文件、资料予以封存。

询问应当制作询问笔录。询问笔录应当交被询问人核对。记载有遗漏或者差错的，被询问人可以要求补充或者更正。被询问人确认笔录无误后，应当签名或者盖章；调查人员也应当在笔录上签名。

调查人员封存文件、资料，应当会同金融机构、特定非金融机构的工作人员查点清楚，当场开列清单一式二份，由调查人员和金融机构、特定非金融机构的工作人员签名或者盖章，一份交金融机构或者特定非金融机构，一份附卷备查。

第四十五条 经调查仍不能排除洗钱嫌疑或者发现其他违法犯罪线索的，应当及时向有管辖权的机关移送。接受移送的机关应当按照有关规定反馈处理结果。

客户转移调查所涉及的账户资金的，国务院反洗钱行政主管部门认为必要时，经其负责人批准，可以采取临时冻结措施。

接受移送的机关接到线索后，对已依照前款规定临时冻结的资金，应当及时决定是否继续冻结。接受移送的机关认为需要继续冻结的，依照相关法律规定采取冻结措施；认为不需要继续冻结的，应当立即通知国务院反洗钱行政主管部门，国务院反洗钱行政主管部门应当立即通知金融机构解除冻结。

临时冻结不得超过四十八小时。金融机构在按照国务院反洗钱行政主管部门的要求采取临时冻结措施后四十八小时内，未接到国家有关机关继续冻结通知的，应当立即解除冻结。

第五章　反洗钱国际合作

第四十六条　中华人民共和国根据缔结或者参加的国际条约，或者按照平等互惠原则，开展反洗钱国际合作。

第四十七条　国务院反洗钱行政主管部门根据国务院授权，负责组织、协调反洗钱国际合作，代表中国政府参与有关国际组织活动，依法与境外相关机构开展反洗钱合作，交换反洗钱信息。

国家有关机关依法在职责范围内开展反洗钱国际合作。

第四十八条　涉及追究洗钱犯罪的司法协助，依照《中华人民共和国国际刑事司法协助法》以及有关法律的规定办理。

第四十九条　国家有关机关在依法调查洗钱和恐怖主义融资活动过程中，按照对等原则或者经与有关国家协商一致，可以要求在境内开立代理行账户或者与我国存在其他密切金融联系的境外金融机构予以配合。

第五十条　外国国家、组织违反对等、协商一致原则直接要求境内金融机构提交客户身份资料、交易信息，扣押、冻结、划转境内资金、资产，或者作出其他行动的，金融机构不得擅自执行，并应当及时向国务院有关金融管理部门报告。

除前款规定外，外国国家、组织基于合规监管的需要，要求境内金融机构提供概要性合规信息、经营信息等信息的，境内金融机构向国务院有关金融管理部门和国家有关机关报告后可以提供或者予以配合。

前两款规定的资料、信息涉及重要数据和个人信息的，还应当符合国家数据安全管理、个人信息保护有关规定。

第六章　法律责任

第五十一条　反洗钱行政主管部门和其他依法负有反洗钱监督管理职责的部门从事反洗钱工作的人员有下列行为之一的，依法给予处分：

（一）违反规定进行检查、调查或者采取临时冻结措施；

（二）泄露因反洗钱知悉的国家秘密、商业秘密或者个人隐私、个人信息；

（三）违反规定对有关机构和人员实施行政处罚；

（四）其他不依法履行职责的行为。

其他国家机关工作人员有前款第二项行为的，依法给予处分。

第五十二条　金融机构有下列情形之一的，由国务院反洗钱行政主管部门或者其设区的市级以上派出机构责令限期改正；情节较重的，给予警告或者处二十万元以下罚款；情节严重或者逾期未改正的，处二十万元以上二百万元以下罚款，可以根据情形在职责范围内或者建议有关金融管理部门限制或者禁止其开展相关业务：

（一）未按照规定制定、完善反洗钱内部控制制度规范；

（二）未按照规定设立专门机构或者指定内设机构牵头负责反洗钱工作；

（三）未按照规定根据经营规模和洗钱风险状况配备相应人员；

（四）未按照规定开展洗钱风险评估或者健全相应的风险管理制度；

（五）未按照规定制定、完善可疑交易监测标准；

（六）未按照规定开展反洗钱内部审计或者社会审计；

（七）未按照规定开展反洗钱培训；

（八）应当建立反洗钱相关信息系统而未建立，或者未按照规定完善反洗钱相关信息系统；

（九）金融机构的负责人未能有效履行反洗钱职责。

第五十三条　金融机构有下列行为之一的，由国务院反洗钱行政主管部门或者其设区的市级以上派出机构责令限期改正，可以给予警告或者处二十万元以下罚款；情节严重或者逾期未改正的，处二十万元以上二百万元以下罚款：

（一）未按照规定开展客户尽职调查；

（二）未按照规定保存客户身份资料和交易记录；

（三）未按照规定报告大额交易；

（四）未按照规定报告可疑交易。

第五十四条　金融机构有下列行为之一的，由国务院反洗钱行政主管部门或者其设区的市级以上派出机构责令限期改正，处五十万元以下罚款；情节严重的，处五十万元以上五百万元以下罚款，可以根据情形在职责范围内或者建议有关金融管理部门限制或者禁止其开展相关业务：

（一）为身份不明的客户提供服务、与其进行交易，为客户开立匿名账户、假名账户，或者为冒用他人身份的客户开立账户；

（二）未按照规定对洗钱高风险情形采取相应洗钱风险管理措施；

（三）未按照规定采取反洗钱特别预防措施；

（四）违反保密规定，查询、泄露有关信息；

（五）拒绝、阻碍反洗钱监督管理、调查，或者故意提供虚假材料；

（六）篡改、伪造或者无正当理由删除客户身份资料、交易记录；

（七）自行或者协助客户以拆分交易等方式故意逃避履行反洗钱义务。

第五十五条 金融机构有本法第五十三条、第五十四条规定的行为，致使犯罪所得及其收益通过本机构得以掩饰、隐瞒的，或者致使恐怖主义融资后果发生的，由国务院反洗钱行政主管部门或者其设区的市级以上派出机构责令限期改正，涉及金额不足一千万元的，处五十万元以上一千万元以下罚款；涉及金额一千万元以上的，处涉及金额百分之二十以上二倍以下罚款；情节严重的，可以根据情形在职责范围内实施或者建议有关金融管理部门实施限制、禁止其开展相关业务，或者责令停业整顿、吊销经营许可证等处罚。

第五十六条 国务院反洗钱行政主管部门或者其设区的市级以上派出机构依照本法第五十二条至第五十四条规定对金融机构进行处罚的，还可以根据情形对负有责任的董事、监事、高级管理人员或者其他直接责任人员，给予警告或者处二十万元以下罚款；情节严重的，可以根据情形在职责范围内实施或者建议有关金融管理部门实施取消其任职资格、禁止其从事有关金融行业工作等处罚。

国务院反洗钱行政主管部门或者其设区的市级以上派出机构依照本法第五十五条规定对金融机构进行处罚的，还可以根据情形对负有责任的董事、监事、高级管理人员或者其他直接责任人员，处二十万元以上一百万元以下罚款；情节严重的，可以根据情形在职责范围内实施或者建议有关金融管理部门实施取消其任职资格、禁止其从事有关金融行业工作等处罚。

前两款规定的金融机构董事、监事、高级管理人员或者其他直接责任人员能够证明自己已经勤勉尽责采取反洗钱措施的，可以不予处罚。

第五十七条 金融机构违反本法第五十条规定擅自采取行动的，由国务院有关金融管理部门处五十万元以下罚款；情节严重的，处五十万元以上五百万元以下罚款；造成损失的，并处所造成直接经济损失一倍以上五倍以下罚款。对负有责任的董事、监事、高级管理人员或者其他直接责任人员，可以由国务院有关金融管理部门给予警告或者处五十万元以下罚款。

境外金融机构违反本法第四十九条规定，对国家有关机关的调查不予配合的，由国务院反洗钱行政主管部门依照本法第五十四条、第五十六条规定进行处罚，并可以根据情形将其列入本法第四十条第一款第三项规定的名单。

第五十八条 特定非金融机构违反本法规定的,由有关特定非金融机构主管部门责令限期改正;情节较重的,给予警告或者处五万元以下罚款;情节严重或者逾期未改正的,处五万元以上五十万元以下罚款;对有关负责人,可以给予警告或者处五万元以下罚款。

第五十九条 金融机构、特定非金融机构以外的单位和个人未依照本法第四十条规定履行反洗钱特别预防措施义务的,由国务院反洗钱行政主管部门或者其设区的市级以上派出机构责令限期改正;情节严重的,对单位给予警告或者处二十万元以下罚款,对个人给予警告或者处五万元以下罚款。

第六十条 法人、非法人组织未按照规定向登记机关提交受益所有人信息的,由登记机关责令限期改正;拒不改正的,处五万元以下罚款。向登记机关提交虚假或者不实的受益所有人信息,或者未按照规定及时更新受益所有人信息的,由国务院反洗钱行政主管部门或者其设区的市级以上派出机构责令限期改正;拒不改正的,处五万元以下罚款。

第六十一条 国务院反洗钱行政主管部门应当综合考虑金融机构的经营规模、内部控制制度执行情况、勤勉尽责程度、违法行为持续时间、危害程度以及整改情况等因素,制定本法相关行政处罚裁量基准。

第六十二条 违反本法规定,构成犯罪的,依法追究刑事责任。

利用金融机构、特定非金融机构实施或者通过非法渠道实施洗钱犯罪的,依法追究刑事责任。

第七章 附 则

第六十三条 在境内设立的下列机构,履行本法规定的金融机构反洗钱义务:

(一)银行业、证券基金期货业、保险业、信托业金融机构;

(二)非银行支付机构;

(三)国务院反洗钱行政主管部门确定并公布的其他从事金融业务的机构。

第六十四条 在境内设立的下列机构,履行本法规定的特定非金融机构反洗钱义务:

(一)提供房屋销售、房屋买卖经纪服务的房地产开发企业或者房地产中介机构;

(二)接受委托为客户办理买卖不动产,代管资金、证券或者其他资产，代管银行账户、证券账户，为成立、运营企业筹措资金以及代理买卖经营性实体业务的会计师事务所、律师事务所、公证机构；

（三）从事规定金额以上贵金属、宝石现货交易的交易商；

（四）国务院反洗钱行政主管部门会同国务院有关部门根据洗钱风险状况确定的其他需要履行反洗钱义务的机构。

第六十五条 本法自 2025 年 1 月 1 日起施行。

图书在版编目（CIP）数据

中华人民共和国反洗钱法理解与适用 / 王新主编.
北京：中国法治出版社，2025.4. -- ISBN 978-7-5216-5142-3

Ⅰ．D922.281.5

中国国家版本馆CIP数据核字第2025GV2830号

策划编辑：王熹　　　　　　责任编辑：贺鹏娟　　　　　　封面设计：李宁

中华人民共和国反洗钱法理解与适用
ZHONGHUA RENMIN GONGHEGUO FANXIQIANFA LIJIE YU SHIYONG

主编/王新
经销/新华书店
印刷/三河市国英印务有限公司
开本/730毫米×1030毫米　16开　　　　　　印张/14.25　字数/201千
版次/2025年4月第1版　　　　　　　　　　 2025年4月第1次印刷

中国法治出版社出版
书号 ISBN 978-7-5216-5142-3　　　　　　　　　　　　　　　定价：65.00元

北京市西城区西便门西里甲16号西便门办公区
邮政编码：100053　　　　　　　　　　　传真：010-63141600
网址：http://www.zgfzs.com　　　　　　编辑部电话：010-63141791
市场营销部电话：010-63141612　　　　　印务部电话：010-63141606

（如有印装质量问题，请与本社印务部联系。）